胡森林◎主编

蔡昌艳 戴亦斌 谭建龙◎著

AI公文写作

理念、方法与实务

人民邮电出版社

北 京

图书在版编目（CIP）数据

AI 公文写作：理念、方法与实务 / 胡森林主编；蔡昌艳，戴亦斌，谭建龙著. -- 北京：人民邮电出版社，2025. -- ISBN 978-7-115-66245-3

Ⅰ. H152.3-39

中国国家版本馆 CIP 数据核字第 20257DP463 号

内 容 提 要

《AI公文写作：理念、方法与实务》一书集合了公文写作领域资深研究者、人工智能科学家、新媒体技术专家的跨界经验，遵循写作内在规律，运用生成式AI的最新技术成果，依托新华社媒体融合生产技术与系统国家重点实验室的资源平台，以"新华妙笔"为描述对象和使用平台，围绕"AI+公文"写作做了深入、系统、前沿性的剖析和阐述。本书既有对AI写作特点及其与公文结合的优势的分析，也有对"AI+公文"写作内在逻辑与全流程操作的解读，既有对提示词等关键要素及使用方法的阐释，也有对人机协作提升和优化的要点的讲解。本书的重点是从法定公文、事务性公文、公文核心要素、写作方法和写作模式5个维度就公文AI写作的操作实务进行全面细致、深入浅出的讲述，在写作实战中结合大量例文加深理解，在循循善诱中让读者掌握其中的理念、方法与实操技巧，助力广大公文写作者成为驾驭AI的"超级作者"。本书将深厚的写作积累、前沿的科学思维与务实管用的AI使用方法融为一体。本书具有很强的指导性、实用性、启发性和借鉴性，希望能成为广大公文写作者的有力帮手。

- ◆ 主　　编　胡森林
　　 著　　　　蔡昌艳　戴亦斌　谭建龙
　　 责任编辑　武恩玉
　　 责任印制　周昇亮
- ◆ 人民邮电出版社出版发行　　北京市丰台区成寿寺路 11 号
　　 邮编　100164　　电子邮件　315@ptpress.com.cn
　　 网址　https://www.ptpress.com.cn
　　 天津千鹤文化传播有限公司印刷
- ◆ 开本：720×960　1/16
　　 印张：16.5　　　　　　　　　　2025 年 3 月第 1 版
　　 字数：242 千字　　　　　　　2025 年 4 月天津第 3 次印刷

定价：69.80 元

读者服务热线：(010)81055296　印装质量热线：(010)81055316
反盗版热线：(010)81055315

在数字科技日新月异发展的今天，AI 与各个生活场景的融合成为热门话题。公文写作是"AI+ 写作"落地的最佳场景之一。《AI 公文写作：理念、方法与实务》一书适时地就 AI 新时代我们如何与"思考的机器"协作而成为公文写作的"超级作者"，做了深入、系统、且具有前沿性的剖析和阐述，兼具理论深度与实践指导意义。

《AI 公文写作：理念、方法与实务》是公文写作大家与人工智能专家精心合作的智慧的结晶，为我们打开了一扇洞察 AI 公文写作奥秘的大门。在这本书中，既体现了二十年的"笔杆子"对公文写作"文心雕龙"般的深厚功底和不懈追求，也包含着人工智能专家面对 AI 时代"智能涌现"生态级巨变带来的机遇与挑战的深邃思考，以及如何以"科技向善"的人文精神和知识产权保护的负责态度驾驭 AI 时代公文写作的深刻洞察。

该书深入刻画了新华通讯社媒体融合生产技术与系统国家重点实验室与博特智能科技有限公司联合研发的新华妙笔对人机协作公文写作内在规律的艰难探索之路。在这个历程的展现中，读者可以了解 AI 辅助写作如何重塑写作的本质，传统公文写作与 AI 公文写作的有机联系，AI 公文写作的重要特征和底层逻辑，AI 公文写作有哪些能与不能，以及新华妙笔带来的五大积极变化。在此基础上，深谙公文写作规律的创作团队，针对新时期公文写作中的突出痛点拾级而上，通过对公文写作关键步骤的拆解，以 AI 大模型应用为导向，提出了多维度双向赋能的系统化实战解决方案。

"工欲善其事，必先利其器"。纵观人类历史长河中的文明交流沟通的演变史，无不体现了信息技术发明对我们的生产、生活方式的深刻影响。在写作工具领域，从远古时代的结绳记事、摩崖石刻，到标识着中华文明的四大发明中的造纸术、印刷术，再到近现代以来的电讯打字机、计算机文字处理系统、互联网、最新的 AI，每一次技术的跃迁同样也在深刻地改变我们的写作方式。在人工智能时代，AI 写作将使我们的写作方式成本更低、更有效率，也将更有创意。

利用好 AI 新时代公文写作的好助手新华妙笔，通过人机协作，将使一些有心的读者更多地从一些事务性、程序性公文写作中解脱出来，更多地从事一些有创意性的公文写作，从而将写出更好、更规范、更精彩的公文。我想，这将是公文写作史上的一个新的里程碑，它将标志着我们距离作者"让天下没有难写的公文"的美好愿景又大大地前进了一步。

南开大学新闻与传播学院教授钟沈军

2025 年 1 月 6 日

打造写作领域的新质生产力

2022 年 11 月，美国人工智能研究公司 OpenAI 发布了一种基于大语言模型的聊天机器人程序 ChatGPT，这是目前自然语言处理领域最流行的生成式 AI 工具之一。ChatGPT 一经发布便引发现象级传播，5 天时间内注册用户数超过 100 万，两个月后，月活跃用户数突破 1 亿，创下了互联网历史上用户数最快破亿纪录，成为迄今为止增长最快的消费级应用。作为一款被评价为"好用到惊人"和"强大到危险"的 AI 应用，ChatGPT 凭借强大的数据搜集和处理功能，被认为是搜索引擎之后互联网领域的又一次革命。

2024 年伊始，Sora 系统的面世又一次引发热潮。Sora 系统面世之所以是一个里程碑式的事件，原因在于它不但解决了文本生成的问题，还证实了机器具备通用智能。Sora 系统的核心能力在于其对现实世界的理解和建模，包括理解事物间的因果关系、空间位置关系以及具备推理和模型构建功能。这些能力集合使得 Sora 系统能模拟人类智能行为，这标志着 AI 在理解和模拟现实世界方面迈出了重要一步。

AI 的快速发展无疑会极大地冲击人们的生产和生活，给人们的学习方式、工作方式带来巨大的影响。很多行业中已经有人在哀叹，预感自己在职场中将被 ChatGPT 所取代，不知该何去何从。很多写作者也在思考 ChatGPT 的出现意味着什么，是能帮助自己提高写作效率和工作成效，还是将彻底代替自己。

本书正是基于这一背景，探讨 AI 对写作等内容生产领域的影响和冲击，分析机遇和挑战，以及写作者如何应对等问题。我们可以先抛出基本观点，那就是 AI 将成为写作提效的重要工具，它能帮助完成写作中一部分基础和程式化的内容，但写作涉及大量与人的思想、情感、判断相关的内容，这是 AI 无法完成的。

同时，我们认为，在诸多写作应用场景中，由于公文的程式化和规范化程度及其在实际工作中的使用频率均较高，而且写作者基数大，因此公文写作是 AI 辅助写作的最佳落地场景之一。本书内容也将围绕公文写作来展开。

当然，这并不意味着我们认为 AI 不能在其他写作领域得到应用。对 AI 本身来说，它并不会去分辨哪一个文种与自己有更密切的关系，它在不同领域的应用程度，取决于各领域的需求是否被充分激发及具体产品的针对性和有效性。

至于写作者是否会被 AI 取代，我们认为，这取决于写作行为和成果当中有多少是高智能的，有多少是简单重复、可以靠机器完成的。所以，AI 快速发展的趋势，其实向写作者提出了一个有挑战性的问题：如何提高自己超越 AI、无法被 AI 取代的能力？关于这些方面的内容，书中将会详细论述。

也正是因为这一判断，本书不像市面上已经出现的一些 AI 写作相关书籍一样，将 AI 辅助写作称为"AI 写作"，而是称之为"AI+ 写作"。这个名称与"AI 写作"有着明显的不同，体现的是我们对人的作用的重视，对人的创造性和主体性的坚守，以及对写作这一智慧劳动的规律认知。

从工具技术的层面看，AI 将使写作变得更快捷、更高效，将带来很多新的元素、新的契机、新的可能性，这是我们十分乐见并大力倡导的。技术发展的根本目的是为人服务。只有在与人的互动中，技术才能不断更新发展，这也体现了人对技术的引领和驾驭。

从这个意义上说，我们将"AI+ 写作"视为写作领域的新质生产力，这一评价是恰如其分的。因为它体现了新质生产力的主要特点，即技术的革命性突破、内容生产要素的创新性配置以及生产方式的转型升级，并且提高了写作效率。生产力的三要素——劳动者、劳动资料、劳动对象，在 AI 技术条件下都发生了极大的变化，这个过程带来技术效率和要素配置效率的提高，具备高科技、高效能、高质量的特征，同时也推动生产关系的变革，这些都符合新质生产力的特征。

我们希望去追踪、描述和揭示这些变化，让更多的人关注这一趋势，推动写作领域的新质生产力不断发展。对广大写作者来说，面对技术的迅猛发展，不能熟视无睹，只有去了解它、研究它、适应它，才能在技术发展的大潮中立定脚跟、辨明方向，并为自己赋能，从而插上新质生产力的翅膀，像本书所希望的那样，成为"超级作者"。

在撰写本书的过程中，我们使用和测评了市面上主流的"AI+写作"产品，并对广大用户公认的公文写作方面性能较为优秀的新华妙笔进行了系统调研和深度使用，希望通过"解剖麻雀"的方式，窥见"AI+写作"这一新事物的逻辑与发展趋势。在这个过程中，我们得到了新华社媒体融合生产技术与系统国家重点实验室与博特智能的大力支持，它们是行业内领先的 AI 研究应用平台和公司，共同研发并推出了新华妙笔这一产品。我们主要依托这一产品，形成了本书中用于分析和讲解的案例，对"AI+写作"这一领域进行了深入考察和了解。

本书分为 12 章。第一章描述"AI+写作"这一新事物的出现及其带来的红利；第二章通过分析得出公文写作是"AI+写作"的最佳落地场景之一这一结论，以此作为后文讨论的基础，这两章是理论部分。第三章到第十二章结合新华妙笔这一具体产品，探讨"AI+写作"产品是什么、能做什么、如何使用，是实战部分。其中第三章从 AI 公文写作产品的特点和优势的角度，阐述它所具有的功能；第四章从写作规律运用、信息交互逻辑和实际操作步骤 3 个维度，拆解"AI+写作"产品背后的设计思路；第五章重点介绍提示词这一 AI 内容生产中的重要"武器"及其使用技巧；第六章到第十章分别从法定公文写作、事务性公文写作、写作方法、关键要素、写作模式 5 个方面介绍"AI+写作"产品的使用方法、实战功能及具体案例；第十一章讲述如何对"AI+写作"成果进行检验与优化；第十二章从生态的角度介绍"AI+写作"平台的功能及技术原理。结语是全书思路的延续，侧重于讨论性和反思性的内容，超越了具体的产品和技术使用过程，探讨了一些值得关注的深层次问题，比如，从如何确保技术向善的角度，提出了 AI 在内容生产过程中给写作者带来的常见困惑与问题及引发的思考；从写作者在技术潮流面前如何适应与自处、如何自我精进的角度，提出了超越 AI 的可能方向与路径。

从整体思路和内容框架可以看出，对于"AI+ 写作"这一新事物，写作者的态度是既积极又谨慎，我们既看到其优势又看到其局限性，既乐见其前景也担忧其风险。写作者并不隐瞒这样的观点，因为这才是真实而负责任的态度，也是对人的理性、克制、主动和伦理善性保有的自信态度。

本书由胡森林主编，负责选题策划和整体思路设计，搭建全书框架，并进行稿件统筹。胡森林是写作领域知名专家，也是智能写作研究的先行者，多年前就开始关注 AI 参与写作这一新趋势及其影响，并积极倡导技术对写作的赋能。新华社新媒体技术专家蔡昌艳，AI 写作产品主创者戴亦斌，中科院人工智能科学家谭建龙共同撰写了书稿，计算机专家葛志启提供了部分素材，项目运营专家段毅参与了书稿统筹。

本书是"AI+ 写作"方面的阶段性研究成果。由于作者水平有限，书中难免存在粗疏错漏之处，请读者宽宥谅解，并予以批评指正，我们将诚恳接受。

作者

2024 年 11 月 18 日

目录

第十二章 打造生态：AI 写作平台

结语 技术向善与写作者的自我精进

第一章

红利涌现："AI+ 写作"

01

AI 是人工智能（Artificial Intelligence）的英文缩写，如今已经成为被无数人关注并经常谈论的一个词。

从 1950 年艾伦·图灵提出图灵测试，以判断机器人是否具有人类智能，到 1966 年第一款对话型机器人 Eliza 问世，再到如今，AI 的发展已有几十年的历史，但在很长一段时间里，它只受到科技圈的关注。2016 年 3 月，DeepMind 的 AlphaGo 在 4 场比赛中击败了围棋世界冠军李世石，引发了全社会更多人对 AI 的关注。而真正的现象级事件，还要数 OpenAl 发布划时代产品 ChatGPT，这标志着 AI 的发展到了奇点。

AI 还在持续带来冲击。2024 年春节后不久，AI 再次迎来重大进展：Sora 系统发布。由于 Sora 系统的发布所带来的技术突破，业界普遍认为，人工通用智能的实现时间比之前预测的将大大提前。

AI 的发展将带领我们进入一个新的时代——人工通用智能（Artificial General Intelligence，AGI）时代。新的时代，既不乏挑战，也充满机遇，我们只有足够了解 AI，方能不再焦虑恐慌，从容面对 AI 的发展热潮，积极迎接 AI 普及的新时代，并发现和挖掘其中的红利。

一、AI 给内容生产领域带来的生态级变局

近年来，AI 技术在海量数据集成、神经网络算法优化以及并行计算廉价化三大前提下实现迅猛发展，并在拟真度和功能维度方面不断取得新的突破。拟真度是对人的认知、偏好、情感、行为等维度的模拟相似度，这是衡量 AI 技术成熟度的一项重要指标。功能维度是衡量 AI 技术成熟度的另一项重要指标。根据 AI 集成的功能维度，可将其划分为弱 AI（擅长单方面任务）和强 AI（在各个方面都能和人类比肩）。基于这两项指标，可以将 AI 划分为 4 种类型。

一是单维低拟真 AI，以广泛使用的计算机视觉、智能翻译等技术为代表，擅长单方面任务，且时常出现识别或分析错误，用户能明显感知到其作为机器的本质。

二是单维高拟真 AI，以围棋机器人 AlphaGo、封面新闻写作机器人小封等为代表，同样只擅长单方面任务，但已经能够进行较为复杂的识别、推理与合成，较大程度提升了用户交互体验的拟真度。

三是多维低拟真 AI，以 Siri、微软小冰为代表，能够集成多个场景下的复杂任务，但时常出现识别或分析错误，用户能明显感知到其作为机器的本质。

四是多维高拟真 AI，即以 ChatGPT 为代表的预训练生成式 AI，不仅能集成多个场景下的复杂任务，而且能提供接近真人对话的人机交互体验。用户对其机器属性的感知不强。

根据功能价值，AI 可大致分为决策式 / 分析式 AI 和生成式 AI 两类。生成式 AI 在决策式 / 分析式 AI 的基础上发展而来。ChatGPT 就是大家熟知的生成式 AI 产品。

生成式 AI 指使用生成式建模和深度学习技术，利用现有的文本、图片、音频和视频等内容大规模生成其他内容的技术。一般认为，生成式 AI 产出的数据与原始数据相似，但不是对原始数据简单的复制，而是全新的内容。它更强调学习归纳后的演绎创造，即基于一组数据进行训练，并学习底层模式，以生成反映训练集的新数据，如 Text to Text（通过文本生成文本）、Text to Image（通过文本生成图像）、Text to Code（通过文本生成代码），其本质是创造新的内容。

爱因斯坦曾指出："智能的真正标志不是知识，而是想象力。"这一洞见指出了决策式 / 分析式 AI 与生成式 AI 的区别：尽管二者都能通过某种算法对海量信息资源进行聚合，但决策式 / 分析式 AI 更擅长模式识别与信息推送，即以粗放的方式对个体需求特征和信息服务特征进行识别与匹配；而生成式 AI 能以更细粒度的方式，在个体需求指令的基础上展开合理的推理和想象，实现更加细腻和精准的连接。

尽管目前来看，ChatGPT 等 AI 模型还有一些不足。它们对输入的措辞比较敏感，有时可能会做出错误或无意义的回应，或者展现出训练数据中存在的偏见。但其所代表的生成式 AI 在各个维度上的革命式突破已经呼之欲出。可以预见，以 ChatGPT 为代表的生成式 AI 将激发内容与传播生态的巨大变局。其在内容生产领域的应用，可使从业者从重复性的内容创造中解脱出来，以便将精力放在更有深度、更有创意的工作上，产出更多高质量内容。

除了文本生成和内容创作之外，生成式 AI 还拥有其他应用场景，如客户服务、投资管理、学术研究、代码编程、虚拟协助等。生成式 AI 不断催生新场景、新业态、新模式和新市场，改变了信息和知识的生产方式，重塑了人类与技术的交互模式，对教育、金融、媒体和游戏等行业均产生了重大影响。目前，生成式 AI 在中国也进入了快速发展期。

二、AI 模拟人脑智能的基本原理

从历史演变过程来看，智能的初步形态可追溯至大脑形成前的单细胞生命体。随着大脑的形成，人类的智能得以发展，人类开始利用工具，逐渐减少体力劳动，这种改变促使大脑结构进一步变化。

随后，语言和文字的出现成为智能发展的重要节点，这些沟通和记录知识的工具使智能以在种群中传承。语言对智能提升的影响是革命性的，它揭示了智能本身也是通过演化形成的。

在科学家看来，智能在物理层面的本质就是人类约 1.5 千克重的大脑中的约 860 亿个神经元之间通过电信号和化学信号所进行传递交流，这些传递交流在更宏观的层面构建起了人类的核心能力，即感知能力、思考能力以及改变世界的能力。神经元是神经系统的基本单元，负责接收、处理和传输信息。智能的物质基础可归结为海量神经元的复杂连接所涌现出的意识。

在现实世界中，智能要通过生物遗传、进化、死亡来实现扩展，但得益于语言和文字的存在和发展，人类能够通过阅读来获得跨越几千年的知识，这无疑极大地提升了人类的智能。而生物智能是大脑和物理世界之间不断进行交互和反馈的产物，它的形成是通过自然选择的简单淘汰机制，以低效的方式重组自身的结构。尽管这种方法效率不高，但通过随机性的死亡筛选，生物能够发展出智能。如果将其视为一种随机性算法，那么经过多次自然迭代，生物智能便应运而生。

一旦人类掌握了智能的本质，提升智能的速度将不再受限于漫长的自然选择的生物进化过程。理论上，人类可以在较短的时间内实现显著的智能提升。

智能的定义涉及对机器智能的辨识，这可以追溯至图灵于 1950 年提出的图灵测试。该测试基于一个原则：如果一台机器能够在通过电传设备进行的对话中模仿人类，以至于人类无法辨认出其为机器，那么该机器可被认为具备智能。图灵测试有力地论证了"思考的机器"存在的可能性。

在当今时代，以 GPT-4 为例，2023 年的实验展示了机器智能的具体表现。实验结果显示，机器在文本理解与生成方面的能力已经超越了 80% 的人类，这表明在特定领域中，机器的性能已超过了生物智能。

在知道这一现实局面后，我们可以认识到无论是生物经过 8 亿年的进化，还是人类通过数十年的计算机技术进步，两者在"智能"这一点上汇聚在了一起。

经过数十年的技术进步，人类已经接近于能够运用数学原理和计算机技术，使用足够的数据语料，就可以从零开始训练一个"人工大脑"，即 AI 模型。一般认为 AI 模型现在等效于在 700 亿个神经元的规模上出现的"智能涌现"的现象。这种现象可以类比为一个多层次的神经网络，而神经网络结构与功能的复杂性恰恰是智能涌现的关键影响因素。

三、"AI+写作"催生"超级作者"

AGI 时代的到来，将改变人们的工作、生活和社交方式，推动高效工作、学习和决策，给人们带来前所未有的便利和可能性。

当下，AI 的发展正从技术导向转向价值导向，技术固然重要，但更重要的是，技术及其产品能满足人类的何种需求，能给人们带来哪些价值。人们都在关注和讨论，AI 的发展会给哪些领域带来新的红利？会影响和改造哪些场景？催生何种全新的局面？

文本生成是 AGI 的核心所在。基于互联网可用数据和深度学习模型，采用一定的训练方式，不断迭代，就能够产出和人类的认知、需求、价值观等匹配度较高的文本。文本生成可以充分体现机器的智能化程度，AI 的这一能力正得到越来越多人的印证和认可，很多人从一开始的漠视、怀疑到接受、适应，甚至主动使用 AI 来为自己服务。尽管没有确切的比例，但我们可以看到，使用 AI 来生成内容的组织和个人的数量在大幅增加。

越来越多的人认识到，写作这一古老的行为正在与前沿的技术融合，催生出"AI+ 写作"这一新事物。从刀与石，到铅与火，到网络与比特，再到最新的 AI，在历史长河中，写作工具的演变一直与写作的形式和内容紧密相连。从先前的笔尖在粗糙的羊皮纸上划过，到后来的打字机和计算机键盘的敲击声，每一次技术的跃进都深刻地改变了我们的写作方式。

技术的发展，是人的能力的延伸。打字机的问世，让写作变得更加快捷。文字处理软件的出现，更是让编辑和排版变得前所未有的简单。而最新的变革源于大语言模型的诞生。随着 AI 的崛起，我们进入了一个新的写作时代——AI 辅助写作。AI 不仅改变了文字的产出过程，更重塑了写作的本质。

AI 辅助写作并不是简单地将文字从人类的大脑转移到机器的算法中，而是一种全新的智能生成模式。通过自然语言处理（Natural Language Processing，NLP）技术，AI 可以理解和生成人类语言，并根据指令输出符合人类习惯的逻辑文本，使写作变得更加便捷和高效。AI 作为一个文字辅助工具，可以帮助知识密集型文字工作者在创意构思、资料搜集、文本生成、编辑校对、知识检索等方面提高效率和质量，同时规避高频、常态、易错的内容安全问题。

AI 将使写作者的能力得到极大的提升，善于正确利用 AI 的人，能利用海量数据来扩展知识容量与视野，站在"巨人的肩膀"上拓展写作的空间，同时让机器代替处理一部分低价值的文字工作，提高内容生产的效率和准确性，把时间和精力用在更重要的思想和知识创造上，创作出更多具有创意和思想性的作品。这样的人，无疑是创作力强、作品质量佳的"超级作者"。

　　假设我们要写作一份关于组织开展好防暑降温工作的方案，在传统模式下，我们需要先花费一定的精力来构思、谋篇，还要用较多的时间搜集素材，然后开始正式写作，写完初稿之后再反复打磨修改。而现在选择一款合适的"AI+写作"产品，根据这一特定的写作任务，输入相应的提示词，顷刻之间就能得到一篇还不错的稿件，比如下面这篇。

关于开展防暑降温工作的方案

　　近日，全国上下迎来高温天气，并且高温天气将持续一段时间。为保障员工的健康，有效开展防暑降温工作，特制定此方案。

　　一、背景意义

　　夏季高温天气不仅对户外作业人员构成严峻挑战，也对室内工作人员产生显著影响。高温环境下，人体的新陈代谢加速，易导致脱水、疲劳，甚至中暑。长时间的高温暴露可能引发头痛、眩晕、肌肉痉挛等症状，严重影响员工的身心健康和工作效率。此外，高温还可能导致设备故障率上升，对生产安全构成威胁。

　　员工是企业最宝贵的资源，他们的健康与安全直接关系到企业的稳定运营和发展。在高温季节，企业应将员工健康放在首位，通过提供防暑降温措施，确保员工在舒适的工作环境中工作。这不仅有助于提高员工的工作满意度，减少因高温导致的工伤事故，还能增强员工对企业的归属感，提升整体团队凝聚力。

　　根据国家相关劳动法规，企业有责任为员工提供安全、健康的工作环境。在高温季节，企业必须遵守《防暑降温措施管理办法》等规定，采取有效措施降低工作场所温度，合理安排工作时间，提供充足的防暑物资，确保员工的权益得到保障。否则，可能会导致企业面临法律制裁，损害企业形象，甚至影响业务的正常运行。因此，开展防暑降温工作不仅是企业的社会责任，也是其法律义务。

二、工作目标

防暑降温工作的首要目标是确保所有员工在高温环境中的人身安全。公司将严格执行国家劳动保护法规，避免因高温导致的过度劳累和健康损害。公司将密切关注气象预报，一旦高温预警发布，立即启动防暑应急预案，限制或调整户外作业时间，确保员工在安全的环境下工作。

其中，防止中暑是防暑降温工作的核心任务。公司将通过提供充足的休息时间，避免连续长时间的高温作业，以及定期的室内休息，来降低员工中暑的风险。同时，公司将组织防暑知识培训，教育员工识别中暑症状，学习基本的急救措施，以便员工在出现中暑情况时能及时自我救助或互相援助。通过这些措施，公司旨在打造零中暑的工作环境。

公司也认识到，良好的工作环境对员工的生产力和满意度至关重要。因此，公司的目标是通过改善工作场所的通风和降温设施，如安装空调、风扇，提供遮阳设施，以及设置足够的饮水点，来提升员工的工作舒适度。此外，公司还将鼓励员工穿着适宜的防暑工作服，以减少热量吸收。

三、工作要求

1.建立高温预警响应机制

密切关注气象部门的预报信息。一旦高温预警发布，应立即启动相应级别的应急预案，包括但不限于调整工作时间，减少户外作业，以及提供必要的防暑降温措施。同时，确保所有员工都了解高温预警响应流程，以便在高温预警发布时能迅速、准确地执行。

2.建立弹性工作时间制度

在高温期间，应根据国家和地方的劳动法规，适当调整工作时间，尽量避免在一天中最热的时段进行户外工作或高温环境下的工作。可以采用弹性工作制，比如提前或推迟上班，确保员工在温度相对较低的时段工作。同时，对于必须在高温环境下工作的员工，应合理安排工作和休息时间，避免连续长时间的高强度劳动。

3.加强防暑物资配备

公司应确保充足的防暑物资供应，包括但不限于清凉饮料、防暑药品（如藿香正气水、人丹等）、防晒用品（如遮阳帽、防晒霜）以及透气性良好的工作服。在工作场所设置专门的休息区，配备空调或电扇等降温设备，为员工提供一个相对凉爽的休息环境。同时，定期检查这些设施的运行状况，确保其在高温期间能正常工作。

四、具体任务

1.开展"送清凉"活动

在工作场所提供冷饮和防暑降温食品，如冰镇矿泉水、水果、清凉茶等。设立临时的休息区域，配备电扇或空调，让员工在高温时段有地方休息，恢复体力。组织午间瑜伽或冥想活动，帮助员工在工作间隙放松身心，抵抗高温带来的压力。

2.工作环境改善升级

对所有空调设备进行检查和维护，确保其在高温季节正常运行。优化工作场所的通风设施，增加自然通风，结合机械通风，以降低室内温度。给窗户安装遮阳帘，减少阳光直射，以降低室内的温度。对于户外作业，尽可能安排在早晨和傍晚温度较低的时候进行。

3.健康知识教育普及

开展一系列健康教育活动，通过内部培训、海报宣传、电子通信等方式，普及防暑降温知识，如如何识别中暑症状、如何正确使用防暑用品、高温下如何调整饮食等。邀请医疗专家开展讲座，现场解答员工关于防暑的疑问，确保每个员工都能了解并掌握防暑降温的基本知识和技能。

五、责任分工

人力资源部门负责制定和监督执行防暑降温政策，确保员工了解并遵守相关规定。安全管理部门负责监控工作环境的温度，启动快速响应机制，以及提供必要的防暑物资。后勤部门则负责设置和维护临时休息点，确保其设施完善，物资充足。每个部门都需要定期向管理层报告防暑降温工作的执行情况，以便进行调整和改进。

六、保障措施

为确保防暑降温工作的持续性和有效性，公司将建立定期工作检查制度。人力资源部将联合安全部门，每月至少进行一次全面的防暑降温工作检查，重点关注工作环境的温度控制、防暑物资的供应情况、员工的健康状况以及防暑措施的执行情况。同时，鼓励员工自我报告，如遇到高温不适或防暑设施问题，员工可直接向直属上级或人力资源部门反映，确保问题被及时发现和解决。

公司将把防暑降温工作纳入年度部门绩效考核，以量化指标衡量各部门在防暑降温工作中的表现。对于执行到位、员工满意度高的部门，将在年终绩效评估中给予加分，同时在公司内部进行表彰，以示鼓励。对于存在问题的部门，将要求其立即整改，并在下一次检查中验证改进效果。此外，公司将根据检查结果和员工反馈，定期修订和优化防暑降温方案，确保其与时俱进，始终满足员工在高温季节的健康需求。

可以看到，AI 提供的内容成果是较为成熟而可用的，在此基础上进行修改，增加具有针对性和个性化的内容，就能很好地完成这一任务。AI 能极大地帮助写作者节省时间和精力，提高写作的质量和效率。

四、"AI+写作"的主要应用领域与特点

越来越多人认识到，随着 AI 渗透到人们生活、工作的各个方面，在经济社会的各个领域产生影响，而且 AI 模型的数据不断增加，能力不断提升，AI 与写作结合，将成为不可阻挡的趋势。在不远的将来，每个人可能都会有一个 AI 助手，协助处理一些文字工作。

AI 辅助写作，或者叫"AI + 写作"，目前已经在很多领域得到应用。比如在新闻领域，一些媒体和通讯社开始用 AI 撰写稿件，如体育新闻、气象新闻、证券新闻；在经济研究领域，AI 常用来生成研究或分析报告。

在职场，一些应用文如简单的法律文书、合同、标书等的写作，AI也都能胜任。随着AI的普及，很多人在日常生活和工作中，开始尝试利用AI辅助写作，比如写通知、便条、信函、作文。

这是大的趋势，每个人都不应该视而不见，而应该积极主动地加以适应。谁能更早更快地顺应这一潮流，谁就会在未来的竞争中获得更多先发优势。

当然，"AI+写作"的出现和流行，并不意味着AI能完成人类所有的写作行为，也不意味着AI在每一种文体和写作形式上都具有高超的能力，能写出令人满意的作品。后文将专门讨论这一问题。事实上，AI确实能力很强，但并非无所不能，而是有一定的擅长领域和适用范围。在前面所说的若干领域，它有较好的表现，而在需要更多调动人的主观思想情感和主体性思维的领域，比如文学写作、理论思想性写作，AI则是不擅长的。被很多人津津乐道的AI写诗、写小说，充其量也只是一些噱头，AI无法代替人类完成这一部分需要更多智慧和具有创造性的劳动。

分析AI所擅长的写作领域，可以发现"AI+写作"具有这样几个特点。

一是形式结构化。AI生成的内容有相对稳定的框架结构和外在形式，而且总体上来说，比较适合采用格式、体例和逻辑结构较为简单和固定的文体来呈现，结构层次也不会太复杂。

二是内容要素化。主体内容常以要点连缀式、条款罗列式、要素清单式等方式呈现，其背后的逻辑更多体现为"组合式"而非"推理式""演绎式"。

三是情绪客观化。"AI+写作"倾向于摆事实、提供论据，而不掺杂人的主观思想情感，尤其擅长用量化数据等素材客观描述事物的情形。

四是观点平面化。AI所提供的观点常常是平面展示的，主要使用并列、递进等简单的逻辑关系，而不是立体嵌套型的逻辑关系复杂的观点体系，总分、主次、点面、因果等相对复杂的逻辑关系则运用得少一些。

展望未来，人类社会可能会进入一个新时代。得益于技术的发展，机器能够承担部分重复性、本能性和自动化思维任务，而人类将专注于需有意识解决的问题，如长期的创造性思考、规律发现以及策略规划等。

全人类都正在为这个时代的到来做准备，众多的企业和科技人员正致力于此方面的工作，着力抢占技术的制高点。他们相信，随着能源短缺问题的解决和 AI 技术的进步，人类将能够实现生产力的极大发展。但技术的发展并不是单兵突进，它一定要激发和满足人类的需求，有合适的应用场景，并且带来明显的收益，才可能具有生命力。

我们这一代人，有幸目睹了互联网的飞速发展，又经历了移动互联网时代的变革。如今，我们正站在 AGI 时代的门前，有望成为率先体验这一技术革新的一代人。

第二章

最佳场景：当公文写作遇上 AI

02

在当今时代，AI 已经成为我们生活中不可或缺的一部分，而在众多 AI 应用中，写作工具尤为引人注目。AI 的加持，使传统的写作行为发生了革命性的变化。

写作是一种表达的途径，是每一个识字的人都可能会有的一种行为。古今中外，有无数的人接触写作或从事写作，通过写作传递信息，与人沟通，表达内心的想法。对于现代人，写作更是一种不可或缺的沟通方式。

从最早的壁画、石刻到纸笔，再到计算机键盘，写作的工具和介质随着时代变化和技术变迁而发生改变。随着 AI 时代的来临，使用 AI 辅助写作，成为新技术带来的福音。"得科技而善用，用科技而善成"，能够驾驭 AI 的作者，有望成为新时代的"超级作者"。

而在林林总总的写作领域和门类中，我们认为，公文写作是最适合 AI 落地的场景之一。AI 可以成为广大公文写作者的新伙伴，帮助他们以独特的方式扩展写作边界，更加自如地探索文字的世界。

一、公文写作是"AI+写作"落地的最佳场景之一

如果我们要对写作行为进行分类，大致可以从以下角度着手。

第一，按对象范围，我们可以把写作行为分为个人化的写作、对象化的写作和公众化的写作。个人化的写作也可以叫作私人写作，比如日记的写作；对象化的写作就是有特定对象的写作行为，比如信函、邮件等的写作；公众化的写作是面向非特定对象的，比如报纸评论、在大众媒体上发布的通稿和文案等的写作。公众化的写作和对象化的写作都是有受众的，所以需要明确目的，了解和把握受众需求。

第二，按写作的范式，大部分写作行为可以分为文学写作、学术写作、媒体写作和应用写作 4 类，每一类都有自己的范式特点、语体特征、构成要素和适用范围。文学写作讲究文学审美效果，学术写作追求深刻逻辑和突破性的创见，媒体写作注重还原事实或提供增量信息，包括公文写作在内的应用写作属

于功能写作，目的是解决某个具体问题，实用性是它的第一追求。

第三，按写作的风格，我们可以把写作行为分为感性化的写作和理性化的写作两大类，前者偏重感性、情绪，依赖于想象、虚构等，更多地运用能使人产生心理感受和情绪波动的积极修辞；后者则更注重逻辑和理性等，依赖于数据、概念以及推理、分析等思维方式，更多地运用旨在让人清晰理解的消极修辞。

从古至今，公文都发挥着重要的作用。《党政机关公文处理工作条例》（简称《条例》）对党政机关公文的定义是这样的："党政机关公文是党政机关实施领导、履行职能、处理公务的具有特定效力和规范体式的文书，是传达贯彻党和国家的方针政策，公布法规和规章，指导、布置和商洽工作，请示和答复问题，报告、通报和交流情况等的重要工具。"

公文与公事、公务相关，常常与公众、公意、公利相连。无论是党政机关，还是企事业单位，都要靠公文来表达意志、传递政策、沟通联络，进而推动事业发展，实现组织意图。

公文大致可以分为法定公文和实用性公文，前者就是俗称的"红头文件"，后者也叫事务性公文、综合文稿，使用更频繁、类型更多。不管哪一种公文，都可以称为"为公的文"，其目的和用途在于针对某一方面的事项，或者某个具体问题，加以分析和研究，提出解决办法和思路，表达观点和诉求，传递和沟通信息，以达成共识，推动实际工作的开展。概括地说，公文具有"五定"特征，即法定作者、既定程序、法定效力、固定格式和特定功能。

结合第一章提到的 AI 写作所具备的特点，即形式结构化、内容要素化、情绪客观化、观点平面化，再对应前面对写作行为的分类可知，公文写作属于对象化的写作、应用写作和理性化的写作，从这些特点来说，公文，特别是法定公文，是最适合 AI 辅助写作落地的文种之一。

公文写作除了偶尔要运用感性元素，绝大多数时候更侧重于清晰的条理、鲜明的观点和充分的事实素材，需要的是客观、理智、冷静、有理有据，不太需要华丽的辞藻、花样的修辞、篇幅很长的故事和跌宕起伏的情绪。同时，公文是程式化、规范化程度最高的文体之一，而且其需求具有刚需、高频、受众基数大等特点，所以我们认为，公文写作是 AI 技术的最佳落地场景之一。

我们从公开渠道找到一篇通知，这是某省安委办的《关于洪水风险预警的紧急通知》，是一篇典型的法定公文，内容如下。

关于洪水风险预警的紧急通知

今年入汛以来，我省多地出现极端暴雨洪涝灾害，防汛抗洪和安全生产形势严峻复杂。为强化洪水风险预警，进一步拧紧责任链条，切实加强当前主汛期安全生产，通知如下：

要深化思想认识，清醒认识今年主汛期不稳定不确定不可控因素显著增多带来的不利影响，坚持人民至上、生命至上，树牢底线思维、极限思维，将防范化解重大安全风险作为重要政治任务，主动出击、下沉力量、前移关口，进一步完善汛期安全防范各项措施，全面排查整治各类风险隐患，全力抓好当前主汛期安全生产各项工作。

要强化责任担当，进一步拧紧压实各领域、各层级、全链条安全生产责任。各级党委政府要深入分析研判安全隐患，部署发动各方面力量全力抓好安全防范工作。各级行业管理部门要靠前一步、履职尽责，认真查找薄弱环节和突出问题，坚决把安全生产责任落实到位。各级各类生产经营单位要扛稳抓牢安全生产主体责任，做到安全投入到位、安全培训到位、基础管理到位、应急救援到位，确保极端天气和主汛期各项安全生产责任措施落到实处。

要围绕汛期特点，聚焦危险化学品、道路交通、煤矿、非煤矿山、城镇燃气、消防、建筑施工、文化旅游等重点行业领域，持续深入开展重大事故隐患排查整治，切实做到"汛期不过、排查不停、整改不止"。要在全行业开展有限空间专项整治行动，对风险不辨识、制度不健全、作业不审批、预案不科学、培训不到位等隐患问题进行集中治理。要采取针对性措施，严防基坑、边坡垮塌、危险化学品遇水爆炸等风险，加大桥梁涵洞、临水临崖临坡路段、隧道出入口、野外在建工程工棚营地、水库水电站等重点区域检查力度，严防崩塌（滚石）、滑坡、泥石流、洪水等自然灾害造成人员伤亡，坚决杜绝汛期自然灾害引发生产安全事故。

要突出预警避险，全面落实隐患排查、联动通信机制，全过程、全链条开展气象灾害、地质灾害监测、预报、研判、预警、叫应、避险等工作，督促企业单位全面落实防汛责任，进一步提升应急处置专业性和高效性。对受威胁的重点区域，要果断采取停产、停业、停运、停工、封闭、绕行等措施，必要时组织人员应转早转、应转快转、应转尽转，强化防汛避险常识宣传，全面提升群众防汛及临灾避险能力。要时刻保持应急战备状态，严格执行领导干部到岗带班和安全监管人员 24 小时值班，进一步优化应急力量和救援装备预置，做好各项应急救援准备工作，确保各类突发事件得到及时有效处置，筑牢汛期安全生产防线。

我们试着用 AI 来写一篇"同题作文"，AI 生成的内容如下。

关于洪水风险预警的紧急通知

当前，多地已进入汛期，暴雨洪涝灾害频发，给人民生命财产安全带来严重威胁。各级政府和部门必须提高警惕，增强防汛抗洪的紧迫感和责任感。为做好洪水风险预警相关工作，紧急通知如下。

一、强化思想认识，落实责任分工，明确工作重点

防汛工作是系统工程，需要各级政府、部门和企事业单位的共同努力。要明确各级领导的防汛责任，细化任务分工，确保每一环节都有专人负责。政府要强化统筹协调，行业管理部门要严格监管，企业要强化内部管理，形成防汛工作的强大合力。同时，要建立健全责任追究机制，对因责任不落实、措施不到位导致事故发生的，要依法依规严肃追责。

针对当前防汛形势，我们必须提前做好风险防控预警工作。要建立健全风

险评估体系，定期对重要设施、重点区域进行风险排查，对发现的隐患要立即整改，不留死角。同时，要完善应急预案，确保在灾害发生时，能够迅速启动应急响应，有效组织救援。此外，要推动科技在防汛工作中的应用，利用大数据、云计算等技术，提升灾害预警的精准度和时效性，为科学决策提供强有力的数据支持。

二、明确工作目标，树牢底线意识，防范重大事故

保护人民的生命安全始终是我们的首要任务。要全力以赴，确保每一位居民在洪水来袭时能够得到及时的预警和妥善的安置。通过建立和完善社区疏散预案，确保在紧急情况下，能够迅速、有序地转移可能受到威胁的居民。同时，要加强学校、医院等公共设施的安全防护，确保在灾害中，这些关键场所能够继续提供必要的服务。

在保障人民生活的同时，要努力确保经济活动的正常进行。通过加强与企业的沟通，指导他们制定并执行防洪应急预案，减少洪水对生产活动的干扰。要优先保障重要基础设施的运行，如供电、供水和通信网络，以维持社会基本功能的稳定。此外，对于受洪水影响严重的行业，要提供必要的经济援助和政策支持，帮助其尽快恢复生产。

防范重大事故是保障社会安全的重要环节。要加强对危险化学品储存设施、矿山、建筑工地等高风险区域的巡查，确保其在洪水来临时能够保持安全。通过科技手段，如安装洪水预警系统，预测可能的灾害，以便采取预防措施。同时，要强化应急预案的演练，提高应急队伍的反应速度和处置能力，确保其在发生事故时能迅速、高效地进行救援，将损失降到最低。

三、突出重点任务，抓好隐患排查，完善应急机制

建立健全洪水预警系统，利用现代科技手段，如卫星遥感、气象雷达和水文监测，实现对降雨量、水位变化的实时监控。与气象、水文部门紧密合作，确保预警信息的准确性和时效性。同时，加强公众教育，通过媒体、社区活动等渠道普及洪水预警知识，提升公众的自我防护意识和能力。

对重点区域进行地毯式风险隐患排查，包括但不限于河流、水库、城市低

洼地带和历史灾害多发区。对老旧房屋、桥梁、隧道、堤坝等基础设施进行安全评估，确保其在洪水面前的稳定性。对于发现的隐患，立即制定整改方案，限时消除，防止小隐患酿成大灾害。

建立高效的应急响应机制，确保一旦预警信息发布，各部门能迅速启动应急预案。提升救援队伍的实战能力，定期进行应急演练，确保其在紧急情况下能快速、有序地开展救援工作。储备充足的救援物资，如救生艇、救生衣、食物和药品，确保在灾害发生时能及时供应。

强化政府、企业、社区和公众之间的协同联动，形成"防、抗、救、建"一体化的防洪体系。建立跨部门、跨区域的信息共享平台，确保预警信息的及时传递和灾害应对策略的统一。同时，鼓励公众参与，通过设立志愿者队伍，提升社区的自我防护和救援能力，共同构建洪水风险管理的坚实防线。

可以看出，人工写作的通知与 AI 生成的通知各有特点，在思路和结构上略有差异。AI 生成的通知除了在与本地情况结合上略有不足（这一不足可以在人工修改环节予以弥补），在思路的清晰性、要素的齐全性、指向的明确性上并不逊色，而且由于 AI 有海量的语料数据作为支撑，其内容的丰富性和可扩展性更胜一筹。由此可以证明前述观点：公文写作是"AI+ 写作"有效落地的最佳场景之一。

二、公文写作的痛点和所需能力

当前，各级政府、企事业单位等组织需要拟写各类公文，并为此投入了大量人力、精力和时间。一项调查显示，基层公务员每年需要撰写近 300 份材料。这不仅是一项耗时耗力的工作，而且对写作质量有着极高的要求。公文写作的高标准体现在多个方面：从思想站位到时效性，从文风表达到内容法定性，再到行文规范性和表达特定性。这些要求对公文写作者的能力提出了极大的挑战，包括扎实的理论功底、扛压的心态、丰富的专业知识和素材以及深度调查研究的能力。

另外，公文写作缺乏有效的传授方法体系，初学者往往在艰难的自我摸索中饱受折磨，成熟者也无法有效地把自己的经验方法分享给别人，整个领域的专业化程度不高，业务能力提升往往只局限在浅层次的模板套用、范文学习、抽象的写作要点掌握上，学习的效率不高，效果也不好。这一情况导致很多人对公文写作望而却步，认为这是一项苦差事，枯燥而且收益少，最重要的是，这种观点的存在导致公文写作的门槛显得很高，优秀的"笔杆子"人才稀缺。可以说，当前存在着日益增加的公文写作需求与落后而传统的业务能力提升模式之间的矛盾，这正是公文写作的痛点。

公文写作并不是一件多么高深的事情，具备一定文化基础和语言运用能力的人就能从事，但在很多人看来，公文写作这件事很难，挑战性很大，他们常常找不到有效的门径。这种客观门槛并不高与主观感受难度大之间的背离，究其原因，在于公文写作具有"三无"特征：无客观标准、无固定模式、无方法体系。

一是无客观标准。对公文的评价是主观感受与客观效果相结合的产物。公文的一大特点是撰者与署者分离，因为每一篇具体的公文都是一定的领导意图的体现，其使用者常常是特定的领导（包括领导机关、领导集体或领导个人），所以公文的法定作者是领导而不是起草者。这种情形导致公文的评判权主要在使用者和接受者手中，而不是在起草者手中。不同领导的喜好及其对公文的评价标准不同，那么他们对同一篇公文的评价可能就不同。也就是说，评价公文的标准不是那么明确和一致。

二是无固定模式。公文的类别众多，《条例》中规定了15种法定公文，每一种的体例格式、结构特征、写法要求都不一样。相较而言，事务性公文的种类则更多，比如总结、经验材料、汇报材料、调研报告等，具体到每一种，结构特征和写作要领可能都不一样，即便是同一种，主题、场合、对象不一样，写作要领也不一样。因此，公文写作灵活多变，很难有放之四海而皆准的模式。

　　三是无方法体系。古人留下了浩如烟海的文章，文论和写作方法方面的文献也为数不少，比如《文心雕龙》等著作，在理论和实践方面都有丰厚的积累。但是由于时代的变迁和语言的流变，古代的很多经验和方法到现在已经不太适用了。外国在文稿撰写方面与我们也存在差异，我们无法完全照搬其方法。

　　自从白话文出现，中国现代公文写作发展也有上百年的时间了，但遗憾的是，关于公文写作的理论归纳和提炼得不够，或者是理论与实践脱节，导致理论对实际写作的指导性不强，所以公文写作至今并没有形成一套成熟的、完整的、系统的传授方法体系。具体体现在学习公文写作缺乏有效的方法论，往往只停留在一些抽象的原则上，比如观点要鲜明、结构要清晰、内容要充实，但如何才能做到这些呢？具体的方法和窍门是什么呢？往往很少有人讲清楚。原因是多方面的，如写作作为创造性活动自身的特点，教育体系中对写作能力的培养方式不正确，理论与写作实践脱节，等等。

　　无客观标准、无固定模式、无方法体系，这"三无"特征既是公文写作的特点，也是公文写作者学习公文写作时面对的困局。但这并不是说公文写作是不可学习的，而是告诉我们，要掌握公文写作的内在规律，才能更好地学习。

　　需要认识到的是，公文写作是一项具有创造性的智力劳动，里面有很多的默会知识，不是那么轻易就能有人给你讲清楚的。默会知识是哲学家波兰尼提出的一个概念。他发现，在人类关于世界的所有知识中，有很大一部分只可意会不可言传，这一类知识叫作默会知识，又叫隐性知识，与那些能够直接说清楚和分享的显性知识相对应。默会知识的特点是经常使用却又不能通过语言文字等符号编码予以清晰表达或直接传递，因为它是附着在个体身上，内隐在操作过程中的。

　　破解公文写作"三无"难题，特别是无方法体系问题的有效途径，就是重视和用好公文写作中的默会知识。学习默会知识，掌握相关方法和诀窍，靠的是积累，凭的是感觉，而且一定要在实践过程中才能掌握，才能将其变成自己的东西。这是很多创造性工作的共同特点。所以，对于学习者来说，很重要的一点是需要悟性。

要提高公文写作能力，需要做到以下 3 点。首先是具备领悟力，即领会、理解、感悟的能力，包括想象力、思考力、洞察力，是一个人感知、判断、推理、分析综合、逻辑思维等能力的体现，是一种善于对事物进行由表及里、由实及虚、由此及彼的思考和认识的能力。其次是掌握方法论，就是掌握技巧、门径、奥秘。最后是下笨功夫，就是积累和勤奋。

公文写作所需的领悟力，主要是指写作时善于领会意图、准确把握、触类旁通、举一反三，也指在学习公文写作的过程中善于观察思考、总结经验规律、探索临界知识。善悟是提高公文写作水平的关键。有句名言说，"天才就是 1% 的天赋加上 99% 的汗水"，对于公文写作者而言，这 1% 的天赋就是悟性。悟性虽然很重要，但也不能因此否认后天努力的重要作用，因为天道酬勤。悟性的高低其实与个人的努力程度相关。

公文写作所具有的"三无"难题及其对悟性的高要求，某种程度上意味着，这种痛点不是短时间能解决的。在传统模式下，一个人积累的默会知识很难轻易转移到另一个人的头脑中，而整个社会支持系统也并不能解决方法体系缺乏的问题，个人靠长期摸索形成的方法和诀窍只能沉淀在其头脑中，供自身或其他少数人使用，无法传播给更多人，这导致新进入者的学习门槛较高。

幸运的是，随着 AI 的发展，这些痛点有望得到解决。AI 能模仿人进行思考，因此也能从事写作这样的脑力劳动。公文作为程式化、规范化程度最高的文体之一，完全可以利用技术手段实现写作模式的升级。用 AI 辅助写作，可以极大地提升写作效率。

三、公文写作的质量标准和原则

AI 辅助人写作，完成一部分原本必须由人完成的工作，这并不意味着写作成果质量的降低。要明白这一点，我们首先要知道用什么标准来衡量公文的质量，通用的标准比较笼统，比如主题要明确、观点要鲜明、文字要简洁等，但我们一看就知道，这些标准很难形成操作性定义。这里提出"五感"衡量标准，利用它，我们能很清晰地评价一篇公文的质量如何。

一是文体感。公文写作者要根据特定的任务，明确所写内容应该采用的文体，了解它的写作要领、形式特征、语体风格。如果不结合特定的文体来加以考虑，立意就会失去准确性。

二是结构感。公文的构思包含对结构的考虑，就是思考如何去讲述一件事情，比如用什么框架、节奏和逻辑去讲，先讲什么、后讲什么，什么重点讲、什么一笔带过，什么从正面讲、什么从侧面讲，等等，公文写作者对此应有一番考量。

三是对象感。每一篇公文都有明确具体的对象，在立意构思时准确把握对象的特点、需求，是非常重要的，也是在考虑行文方向时必不可少的，这样才能有的放矢，增强针对性。如果不分对象，只从"我想说什么"出发，而不考虑"对方想听或想看什么"，那就很可能偏离目标，达不到预期的行文效果。

四是场景感。公文都是在具体的场景中被使用的，把场景这一重要因素考虑进来，能使公文的立意更全面、更综合，也更有指向性和针对性。场景包括不同的场合、不同的时间、不同的传授关系、不同的人群等。深入了解与一篇公文相关的情形所构成的具体场景，有助于在立意构思上更聚焦，更契合实际情况。

五是价值感。一篇公文的价值和其能达到的效果，取决于其中的思想内容和观点。公文的价值感至少关乎 3 个方面：What（是什么），就是对事情的描述；Why（为什么），就是对事情背后原因的揭示；How（怎么样），就是对事情怎么做的阐述。一般来说，对公文而言，这 3 个方面的价值是递增的。在立意时，就要充分考虑，构思写作的公文如何能给读者提供更多的信息增量和有价值的观点。

写作说到底就是和文字打交道，是用语言来阐述自己的思想，提出自己的观点，表达自己的情感，呈现某方面的思路。想要达到这些目标，需要一定的写作能力。写作能力是一个人知识水平、科学素养、文化底蕴、思维能力等综合素质的全面反映。想要提高写作能力，不是一朝一夕的事情，而是需要长期不懈地积累和沉淀，具体到公文写作方面，有几条原则是经过实践检验行之有效并值得遵循的。

第一，参照学习。参照就是模仿、借鉴，就是学人所长，为我所用，但绝不是抄袭剽窃，二者有本质的区别。就像学书法，先描红，再临摹，最后自我创作。

初学者完全可以从仿写好的范文开始，从借鉴别人好的写法开始，学习优秀写作者的构思、遣词造句等。比如，有人喜欢在正式写作前拟定清晰的提纲，有人善于用数字或者故事来代替冗长的内容陈述，有人习惯用金字塔原理来找出重点，等等。把别人好的东西吸收消化，逐步内化为自己的东西，写作能力就会在无形之中不断提升，经历一个从量变到质变的过程，到一定时候就会越过临界点，进入完全不同的境界。

第二，循序渐进。做什么事情都需要经历一个由浅入深、由易到难的过程，写作也不例外。从简单的文体、熟悉的领域开始，积累经验之后，再逐步转向复杂的、陌生的写作内容，这是正确的学习方法和路径，不仅能实现经验和能力的梯次累加，也能增强对于写作的信心。初学者不要想"一口吃成个胖子"，而要一步一个脚印，这样才会走得更稳。真正的能力进阶，都不是速成的，靠的是点滴积累与持续精进。

第三，正反对照。对于学习写作的人来说，除了要知道"应该这样写"的道理，还应该知道"不要这样写"的道理，正面指引与"负面清单"相结合，能让人体会更深，对写作的注意事项把握得更到位。

鲁迅在《不应该那么写》中说到，学习写作最好的方法就是学习作家的未定稿、修改稿。这对公文写作来讲，也是很有益处的学习方法。但这样的读物少之又少，一个切实可行的办法是，看经领导和同事反复修改的草稿，这样获得的益处更多，提高得更快。

第四，把握要点。不同的写作形式有各自的核心和要点，抓住要点就好比抓住了牛鼻子，能够提高学习的效率。比如文学写作的重点在于人物、情节和意象，学术写作的重点在于假设和论证，自媒体文章写作的重点在于话题性和标题，公文写作有立意、主题、结构、内容、语言等核心要素，这些都是值得重视的要点。

第五，刻意练习。写作是实践出真知的技能，看再多书，学再多理论方法，自己不去写，永远学不会。无论是模仿他人，还是自我揣摩，都需要进行大量的刻意练习，并在刻意练习中把体会沉淀为自己的认识，把方法转化为自己的技能，形成不断精进的正向循环。只要是写作，不管写什么，都有相似的技巧。在哪里学到技巧不重要，重要的是能举一反三、活学活用。当能够将同一种技巧运用在其他领域，实现经验迁移，就可以说真正学会写作了。

关于公文写作，还有以下几个要点，这对于我们理解 AI 如何辅助人写作，同样具有启发意义。

一是文有常法。常法，就是文章之道，就是写作的规律，是从众多的实践中归纳提炼出来的，又经过实践检验的经验总结。在写作中，要有意识地感悟、捕捉和提炼这些规律性的东西，从而更好地指导自己的实践，做到心中有数。

二是文无定法。正如世界上没有两片相同的树叶，世界上也没有完全相同的两篇文章。没有哪一种写作方法是放之四海而皆准的，所以我们要根据实际情况灵活运用，不拘泥于固定的形式，充分发挥创造力。

三是文贵得法。知道了规律和方法，关键要活学活用，与具体的实践相结合，真正让这些好的规律和方法发挥作用。经常学习总结、勤写多练，才能逐渐游刃有余，应用自如，进入自觉甚至自由的状态。

四、打造赋能体系与开放知识系统

从前文可以看出，公文写作所具有的"三无"难题及其需要高悟性这一特点，导致公文写作能力依靠经验的人际传播来提升的效率低、难度大，而人所不擅长的，恰恰是 AI 可以发挥作用的地方。无论是衡量公文质量的"五感"标准，还是学习公文写作的几条原则，都可以被设计为 AI 写作工具的运行程序和使用过程，内化为成果产出的评价标准。也就是说，基于对公文的深刻了解和规律认知，设计 AI 写作工具的功能和算法，这样就能将写作中的默会知识显性化、条理化。换句话说，通过把握公文写作的内在规律，并对海量的数据进行有效分类和逻辑处理，可以把人在写作时运用的运思能力赋予 AI。而这从技术上不难实现。

我们把这种模式称为"AI+ 写作"，其有两层含义：一是 AI 并不能完全代替人进行智慧劳动，只是在辅助人和支持人；二是 AI 的写作功能源于人的设计，离不开人对公文写作的认识提升和规律把握。这是我们特别希望强调的。

"AI+ 写作"离不开技术的发展，但这绝不意味着将内容生产变成流水线劳动。更值得展望的前景是，它将成为一个开放的、动态的培训系统，使很多人关于写作的默会知识变得可以分享，将使用知识的过程变成一个高效习得的过程，这将克服传统写作教学中欠缺方法体系的窘境。

因此一款好的 AI 写作产品，通过技术手段，既能呈现写作过程和结果，也能反映关于写作的认知与理解，其中包含了对公文写作所做的系统思考，也就是针对公文写作而在人的心智系统方面进行的探索。如果这样去设计和使用 AI 写作产品，我们将逐渐摆脱一些浅层次的认识，加深对公文写作的理解与认知，提高公文写作的效率和成果质量。

由于缺乏有效的学习和进阶方法，很多公文写作者一直以来只会依靠模板和范文来学习公文写作，从来没有触及公文写作的深层次理论，而学习这些简单的模板和范文是 AI 最擅长的。从某种意义上说，如果公文写作者停留在这个阶段，那么他们和 AI 所做的工作没有什么区别，因而他们极其容易被 AI 所取代。而如果自己悟到关于写作的诀窍和方法，或者通过使用 AI 潜移默化地掌握这些方法（由公文写作专家与技术专家合作赋予 AI），那么即便技术再强大，AI 再流行，它也无法拥有人们在这个过程中的所思、所悟、所得。

"工欲善其事，必先利其器"，AI 就是公文写作者的"器"，也可以说是他们学习的平台。在使用 AI 的过程中，写作能力会得到提升。在一般情况下，公文写作者可以利用 AI 来提高写作效率，而一旦具备较强的写作能力，就算在没有 AI 的环境中，公文写作者也能自如地写作。

所以评价一款 AI 写作产品的标准，就在于此。如果只是提供简单的模板和操作方法，依靠数据的堆砌和无序的剪裁来帮使用者完成任务，我们认为它是乏善可陈的。而真正好的 AI 写作工具，技术只是实现手段，其离不开人对写作的深刻认识和理解，并在此基础上将这些认识和理解转化为可使用、可操作的方法和功能，帮助使用者在完成任务的过程中加深认知、把握规律，逐步获得和提升写作能力。

这样的产品中，既有必不可少的写作模板、格式、范例，还包含大量专家赋予系统的，那些简单的格式和范例所无法包含的，写作中只可意会、难以言传的默会知识，这是公文写作中涉及思想、情感、判断、思维的部分。比如，对于大多数人都知道的"主题要鲜明、观点要新颖、结构要清晰"等公文写作要求，究竟怎样才能达到？公文写作的主要步骤和环节是什么？如何为要写的公文设定一定的质量标准并加以评价？如何选择合适的文种？如何在写作过程中找到有效的参照系？怎样把握那些用语言难以清晰描述的诀窍与奥秘？……要回答这些问题，光靠 AI 是无法回答的，而是需要将人的智慧转化到 AI 写作产品的功能当中。只有做到这一点，AI 写作产品才具备核心竞争力。

后面的内容中，我们会按照这个标准来使用和测评市面上的各种 AI 写作工具，并引导读者更科学地使用这些工具。我们乐观地展望，随着 AI 技术的快速发展、机器学习的不断进步以及智能写作普及和接受程度的提高，AI 写作产品将成为写作提效的辅助手段。而最重要的是，它能成为方法传授体系，也将成为一个开放的知识系统。

五、主流大模型巡礼与公文写作适用性测评

在 AI 技术迅猛发展的背景之下，AI 大模型成了各科技企业争相布局的焦点。其中，AI 写作大模型作为一项极具应用价值的技术，也成为新赛道。从新闻报道、广告策划到公文写作，AI 写作大模型都能在短时间内为我们提供所需内容。为了全面了解当前国内 AI 写作大模型的实力，我们对多家知名企业的 AI 写作大模型进行了深入的写作能力测评。

我们认为，在 AI 写作大模型日益普及的背景下，AI 写作大模型的写作能力测评显得尤为重要。它不仅有助于用户在众多产品中做出明智的选择，还能推动整个行业的技术进步，规范和确立行业标准，促进 AI 写作大模型的发展，为我国 AI 产业发展贡献力量。

本次测评旨在揭示各 AI 写作大模型在写作能力方面的差异，为读者提供更有价值的参考信息。在测评过程中，我们将重点关注以下几个方面：一是语言表达能力，即 AI 写作大模型对词汇、语法、句子结构等的运用能力；二是逻辑思维能力，即 AI 写作大模型在组织文章结构、论述观点、分析问题等方面的表现；三是行业专业度，即 AI 写作大模型在特定领域的知识储备和知识应用能力；四是用户体验，即 AI 写作大模型在易用性、交互设计等方面的表现。我们承诺，秉承客观、公允、中立的立场，不偏不倚，公正评判。

参与测评的 AI 写作大模型来自国内外多家知名企业，它们在 AI 领域有着丰富的技术积累和广泛的应用场景。这些模型在训练过程中，使用了大量高质量的数据，这使得它们在写作方面具备了一定的实力。然而，由于技术路线、训练数据和算法等方面的差异，各 AI 写作大模型的性能也存在一定差异。

测评分为两步，首先是对通用写作能力的测评，在此基础上再针对公文写作能力进行测评。

第一步，对 7 个 AI 写作大模型的通用写作能力进行全面剖析，帮助读者

了解其优缺点，为读者在实际应用场景中做出选择提供依据。以下为具体测评内容。

（一）文心大模型 4.0 测评小结

（1）性能较好，可用的插件较多，AI 产品矩阵比较全面。

（2）定价比较高，付费决策门槛较高。

（3）主要作用是文档分类、信息抽取、文档问答等。

（4）在商业文案写作方面，内容表达和字词使用的效果适中。

（二）百川大模型测评小结

（1）支持搜索增强，已有的服务为文档读取和内容提炼。

（2）构建了比较完备的企业知识库，可供其他产品借鉴。

（3）在长文本的输入和输出方面有优势，知识的时效性一般。

（4）开发了适用于文档翻译、新闻报道摘要、公文写作、学术文章写作、投资研究分析等具体场景的工具，并且这些工具有比较好的表现。

（5）提供内容提取功能，用户输入网址，模型就可以读取内容。

（6）性能较强，技术较先进，不过产品矩阵比较单一，系统生态构建不完善。

（三）智谱清言测评小结

（1）在文本写作、逻辑问答、数学分析、代码编写和日常问答等方面的表现良好，能够很好地理解和适应中文语境。

（2）在交互体验等方面的表现相当出色，能够满足用户在多种场景下的写作需求。

（3）在多模态应用方面的表现出色，尤其是在处理长文档和筛选简历方面具有实用功能。

（四）讯飞星火测评小结

（1）在文案写作方面，偏向带货文案的风格。

（2）在知识问答方面，回答较为专业。

（3）在阅读理解测试中，能够进行详细的描述。

（4）在语义测试中，未能完全理解问题，给出的答案不佳。

（5）在事件分类测试中，展现了卓越的总结能力和分类能力。

（6）性能好，图片解析精准，能提供情感性输出，产品形态值得其他产品借鉴。

（五）通义千问测评小结

（1）对用户语言的理解能力强，回答较充分。

（2）行业垂类模型较完善，产品矩阵多样化。

（3）产品设计能力强，体系化值得借鉴。

（4）图片解析能力一般，但文档解读能力强。

（六）新华妙笔测评小结

（1）作为 AI 垂直应用产品，较为优秀，提供非常强大的数据库检索功能，能够满足用户的需求。

（2）作为公文写作专用模型，在写作格式、体例、标题以及字词方面表现优秀。

（3）功能较为丰富，包括查资料、智能写作、纠错审核、AI 对话、文档摘要以及知识问答等。

（4）参数不够多，只适用于公文写作、新闻写作等专有场景。

（5）内容输出速度较慢，校对时存在误判的情况，润色功能较差。

（七）GPT-4 测评小结

（1）具备较强的语言理解和生成能力。

（2）能够理解和处理各种复杂的语言结构和含义，并根据用户输入的上下文生成相应的回复或文本。

（3）能够处理多种语言，包括英文、中文等，使得跨语言交流更加便捷。

（4）输出的文案有较丰富的层次，输出的知识写作具有较多样化的风格，输出的阅读分析对原核心内容有较强的理解。

（5）中文写作能力并不突出，由于中文内容语料不足，一些关于常识的回答不尽如人意，其更加适用于知识问答以及处理一些技术文档。

综合来说，在 AI 写作领域，GPT-4 以其较强的语言理解和生成能力以及灵活性领先。文心大模型 4.0 在中文处理上表现出色，且正在积极构建插件生态，但在文本长度处理上存在限制。智谱清言作为国产大模型的领先者，提供了均衡的性能，但在写作逻辑丰富性和表达方式上需要不断加强训练。通义千问和讯飞星火分别在企业级应用和语音技术方面有其优势，但在功能完善度上仍有提升空间。用户在选择时应根据具体需求和预算进行考量。

第二步，对公文写作能力进行测评。由于本书重点关注公文写作，为深入了解不同产品在公文写作中的实际表现，我们在通用写作能力测评的基础上，围绕公文写作，设置了若干关键维度，包括写作效果、安全、功能、文本长度限制、写作数据时效性、产品形式以及综合评价等，进行全面深入的测评，旨在为用户选择合适的 AI 写作大模型提供参考。结果如下。

（一）写作效果对比

在主流 AI 写作大模型的公文写作能力评估过程中，我们以《县工业园区2023 年工作情况总结汇报》作为评估标题。为保证评估的一致性和公正性，我们采用了一套标准化的关键词体系，涵盖"开新局""强基础""壮产业""优环境""提质量""提效能"等关键概念，并特别关注经济发展、招商引资、项目建设、营商环境优化以及数字化改革等核心议题。通过使用不同的 AI 写作大模型，包括文心大模型 3.5、智谱清言、讯飞星火、通义千问、新华妙笔以及 GPT-3.5，我们进行了较为全面的写作效果对比分析。

以下是对各工具写作效果的综合评价。

1. 文心大模型 3.5（具体实例见图 1）

优势：在小标题的概括性上表现突出：中文处理能力强，使用了一些高级词汇和专业的表达，提升了专业度。

劣势：结构不够合理，句式多样性不足，一些表述过于抽象。

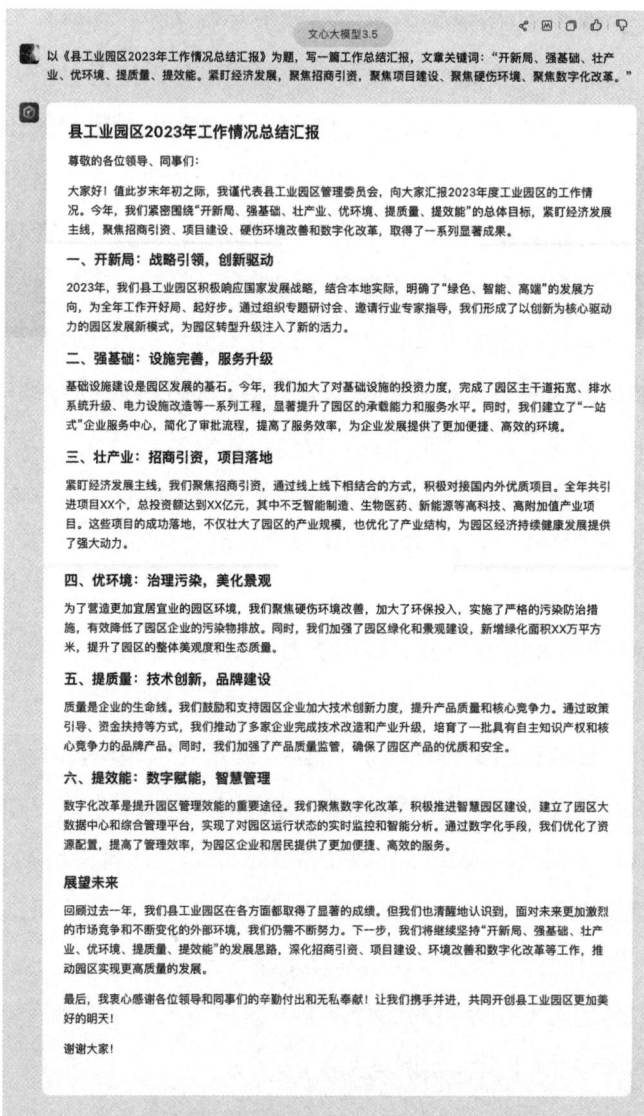

图 1　文心大模型 3.5 写作实例

2. 智谱清言（具体实例见图 2）

优势：结构清晰，按照关键词有序组织内容。

劣势：表述较为单一，生成了不必要的寒暄用语，在写作逻辑丰富性和表达用词上需进一步训练。

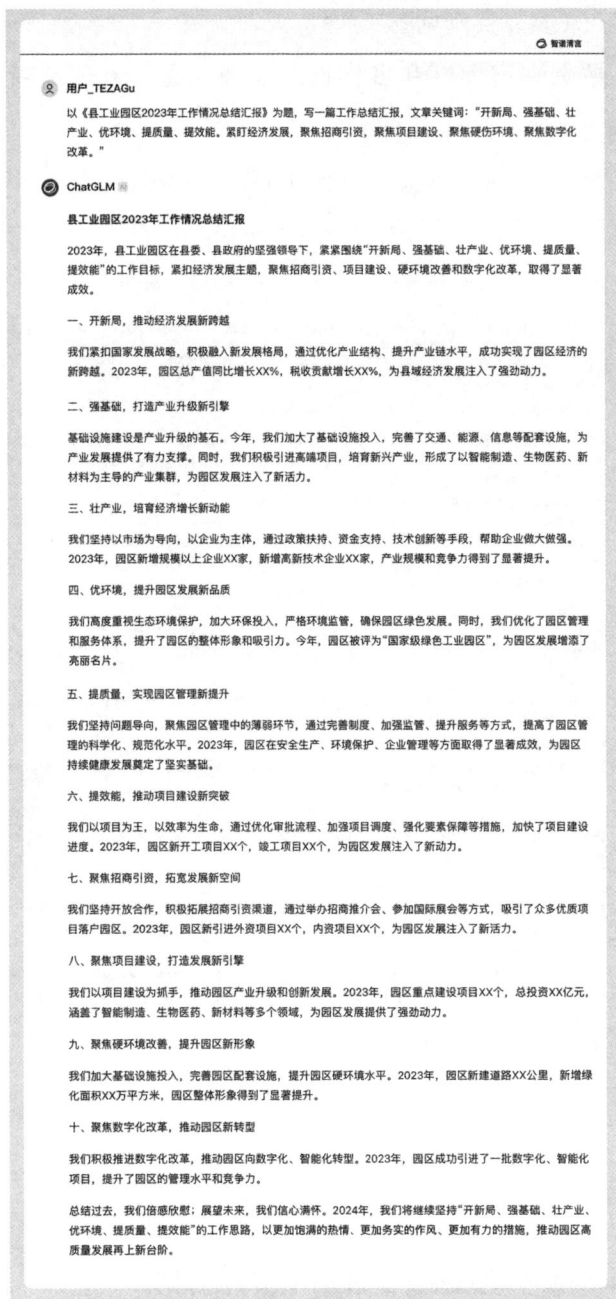

图 2 智谱清言写作实例

3. 讯飞星火（具体实例见图 3）

优势：在数据丰富程度和多样性上表现优秀，条理清晰，表达流畅、得体。

劣势：直接输出了未经核实和验证的数据，准确性不足。

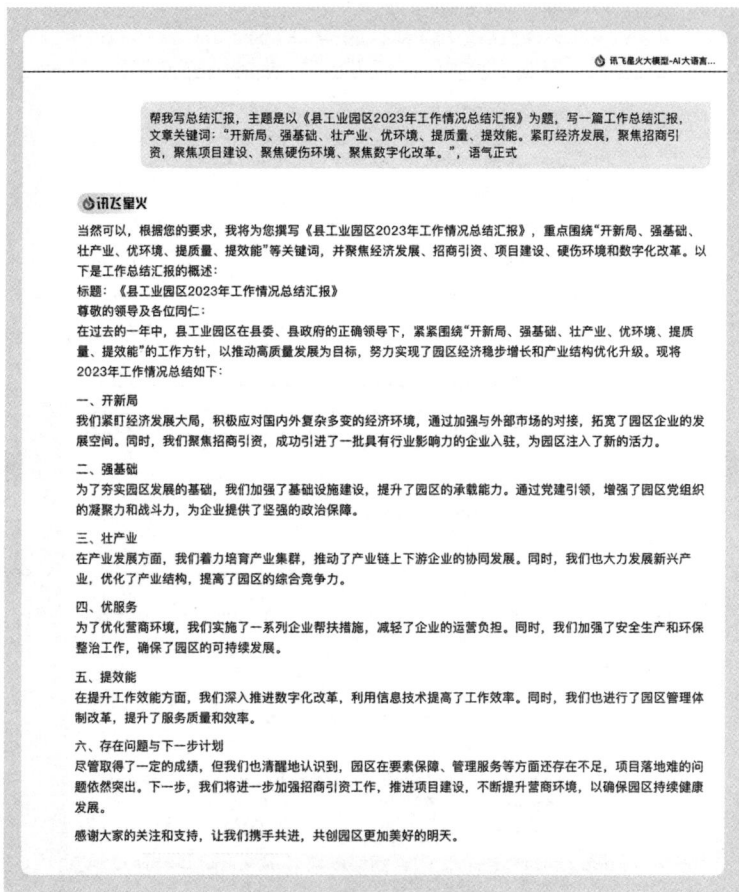

图 3　讯飞星火写作实例

4. 通义千问（具体实例见图 4）

优势：小标题概括性较强，主题鲜明，符合预期。

劣势：生成了不必要的寒暄用语，在可读性和简洁性方面还有改进的空间，需要通过简化语言和去除冗余信息来提高整体质量。

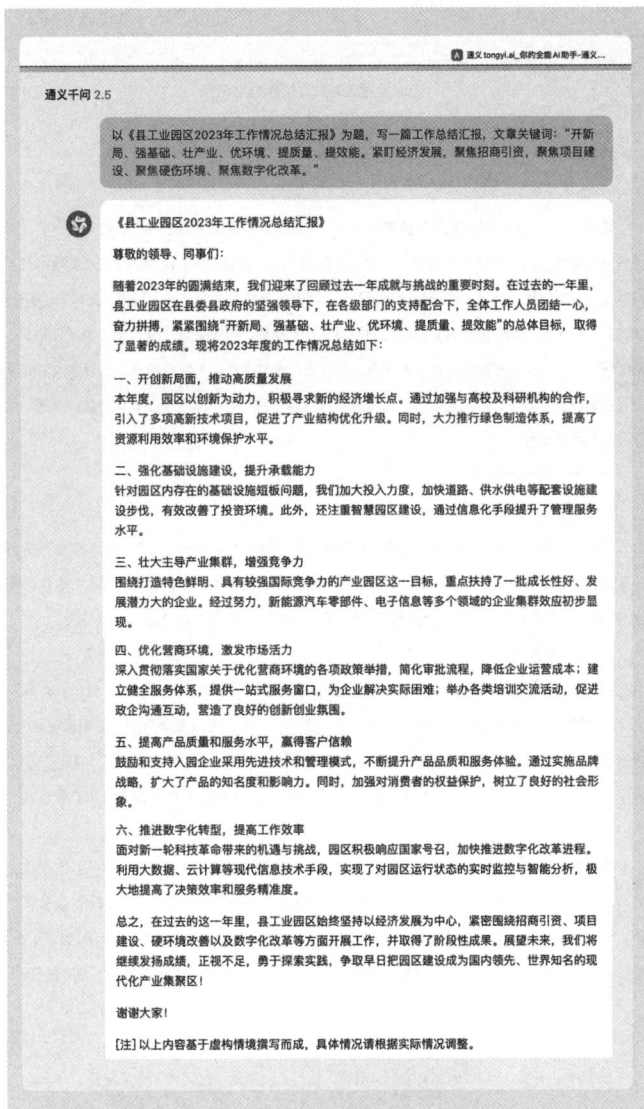

图 4　通义千问写作实例

5. 新华妙笔（具体实例见图 5）

优势：小标题和段落内容一致性强，安全策略精细，功能丰富，支持长文本写作；强调了数字化改革和创新，与当前发展趋势紧密结合。

劣势：存在前后重复的问题，但不影响整体效果。

县工业园区2023年工作总结汇报

一、报告背景

1.<园区发展新阶段>

2023年，县工业园区站在新的历史起点上，步入了高质量发展的新阶段。过去的一年，园区经济发展强劲，以创新驱动为引领，产业结构持续优化，实现了从传统制造业向高新技术产业的转型升级。据统计，园区总产值同比增长25%，其中高新技术产业产值占比提升至60%，展现出强劲的增长势头和广阔的发展前景。园区的招商工作也取得了显著成效，全年新引进项目50个，总投资额超过50亿元，其中不乏行业领军企业和高技术含量项目，为园区的未来发展注入了强大动力。在这样的背景下，县工业园区正以前所未有的信心和决心，迈向一个更加开放、创新、绿色、共享的新征程。

二、主要工作和成绩

1.<经济指标亮眼>

2023年，县工业园区经济指标持续向好，展现出强劲的发展势头。全年实现工业总产值达到50亿元，同比增长25%，税收总额达到3亿元，增长20%，增速位居全市前列。园区中企业总数达到200家，其中高新技术企业占比提升至40%，显示出园区产业结构的不断优化和升级。

2.<项目落地生根>

在过去的一年中，我们成功引进了10个重大投资项目，总投资额达15亿元，涵盖了电子信息、生物医药、新能源等多个战略性新兴产业。其中，总投资5亿元的新能源汽车电池项目已顺利投产，预计年产能将达到10万套，为园区的绿色发展注入了新的动力。这些项目的落地，不仅壮大了园区的产业基础，也带动了就业，创造了约2000个就业岗位，为区域经济注入了活力。

3.<环境优化显著>

我们致力于打造一流的营商环境，全年完成了园区基础设施的全面升级，包括新建和改造道路15公里，提升绿化覆盖率至40%，为企业提供了优质的生产环境。同时，我们深化"放管服"改革，优化审批流程，平均审批时间缩短30%，提升了企业的运营效率。此外，我们还建立了企业服务热线，24小时为企业解决实际问题，满意度达到95%以上，园区的软环境得到了显著提升。

三、政治和业务经验

1.<理念引领发展>

以"绿色、智能、共享"的发展理念为引领，我们成功推动了园区的可持续发展。2023年，我们引进的项目中有70%符合绿色低碳标准，为园区的环境友好型发展奠定了基础。我们积极推广智能制造，园区内企业数字化设备使用率提升了30%，显著提高了生产效率。

2.<创新驱动转型>

在创新驱动的策略下，我们鼓励企业研发创新，推动技术进步。2023年，园区内企业共申请专利200余项，其中发明专利占比超过50%，技术创新成为园区产业升级的强劲动力。我们还与高校、科研机构合作，设立产学研合作平台，引导企业进行技术改造，成功推动了园区产业结构的优化。

3.<服务提升效能>

我们始终坚持以企业为中心，优化服务流程，提升服务质量。2023年，我们设立了"一站式"服务窗口，企业办理事项的平均时间缩短了40%，大大提高了办事效率。同时，我们定期举办政策解读会，帮助企业准确理解并充分利用各项优惠政策，提升了企业的满意度和园区的吸引力。

四、感谢

1. <各方支持肯定>

在过去的一年里，我们深深体会到，县工业园区的每一步发展，都离不开各级政府的正确领导，离不开相关部门的鼎力支持，离不开广大投资者的热忱参与，以及社会各界的广泛关注。县工业园区的亮眼成绩，是大家共同努力的成果。

我们特别要感谢县委县政府的坚强领导，是你们的高瞻远瞩，为我们指明了发展方向，提供了有力的政策支持。同时，各职能单位的高效协同，确保了各项工作的顺利推进，为园区营造了良好的发展环境。

我们对所有入驻园区的企业表示由衷的感谢，是你们的创新精神和坚韧不拔，推动了园区的产业升级，为区域经济增添了活力。你们的信任和支持，让我们更有信心迎接挑战，创造更大的辉煌。

此外，我们还要感谢社会各界的关心与监督，你们的建议和批评，帮助我们发现问题，改进工作，提升了我们的服务质量和管理水平。

展望未来，我们将继续携手并进，共同书写县工业园区的新篇章。在此，我们再次向所有关心和支持县工业园区发展的朋友们表示最诚挚的感谢！让我们在新的一年里，同心协力，再创佳绩！

五、客观困难和主观不足

1. <挑战并存>

尽管2023年我们取得了显著的成绩，但外部环境的不确定性依然给园区发展带来挑战。全球贸易摩擦和经济波动影响了部分出口导向型企业的订单，而国内严格的环保政策也对部分高能耗、高污染企业提出了更高的整改要求。同时，土地资源的紧张和人力成本的上升，也在一定程度上制约了园区的扩张速度。

2. <管理需提升>

在内部管理方面，虽然我们已经实现了部分流程的数字化，但管理效率仍有提升空间。部分部门之间的协同配合仍有待加强，信息流通的效率和透明度需进一步提升。此外，现有的绩效考核体系未能充分激发员工的积极性，需要进一步完善以适应园区快速发展的需求。

3. <创新待加强>

在创新驱动方面，虽然我们引进了一些科技含量高的项目，但园区整体的创新氛围仍有待提升。部分企业对新技术、新模式的接受度不高，创新项目的孵化和推广速度相对较慢。此外，园区在科研合作、成果转化等方面与高校和科研机构的联系还需加强，以推动技术的快速迭代和应用。

六、具体目标和可行性分析

1. <设定发展目标>

我们的目标是在2024年实现工业产值增长20%，引进至少10个高新技术项目，新增就业机会2000个，同时，我们将努力提升园区内企业的研发投入，推动平均研发投入占比达到10%。

2. <目标实现路径>

为达成这些目标，我们将采取一系列切实可行的措施。首先，我们将深化招商工作，聚焦新能源、新材料、生物医药等战略新兴产业，通过举办专题招商会，精准对接优质项目。其次，我们将优化项目落地流程，提供一站式服务，确保项目从签约到投产的快速推进。此外，我们将推动产学研合作，鼓励企业与高校、科研机构共建研发中心，提升自主创新能力。同时，我们将进一步完善人才引进政策，吸引和留住高端人才，为园区发展提供智力支持。

3. <预期成果展望>

预计在这些措施的推动下，园区的产业结构将更加优化，创新活力显著增强，高新技术产业将成为园区经济增长的新引擎。企业效益将得到提升，就业环境将更加稳定，居民收入也将有所提高。此外，园区的绿色发展水平将得到提升，环境质量持续改善，为构建人与自然和谐共生的现代化园区奠定坚实基础。我们的目标是将县工业园区打造成为区域经济发展的新高地，为实现区域经济的高质量发展作出更大贡献。

七、任务

1. <深化招商工作>

为了保持园区经济的持续增长，我们将深化招商工作，以吸引更多优质企业入驻。我们将进一步完善招商策略，聚焦高附加值、高技术含量的项目，如新能源、新材料、生物医药等战略性新兴产业。预计2024年，我们将力争引入10家以上这类企业，新增投资总额超过10亿元。同时，我们将优化招商服务，提供一站式、定制化的服务，以提升招商效率和成功率。

2. <推进项目实施>

在项目推进方面，我们将强化项目管理，确保已落地项目的顺利实施和达产。2023年，我们有20个项目已进入实施阶段，预计2024年将有15个项目实现竣工投产，新增产值预计可达25亿元。我们将定期对项目进度进行跟踪，及时解决项目推进中的问题，以确保项目按期完成。

3. <环境持续优化>

环境优化是园区发展的基础。2024年，我们将继续加大基础设施建设，计划投资5000万元，用于提升园区道路、供电、供水、排污等基础设施，确保企业运营的顺畅。同时，我们将强化环保监管，推动企业绿色生产，确保园区环境质量持续改善。此外，我们将优化服务体系，提升服务效率，为企业提供更加便捷、高效的政务和商务服务，营造更加宜商的环境。

八、措施

1. <政策扶持升级>

为吸引更多优质企业入驻，我们计划升级现有的政策扶持体系。我们将优化税收优惠政策，为高新技术企业和创新型企业提供更具吸引力的税收减免。同时，设立专项基金，对关键领域的研发项目给予资金支持，推动科技成果的快速转化。对于初创企业，我们将提供低息贷款和创业指导，降低他们的初始投入风险。此外，我们还将完善知识产权保护机制，鼓励创新，保护企业的核心竞争力。

2. <数字化改革深化>

我们将深化数字化改革，构建智慧园区。首先，我们将搭建统一的信息化平台，实现园区管理、企业服务、数据共享的无缝对接。通过大数据分析，精准把握园区运营状态，及时调整管理策略。同时，引入AI技术，实现园区设备的智能监控和维护，降低运营成本。此外，我们将推动企业数字化转型，通过提供数字化培训和咨询服务，帮助他们提升生产效率，适应数字经济时代。

3. <人才培养强化>

为了提升团队的专业能力，我们将实施人才引进和培养计划。通过与高校和研究机构合作，引进高级管理人才和技术专家。同时，开展内部培训，提升员工的业务能力和创新能力。我们将设立人才激励机制，包括晋升通道、绩效奖金和股权激励，激发员工的工作热情和创新精神。此外，我们还将引入导师制度，让经验丰富的员工指导新入职的员工，加速他们的成长。通过这些措施，我们将打造一支专业、高效、有创新精神的团队，为园区的长远发展提供人才保障。

作者：新华妙笔

以上内容由新华妙笔-公文AI写作完成，仅供写作参考使用

唯一标识符：82a09ca97d314b5c88bc49f983ad7553

图5　新华妙笔写作实例

6. GPT-3.5（具体实例见图 6）

优势：结构清晰，按照关键词有序组织内容，在知识扩展上较为突出。

劣势：生成了不必要的寒暄用语，成本较高。

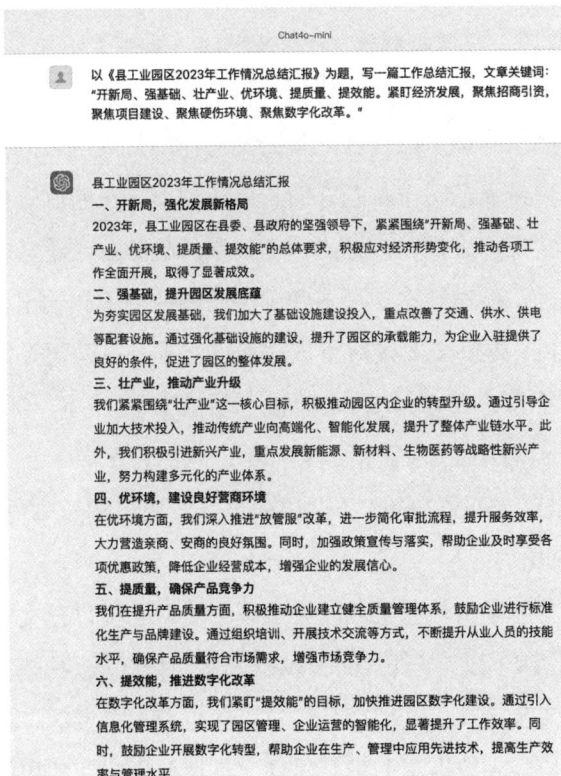

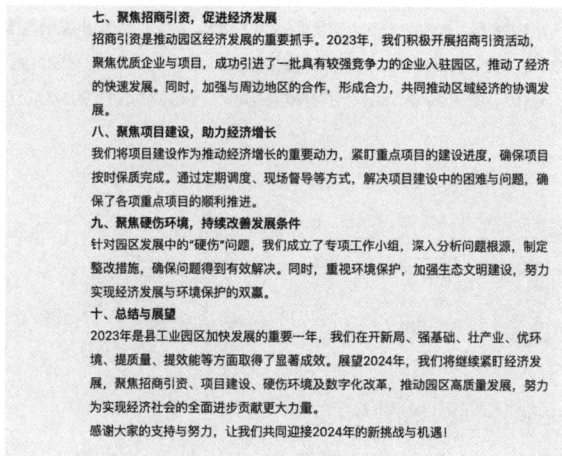

七、聚焦招商引资，促进经济发展
招商引资是推动园区经济发展的重要抓手。2023年，我们积极开展招商引资活动，聚焦优质企业与项目，成功引进了一批具有较强竞争力的企业入驻园区，推动了经济的快速发展。同时，加强与周边地区的合作，形成合力，共同推动区域经济的协调发展。

八、聚焦项目建设，助力经济增长
我们将项目建设作为推动经济增长的重要动力，紧盯重点项目的建设进度，确保项目按时保质完成。通过定期调度、现场督导等方式，解决项目建设中的困难与问题，确保了各项重点项目的顺利推进。

九、聚焦硬伤环境，持续改善发展条件
针对园区发展中的"硬伤"问题，我们成立了专项工作小组，深入分析问题根源，制定整改措施，确保问题得到有效解决。同时，重视环境保护，加强生态文明建设，努力实现经济发展与环境保护的双赢。

十、总结与展望
2023年是县工业园区加快发展的重要一年，我们在开新局、强基础、壮产业、优环境、提质量、提效能等方面取得了显著成效。展望2024年，我们将继续紧盯经济发展，聚焦招商引资、项目建设、硬伤环境与数字化改革，推动园区高质量发展，努力为实现经济社会的全面进步贡献更大力量。

感谢大家的支持与努力，让我们共同迎接2024年的新挑战与机遇！

图6　GPT-3.5写作实例

（二）安全对比

在公文写作安全方面，新华妙笔以其精细的安全策略和合理的安全过滤机制领先于其他产品。其他产品存在大量公文写作的常规词被列为敏感词禁止输出的情况，给用户带来了写作难题。新华妙笔的安全策略制定得十分精细，它可对公文写作的常规词进行正常输出，在控制风险的同时不影响用户写作，也避免了犯错。此外，新华妙笔在用户和模型两端的输入和输出方面均采取了合理的安全过滤机制；提供文本校对审核功能、文本分享防误发泄密功能，以及主动禁止涉及意识形态的敏感文本写作。其他产品也在输入和输出端采取了安全过滤机制，但对于公文写作而言，该机制过于严苛，公文写作常用词汇经常触及审核红线，导致这些产品无法满足专业用户的正常需求。

（三）功能对比

新华妙笔在功能丰富性和实用性上表现突出，它提供范文学习资源、领导人论述数据库"新华问道"（见图7）以及公文写作权威数据库，并支持检索，保障了公文写作的合法性。其他产品虽然可能也有相关资源，但这在用户端不明确，需根据用户输入的提示词进行呈现，这造成用户在使用时可能因此遇到障碍，并对来源是否合规产生疑虑。新华妙笔的另一个亮点，就是具有团队协作办公功能，企业以便配备使用。

图 7　新华问道页面

（四）文本长度限制对比

对于超过 3000 字的长文本，新华妙笔在呈现效果上领先，并且可以在 5 分钟内一次性生成 1.2 万字。在实际写作场景中，AI 写作大模型生成的文本内容越丰富，越便于用户修改。其他大模型的优势体现在生成短文本和知识问答上，它们一般不能满足公文写作对长文本的需求。

（五）写作数据时效性对比

大多数产品在时效性上表现都比较差，特别是在新提法、新热词的收录和使用上。文心一言在时效性上表现相对较好，新华妙笔其次。

（六）产品形式对比

大多数产品形式均属于对话式，只有新华妙笔属于 AI 对话写作和分步写作双结合的形式（见图 8），人机协作紧密程度更高，用户可以对 AI 的写作流程和细节进行干预。同时，新华妙笔配有在线校对功能，允许用户自主上传文档进行校对，但也存在误判或误提示的情况。

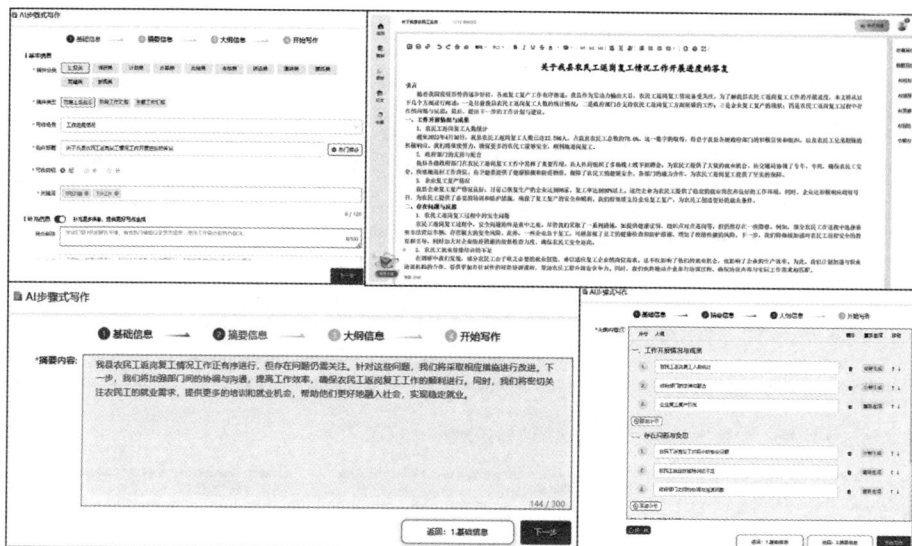

图 8　新华妙笔写作页面

（七）综合评价

在公文写作上，新华妙笔更能满足用户的需求。其他 AI 写作大模型更适合知识问答、资料提供以及短文本（500 字内）创作等场景，而且它们严重依赖提示词，不适合不会提问的用户使用。

用户在选择 AI 写作大模型时，可根据具体需求、预算以及对安全、功能、文本长度和时效性的要求进行综合考量。针对公文写作的专业场景，我们经过测评，发现新华妙笔在功能上是最强大的，它不但在上述显性的维度测评中表现较好，其全面的功能、战略性的设计和强安全性更符合广大用户的需求，而且在它的功能设计背后有对公文写作内在规律的理解和认知，我们觉得这是 AI 写作大模型的最大价值所在。因此，本书后续章节将主要结合新华妙笔的功能和使用方法来讲述，既通过介绍代表性的产品告诉读者如何使用 AI 来辅助写作，也在这个过程中加深读者对公文写作的理解，以及介绍 AI 产品设计师是如何将对公写作的认知与理解融入其中的。

第三章

双向赋能：AI 公文写作产品能做什么

03

现在，全国有大量的各类党政机关和企事业单位等组织和数以百万计且在不断增加的公文写作者，传统的公文写作培训市场之外，线上培训、社群等众多模式不断涌现，这体现了广大公文写作者对提升公文写作能力的强烈渴求。从 AI 技术发展的价值导向来说，这是值得关注的"商机"。如果能开发出好的产品来满足已有和潜在的需求，该产品无疑具有广阔的市场前景。

目前 AI 大模型已经广泛应用于各种领域和场景，如文本生成、机器翻译、图像识别、视频理解等，也有不少人瞄准 AI 写作这一赛道，推出了不少相关产品。第二章对目前市面上主流的 AI 写作大模型的写作能力进行了测评，并针对公文写作能力做了重点测评，优选出新华妙笔，它在公文写作方面具有更为强大的功能。新华妙笔是新华社媒体融合生产技术与系统国家重点实验室与博特智能推出的 AI 写作产品，目前已经上市并得到广大用户的认可。

新华妙笔有着良好的 AI 功能和技术实现手段，关键在于，它的逻辑构建和功能设计背后，显示了开发者对公文写作内在规律的深刻了解。那么，以新华妙笔为代表的 AI 公文写作产品，究竟能为用户做什么呢？这一章我们将详细讲述。

一、关键点：契合公文写作内在规律

AI 写作产品的目标对象主要有两类：一类是自主的学习者，他们希望节省时间，提高工作效率和质量；另一类是组织中的写作团队，他们希望提高组织绩效，节约培训成本。针对这两类目标对象，市面上出现了个人版和企业版两个版本，但二者只是在使用人数和场景上有所差别，本质上没有太大的不同。如果是企业版，针对很多组织的保密需求，提供商一般可以部署单机版本或者在局域网内运行、不与互联网联通的内部版本。

在我们看来，有效的 AI 写作产品应该成为传统写作培训模式的替代而不是补充，所以它们必须追求可用性、创新性，优化用户体验，达到"让公文不再难写"的目的。

一款好的公文 AI 写作产品，技术是关键。但光有技术是远远不够的，还要有对公文写作内在规律的深刻理解，这样才能在需求挖掘、功能导向、结构搭建、语料组织、算法设计、运行检验等方面发挥"公文专家"的独特作用，将对公文写作的认知和理解与技术相结合，使技术能匹配公文写作的本质要求。

从市面上各种 AI 写作产品来看，在计算机写作环境中，既可以开发独立的客户端、软硬件产品、大模型系统；也可以在 Word 等文本系统中安装智能插件，实现在线使用，生成的内容可以直接编辑、发送、保存和打印；还可以开发移动端的 App 和小程序，满足移动学习和办公需要。

在流程设计上，较好的方法是根据公文写作的内在规律，按审题、构思、布局、撰写、修改 5 个步骤来设计，针对每一步提供合适的内容和方法工具。

一是审题，就是明确文种特征与写作要求。每一个文种下列举写作要点，并提供若干范文。

二是构思，就是确定文章立意、主题和主要观点。针对特定的题目，提供若干种构思方法，并帮助用户确定主要论点及逻辑关系。比如思路拓展法，可以根据用户给出的关键词，提供有相关性的思想观点；比如思维导图法，用思维导图的形式帮助用户把思路直观化、条理化呈现出来；比如灵感扫描法，开发"AI 灵感"等功能，从横向、纵向等不同方向进行四维扫描，拓展构思的广度与深度；比如逻辑对应法，按公文写作会用到的主要逻辑关系来构思；等等。这些方法都有助于用户更好地厘清思路，提高思考和写作的效率。

三是布局，就是确定结构框架，即根据前面确定的文种特征和用户选择的构思方法，帮助用户选择合适的结构形式。在整体结构方面，可以提供主要的结构形式，如逻辑结构上的总分式、并列式、主次式等，形式结构上的两段论、三段论、多段论、整段论等，思维结构上的类、因、果、法，层次结构上的时间顺序、空间顺序、意义顺序等，不一而足。在局部结构方面，可以列举层次组合的各种类型，也可以按照"起承转合"等不同方法来设计，还可以使用句式组合的方法。

四是撰写，就是写作公文，可以分段进行，也可以在分步进行。在各个阶段，按观点、论据、意群（观点与素材的组合）、语汇等不同类型，提供用户所需的内容构件。

五是修改，就是进一步润色打磨，以提高公文质量。在这个环节，可以列举主要的问题和示例供用户对照检查；也可以开发"AI润色""AI诊断""AI校对"等功能，对用户的稿件进行诊断、校对和修改；还可以提供增值内容，比如为用户提供诊断报告和改稿建议，对用户的稿件进行打分。

在整个流程中值得注意的是，要针对各个环节的内容质量设定明确的标准，并动态更新；要适度进行人工干预，比如在邀请专家定期分析稿件情况，提供专业化的建议并将其融入系统设计中。

专家的作用在以下两个环节是最为关键和重要的。一是捕捉用户的初始需求，将其导入产品的使用场景中，并转化为有吸引力的功能，这是从0到1的一步。因为不同用户的需求和写作习惯是不一样的，他们不一定按照写作的线性逻辑来写作，所以每一个环节最好都有实用、有效的功能能帮到用户，从而让用户迈出第一步，这里需要的就是专家对公文写作内在规律和用户心理的精准把握和理解。

二是生成初稿后进行人机协作的修改提升环节，要想发挥专家的突出优势和作用，这就需要通过适当的功能设计引入专家的智慧，实现从99到100的提升，不至于让用户觉得从始至终面对的都是冷冰冰的机器。

把握这两个关键环节，中间的流程与功能可以看作从1到99，更重要的是以专家的经验与方法赋能AI，通过大量的数据、有效的算法和合理的功能设计，更好地发挥出AI信息储存量大、运算快、关联广的优势，提高写作的效率，减少简单的重复劳动。所以我们看到，这种写作行为本质上还是一种人机协作的模式，既包括单个用户与AI的协作，也包括整个系统与专家的协作。

这里讲的是公文写作，如果拓展到其他写作类型，背后的原理其实是大同小异的。

二、精准度：语料分类与标注及其算法设计

想象一下，有一座图书馆，里面藏着无数的书籍，从政府的官方公告到学术界的最新研究，应有尽有。这些书籍不是供人阅读的，而是供一个特殊的"学生"—— AI 学习的。这就是 AI 的"大脑"——一个庞大的语料库，它教会 AI 如何理解和创造文字内容。

语料库，作为 AI 领域，尤其是自然语言处理领域的基石，决定了 AI 理解和生成语言的能力。构建一个权威、专业且安全的语料库，不仅为 AI 提供训练和测试的数据基础，还确保了 AI 输出内容的准确性和可靠性。

新华妙笔的语料库非常庞大，有着 300 亿个"记忆细胞"（300 亿个参数），这些"记忆细胞"让资料库能够记住和理解大量的信息，甚至记住包含 10 亿个词（10 亿级高质量标注训练语料）的故事。这个"大脑"不仅能记住，还能写出包含 200 个词的连贯句子。

为了让这个"大脑"更智能，专有们先从权威渠道搜集资料，这些渠道包括政府官网、学术期刊、官方报告、专业书籍等；然后，仔细检查和梳理这些资料，去掉重复和无关的内容，接着进入数据清洗与预处理环节。专家们还会审核这些内容，确保每一条信息都是准确无误的；同时把篇幅很长的文章拆分成多个段落和要点，形成大量的内容条目。这个语料库不仅范围广，涵盖了各种主题和领域，还严格遵守法律和政策要求，确保所有的信息都能合法使用。

接着，专家们对这些内容进行分类和标注，分类和标注的标准是多维度的，比如按照内容性质分，哪些是地名，哪些是人名，哪些是关于经济的，哪些是关于文化的，等等；按照使用方式分，哪些可以作为标题，哪些可以作为观点句，哪些可以作为段落开头，等等；按照句式分，是陈述句还是祈使句，是简单句式还是复杂句式，等等。经过这样的分类和标注，就相当于建了一个庞大的"抽屉"，众多的语料被分门别类地放置在不同的抽屉格子里，并被贴上不同的标签（同一语料会被贴上不同维度的多个标签），这就形成了供 AI 学

习、训练和使用的语料库。

在后续的写作中，AI 能根据特定的需求和任务，按照提示词的引导和自己掌握的方法，识别和抓取所需的素材，生成既准确又流畅的公文初稿。AI 能够在用户的意图与内容宏富的语料库之间架设起"桥梁"，对标注后的语料加以精准识别和合理选用。水平高超且训练有素的 AI 能辨别出哪些素材是合用的、哪些是不合用的，对于不同的素材应该按照什么逻辑关系加以组合。甚至 AI 能判断一段话适合在什么样的语境中使用，比如是适合正式的语境还是适合比较轻松随意的语境……打个比方，中药铺里每个格子中都放着一种药材，用户是开出处方的"医生"，AI 就好比技艺高超的拣药师，快速地从各个格子中抓取所需的药材。

有了内容丰富的语料库，专家们就可以根据一定的理念和思路来设计产品的功能，提供给用户有效的路径。不论采取什么方式，但总体上应该符合公文写作的内在规律，从公文写作自身的逻辑和本质出发，设计与其相匹配的技术路径和算法。

比如，比较常见的是采取关键词搜索的方式，这样可以在总体框架体系上加以设计，分层次构建。一是文体层面，比如输入"讲话"，会出现座谈会讲话、部署会讲话、交流会讲话、汇报会讲话、表彰会讲话等众多类型；二是主题内容层面，比如输入"招商"，出现和招商相关的案例和素材，再输入"工业园区招商"，会进一步挑选出相关的内容；三是写作方法层面，比如输入"讲话稿的写法"，就会出现与讲话稿写作相关的内容；四是具体素材层面，比如输入"2023 年我国主要经济数据"，就会模糊匹配各类相关数据。这其实反映的是对语料不同的预处理方式，以及专门按照公文写作思路设计的算法。

三、适用性：多场景与文种全覆盖

公文写作是一个复杂的场景组合，相应地，AI 写作工具也应该能够满足其中不同类型的场景的需要。新华妙笔在设计上就覆盖了四大关键应用场景，有效解决了知识密集型文字工作者实际工作中的各种难题。

一是写作场景。面对紧急、复杂、非标准化的公文写作任务，新华妙笔能够迅速介入，提供专业的写作支持。无论是面对临时接到的紧急任务，还是涉及专业知识的难题，新华妙笔都能快速生成符合规范的文本，帮助用户在短时间内完成高质量的公文撰写。

二是校对场景。在处理大量稿件时，新华妙笔的校对功能显得尤为实用。它能够对内容的准确性和格式的规范性进行全面而快速的审核，确保每一份稿件都达到标准。这一功能极大地提升了工作的效率，让烦琐的校对工作变得简单。

三是查阅场景。在写作初期的构思阶段，新华妙笔的资料检索功能为用户提供了强有力的支持。它能够迅速地从海量信息中筛选出权威、可靠的资料，为用户提供可靠的参考依据。无论是历史背景资料检索还是最新的政策解读，新华妙笔都能助用户一臂之力。

四是学习场景。新华妙笔还提供了丰富的学习资源，包括优秀的范文和实用的素材案例，帮助用户不断提升写作技能和丰富的专业知识。通过学习和模仿这些高质量的范文，用户可以更快地掌握公文写作的技巧，提高自身的专业水平。

综合来看，新华妙笔为公文的起草和审核流程带来了革命性的改变。它不仅提高了工作效率，确保了公文质量，还大大降低了出错的风险，使公文写作变得更加轻松、准确、高效。

新华妙笔能满足这些场景，尤其是写作场景的需要，一个很重要的原因在于，它在文种上实现了全覆盖，不但提供了大量的模板和范文，而且把各文种的写作要领内嵌其中，这就使它具有非常好的适用性，几乎可以满足各种写作任务的需要。

公文可分两类，一类是法定公文，也就是俗称的"红头文件"。法定公文格式规范，要求明确。《条例》规定了决议、决定、命令（令）、公报、公告、通告、意见、通知、通报、报告、请示、批复、议案、函、纪要等15种法定公文的撰写规范。新华妙笔提供了每一种法定公文的标准通用模板库以及大量例文。

每一种法定公文都有特定的适用范围和使用要求，也有各自的文种特点、语言特点和结构特点，我们需要准确把握和运用。南北朝时期的文学评论家刘勰在《文心雕龙》中说"章以谢恩，奏以按劾，表以陈情，议以执异"，这表明不同文种的目的和功用是不一样的。下面介绍几个常见的文种。

决定，适用于对重要事项或者重大行动作出决策和部署、奖惩有关单位及人员、变更或者撤销下级机关不适当的决定事项。在文种特点上，决定是下行文，具有权威性、重要性和强制性。在语言特点上，决定用语严谨，要求明确，行文严肃，语气果断，语言简练，多使用陈述句和祈使句。在结构特点上，决定一般先说缘由（依据），再说事项，并将事项平行罗列，最后说工作要求。

意见，适用于对重要问题提出见解和处理办法。在文种特点上，意见可以是下行文，也可以是平行文或上行文，具有灵活性、针对性、指导性和原则性，带有指导、宣传、引导、说明、阐释意见等方面的作用。在语言特点上，意见较多地使用说明的表达方式，说理简明扼要，不展开论述，不使用命令性的强制语气。在结构特点上，开头概括说明缘由、目的；正文主体先写总体要求、指导思想、主要目标，后写具体指导意见、措施要求；结尾简单提出执行要求，但一般不作强制性规定。

通知，适用于发布、传达要求下级机关执行和有关单位周知或者执行的事项，批转、转发公文。在文种特点上，通知是下行文，适用范围广、使用频率高、行文灵活。在语言特点上，通知要求明确，范围清晰，语句简练，态度坚决，便于准确理解和执行。在结构特点上，开头简要说明通知缘由，正文主体对通知事项进行部署安排，结尾视情况提出工作要求。

报告，适用于向上级机关汇报工作、反映情况，回复上级机关的询问。在文种特点上，报告是上行文，具有汇报性、陈述性、单向性。在语言特点上，报告要体现出组织观念，真诚地尊重上级，在反映情况、陈述意见、提出请求时都要实事求是，语气平和、肯定，不使用请求的口吻和语气。在结构特点上，开头先概括说明诸如工作背景、过程、总成绩以及所报告内容的总评价等，正文主体将报告的内容有条理、分层次或分条列项逐一加以具体叙述说明。

请示，适用于向上级机关请求指示、批准。在文种特点上，请示是上行文，具有请求性、回复性、先行性和单一性。在语言特点上，请示用语谦恭、恳切，以示对上级的尊敬和对所请示事项、需解决问题的急切心情，理由陈述充分，提出的解决方案应具体、切实可行，层次表述清晰，无逻辑错误。在结构特点上，请示分为请示缘由、请示事项、结束语 3 部分，正文主体主要说明请示事项，要具体、明确、条理清楚，只宜请示一件事。结束语一般为"请予批复"。

批复，适用于答复下级机关请示事项。在文种特点上，批复是下行文，具有被动性、针对性、指导性和简要性。在语言特点上，批复态度明朗，语气肯定，所提要求清晰、明确、简洁，体现上级行文的权威性与约束力。在结构特点上，批复先说明批复根据，包括来文标题、文号等；再说明批复内容，针对请示中提出的问题作出答复；最后说明工作要求，包括做好哪些工作、注意事项等。

函，适用于不相隶属机关之间商洽工作、询问和答复问题、请求批准和答复审批事项。在文种特点上，函是平行文，具有往复性和简便性。在语言特点上，函开门见山，直叙其事，措辞得体，语气平和、礼貌、恳切，简明扼要，一文一事。在结构特点上，开头说明发函的缘由、根据；正文主体作为函的核心部分，主要说明致函事项；结尾一般用礼貌性语言向对方提出希望，或请对方协助解决某一问题，或请对方及时复函。

纪要，适用于记载会议主要情况和议定事项。在文种特点上，纪要可上报，可下发，也可用于互通情况，具有概要性、决议性、备查性。在语言特点上，纪要应准确、严谨、规范，概括全貌，忠于原意，语言明确简洁。在结构特点上，纪要一般由两部分组成，开头写会议概况和基本要素，正文主体主要是议定的事项，逐项或逐条记录。一般会议纪要不写结尾。

　　在使用 AI 时，如果明确知道自己要使用什么文种，那只需要正确选择即可；如果只知道写作任务，而不清楚该采用什么文种，就可以通过提示词求助于 AI。可以从两个方面来加以考虑。一是行文意图决定了文种的选择与使用。比如，要告知行文对象某件事情，用到的就是通知；要向上级提出请求，就需要用请示；要与相关方进行工作的沟通和商洽，用函就比较合适。二是根据公文的功能来匹配合适的文种。有的文种具有指示功能，适用于上级机关向下级机关行文，如决议、决定、指示、批复；有的文种具有陈述呈请的功能，适用于下级机关向上级机关行文，如请示、报告；有的文种具有周知功能，适用于公开或在一定范围内发布事项，如公报、通报；有的文种具有规范功能，适用于对特定范围内的工作或事务制定具有约束力的行为规范，如条例、规定。

　　错误使用文种会造成行文关系的混乱，影响公文效能的发挥。假设有人写公文时不分文种，把本来应该作出指示和形成重要意见的决议写成了广而告之的通报，或者把给上级的请示写成了报告，或者把请示和报告连缀在一起，那这些无疑都会成为笑话，影响工作。

　　特别强调一下，请示和报告是公文写作中易用错的文种，需要加以注意。请示带有请求事项，需要上级予以答复；报告则只是报告情况，上级不一定予以回复。所以请示和报告适用于不同情况，不能混淆。

　　在使用请示和报告的时候，如果对使用要求掌握不到位，会出现生造文种、文种重复、无文种等错误情形。比如，"××公司关于××××事项的申请""关于××××的汇报"都属于生造文种，"申请"和"汇报"应分别改成"请示"和"报告"；"关于××的请示报告"属于文种重复，应明确是请示还是报告，二者不能同时使用；"××公司关于申请××××的请示"，表述不简洁，"申请"应该去掉；"关于××××的若干措施""关于××××的工作进展"都属于无文种，需要视情形加上"请示"或"报告"；"关于××××的调查报告""关于××××的统计报告"等都属于文种错误，要改成"关于 ×××× 情况调查的报告""关于 ×××× 统计情况的报告"，也就是说，只有"报告"这一个文种，而没有"调查报告""统计报告"等用法。以上这些案例都是在实践中出现过的，如果没有熟练掌握公文种类的相关知识，就容易凭感觉、想当然，从而出现贻笑大方的情况。而在 AI 写作中，AI 已经设定好了各文种的使用规范，我们只需要正确选择即可。

另一类是事务性公文，也叫实用性公文，在实际工作中使用得更频繁，包括总结报告、领导讲话、调研报告、经验材料等类型。这类公文每一种都有相对稳定的结构形式，但类型不同，主题、内容、写法也各异，在实践中更是难以把握。

针对事务性公文，AI 可以提供大量的范例以满足用户的需要。范例包括3 类。第一类是完整例文，按文种分门别类，供用户参考。第二类是内容要素，包括结构框架、标题、意群、语汇等，供用户模仿组合。第三类是素材，包括政策条文、数据、理论、案例、时政内容、名言警句等，供用户直接使用。

第一类范例一般数量较多，但同质化严重，难以构成 AI 的核心竞争力。新华妙笔除了搜集大量完整例文外，还把重点放在第二类范例上，以新的思路和方法论来构建素材体系，并且根据一定的规律对素材进行编辑和标注，将完整的公文拆分和打散，进行关键词提取和分类标注，使之成为有用的语料，从而形成核心竞争力。

范例的来源有以下 3 个。一是网上的公用素材整理；二是网络新产生的内容；三是写作者主动上传的成熟作品，这些作品经系统鉴定合格后，可归入素材库，从而形成用户生成内容（User Generated Content，UGC）模式。这样既拓展了范例的来源，也从根本上解决了知识产权隐患。

在多样化的工作环境中，公文作为沟通与决策的重要载体，其撰写质量直接关系到组织的形象与运行效率。新华妙笔凭借其对公文的深入了解，基于法定公文和事务性公文两个大的方面，覆盖了汇报类、调研类、计划类、方案类、总结类、考核类、讲话类、演讲类、宣传类、党建类、新闻类等 80 多种不同的细分写作类型，提供了丰富的范文（见表 1）。

表 1　新华妙笔公文分类

类型	文体
事务性公文范文	工作计划、发言稿、总结、工作汇报、报告、倡议、对照检查、观后感、工作方案、材料解读、经验交流材料、事迹材料、思想汇报、调研报告、心得体会、主题教育、党建材料、自荐材料、竞聘材料、致辞、领导讲话、主持词、解说词、宣传文案、感谢信、工作函件、述职材料、党性分析材料、其他
法定公文范文	议案、命令（令）、公报、纪要、公告、通告、意见、通知、通报、报告、请示、批复、函、决议、决定

根据上述分类，新华妙笔提供了每一种公文的范文。用户每选择一种公文，页面上就会出现一篇相应的范文，用户可以收藏，也可以选择"应用"进入编辑环节。在页面下方还有众多范文可供替换，用户可以选择单篇范文进行加工改造，也可以对多篇范文进行组合完善。

有了这些内容，新华妙笔就能够根据不同的需求，智能生成各类公文，从日常的宣传材料、工作报告、总结、演讲稿，到专业的行动计划、实施方案、调研报告，新华妙笔都能提供贴合场景的写作支持。它就像一位经验丰富的写作助手，不仅能够理解用户的需求，还能提供合适的写作模板和框架，帮助用户快速而准确地完成公文撰写。

四、借鉴性：各种写作任务的模板

前面提到 AI 提供的模板和范例，它们除了能帮助用户把握写作要领，还可以让用户在选择模板之后直接在上面改动具体内容，进行加工改造，从而提高写作的效率和质量。

公文是具有法定效力和规范体式的文书，是依法行政和进行公务活动的主要工具，发挥着上令下达、下情上报和信息沟通的重要作用，所以它具有公共性和严肃性。

我们可以按不同标准对公文进行分类。例如，按照制文机关划分，公文可以分为党务机关公文、行政机关公文、司法机关公文、军事机关公文、企事业单位公文、社会团体公文；按照行文方向划分，公文可以分为上行公文、平行公文、下行公文；按照保密程度划分，公文可以分为不同的密级；按照紧急程度划分，公文可以分为特急公文、加急公文、普通公文等。

此外，按照规范性程度和行政约束力划分，公文还可以分为规范性公文和非规范性通用公文。规范性公文也就是前面所说的法定公文，《条例》和相应的国家标准对这类公文的格式、写作要求有明确的规范。大家在实际工作中，要是遇到不明白的地方，最好的办法就是查阅《条例》和相应的国家标准，而新华妙笔提供的模版就是按照《条例》和相应的国家标准的要求设计的。非规范性通用公文，也就是我们在工作中可能接触更多、写作更频繁的事务性公文，或者叫综合文稿，包括调查报告、计划总结、提案建议、讲话稿、简报信息等。它们虽然不像法定公文那样有严格的规范体式，但也是各级组织实施管理的基本手段，是开展公务和政务活动的重要工具，贯穿管理工作始终。它们最重要的作用、最根本的定位在于以文辅政，就是通过文字工作来辅助处理政务、帮助决策。

我们先讨论格式的重要性。公文格式是公文的规格样式，即公文各组成部分在页面上的呈现形式，也叫公文的外部组织形式。公文作为一种应用文，在长期实践中，形成了独特的写作格式和制发规范，它是规范化、标准化的，公文写作者需要严格遵守相关规范，不能另搞一套，各行其是。

公文为什么一定要那么强调规范呢？灵活一点有什么不好吗？说到底，这是由公文的本质和公文处理工作本身的需要决定的。

首先，这是由公文的本质决定的。公文从本质上说，是公共政令流转的载体。为了确保这些信息在传递过程中不失真、不出错、不被误解，在格式上自然要求准确、清晰、严谨，便于阅读者了解和掌握信息。有了这些通用标准，熟悉公文的人就能很直观地从相应地方获取相应信息，提高阅览和使用效率。

其次，这是由公文处理工作本身的需要决定的。各级机关每天要制发大量公文，如果没有统一的、细致的格式规范，处理公文的人每天势必要在各式各样、五花八门的文件中加以甄别，工作成效必然大打折扣。有了形式上的齐整一致，才能保证公文信息处理的高效、快捷，从而给公文处理工作带来极大方便，提高工作效率和质量。

再次，这还是公文的法定权威性和约束力在形式上的具体表现。规范的公文格式不是外界强加给公文的，而是公文写作结构的规律性表现，它不仅体现公文的法定权威性和约束力，而且有利于保证政令流转畅通。公文格式不规范，不仅影响公文的质量和美观性，更重要的是影响公文的效力，直接影响公文的严肃性和作用发挥。

最后，公文格式规范化也是信息化时代的必然要求。计算机和现代化文印设备的普及，提高了办公效率，改善了办公条件，对提高公文的写作水平起到积极作用。有了统一的公文格式标准，就可以编制出公文写作模板，通过计算机排版打印，成倍地提高工作效率。所以，公文格式规范化也为办公自动化奠定了基础。

公文格式规范化如此重要，因此，它是公文写作者应掌握的基本功，公文写作者对一些常见公文的标准格式应该熟稔于心，并在实际工作中严格遵守。而现在有了 AI，人可以不用去记格式的具体要求，只要选择了正确的文种，AI 就会自动呈现规范的格式。

公文格式规范的范畴，主要包含以下 3 个方面的内容。第一，公文的组成要素及其标注标准，即公文书面格式的构成要素，如份号、密级和保密期限等，以及这些要素在页面上的排列顺序、标识规则和标识位置。第二，承载公文的介质标准。一是纸张要求，即公文用纸的主要技术标准。公文用纸幅面一般为 A4，而且对于公文版面、页边与版心尺寸都有规定；二是排版和印制要求，包括排版的字号规格、印刷装订和图文颜色要求等。

第三，公文数据的表现形式，包括公文中的外文字符、表格、标点符号、计量单位和数字等的使用规范等。如果用一句话来概括公文格式的规范要求，可以这样说：要素齐全无赘疣，位置得当无偏差，版式正确不混淆，首尾相符不矛盾。

目前遵循的公文格式规范标准，是中共中央办公厅、国务院办公厅于2012年4月16日印发、自2012年7月1日起施行的《党政机关公文处理工作条例》（简称《条例》），由国家质量监督检验检疫总局（现已撤销）、国家标准化管理委员会于2012年6月29日发布、于2012年7月1日施行的《党政机关公文格式》（GB/T 9704—2012），以及《〈党政机关公文格式〉国家标准应用指南》。

这些文件对党政机关的公文文体、格式要素、文面式样和版面形式做了详细、严格的规定和解释，是国家法令和国家标准，公文写作必须依照这些特定模式进行，任何机关和单位不能各行其是，独出心裁，另搞一套，否则不仅有损发文机关的形象，更重要的是会阻碍工作的推进。

《条例》对公文格式作了明确规定，指出："公文一般由份号、密级和保密期限、紧急程度、发文机关标志、发文字号、签发人、标题、主送机关、正文、附件说明、发文机关署名、成文日期、印章、附注、附件、抄送机关、印发机关和印发日期、页码等组成。"这些都需要认真掌握，严格遵照执行，避免发生错误，闹出笑话。

这18个要素按其所在的位置，又可分成眉首（版头）部分（前6个要素）、主体部分（中间9个要素）、版记（文尾）部分（最后3个要素）。眉首部分位于公文首页上部，一般占整个页面的1/3左右。主体部分位于眉首部分以下，版记部分之上。版记部分位于公文最后一页下端。

眉首部分一共有6个要素，分别为份号、密级和保密期限、紧急程度、发文机关标志、发文字号和签发人。在一份红头文件中，发文机关标志、发文字号和签发人一般都是有的，份号、密级和保密期限、紧急程度则根据情况添加。

主体部分一共有 9 个要素，分别为标题、主送机关、正文、附件说明、发文机关署名、成文日期、印章、附注和附件。

标题一般由发文机关全称（或规范化简称）、事由和文种组成，是以发文机关名称和内容为限定修饰成分的偏正词组。标题要简明准确，既能揭示公文主要内容，又能体现行文主旨与行文关系。要避免几种常见错误，如无文种或错用文种，标题不能反映文件主旨或不精练，以及在标题中增加不必要的标点符号。

主送机关是公文的主要受理机关，应当使用机关全称、规范化简称或者同类型机关统称。要避免的情况是：称呼不规范，主送领导个人，以及党政机关不分。

正文是公文的主体，要充分反映行文意图，观点鲜明，条理清楚，简洁流畅。

正文要遵循以下 4 个方面的规范。

一是首次引用其他公文要规范。按照"发文机关 + 公文标题 + 发文字号"的方式引用，如"根据财政部《关于 ×××× 的通知》（财资〔2017〕× 号）要求"；公文标题中如能体现发文机关的，按照"公文标题 + 发文字号"的方式引用，如"根据《国务院国有资产监督管理委员会关于 ×××× 的通知》（国资〔2017〕× 号）要求"。

二是文中不夹带图表。公文正文中不能夹带图表，能通过简短语言叙述的，用简短语言叙述；不易用语言叙述或相对复杂的，以附件形式呈现。

三是结构层次序号要规范。文中结构层次序号一般是"一、""（一）""1.""（1）"，如果只有两个层次，结构层次序号可以是"一、""（一）"或者"一、""1."，但是同一篇公文中不能交叉使用。

四是结尾用语及标点符号要规范。结尾要求简洁、规范，避免语言累赘、过分拔高、要求失当等问题。结尾用语的标点符号用句号，不宜用"？"或一个及多个"！"。

如有附件，在正文下空一行左空二字编排"附件"二字，后标全角冒号和附件名称。如有多个附件，使用阿拉伯数字标注附件顺序号（如"附件：1.×××"）；附件名称后不加标点符号。附件名称较长需回行时，应当与上一行附件名称的首字对齐。

成文日期一般右空四字编排，用阿拉伯数字将年、月、日标全。印章端正、居中下压发文机关署名和成文日期，避免出现三要素不全或发文机关与印章不一致的情况。

附注居左空二字加圆括号编排在成文日期下一行，是公文印发传达范围等需要说明的事项，不是对正文内容的解释。请示件需注明联系人。

附件应当另面编排，并在版记之前，与公文正文一起装订。"附件"二字及附件顺序号用三号黑体字顶格编排在左上角第一行，不加冒号。附件标题居中编排在第三行。附件标题应当与附件说明的表述一致。

版记部分包括抄送机关、印发机关和印发时间、页码。

需要注意的是，抄送机关是除主送机关外需要执行或知晓公文的机关，应使用机关全称、规范化简称或同类型机关统称。抄送机关超过一个时，依次按照上级机关、同级机关、下级机关的顺序排列。向上级机关行文，不抄送下级机关。联合发文时，联合发文单位不作为抄送机关。

由上述内容可知，公文的每一个要素都有明确的使用规范，不能随意改变，很多规范都体现在细微之处，公文写作者需要掌握这方面的知识，才不容易出现差错。在以往的公文处理中，专业的校对人员和经验丰富的核稿人员往往花费大量的时间、精力关注和审核格式上的各种错误，即便如此，有时也会因为不注意而让错误得以"放行"。而在 AI 写作平台中，选择相应的模板，上述要求在其中都已经规范地予以呈现。除了格式上的规范，AI 写作平台还列出了每一种文体的写作要领，这就相当于把以前需要人记忆的内容让渡给了机器，人可以腾出更多的时间、精力和思考空间。新华妙笔中的议案模板如图 9 所示。

图9 议案模板

上面显示的是各种类型的模板，图9是议案的模板，不但格式非常清楚，而且系统还会提示，对标题的结构及如何拟写有进一步的说明，对正文主体的结构和写作注意事项予以清晰的提示。

格式要求主要针对的是法定公文，对于事务性公文而言，格式要求没有那么严格，但也有一些约定俗成的体例和范式要求。比如，调研报告的基本格式要素一般包括开头、现状调查、存在问题、建议几个部分，不能把调研报告写成总结材料。新华妙笔对一些规范化程度和提示要求相对较高的规范应用文文体，也提供了模板，包括条例、规定、办法、章程、守则、启事、声明等，涵盖范围较为广泛，涉及常见的主要文体，其中的章程模板如图10所示。

XXXX章程

第一章　总　则

第一
条 XXXXXXXXXXXXXXXXXXXXXXXXXXXXXXXX。

第二章　任　务

第二条　XXXX的任务是：

（一）按照XXXX的要求，增加XXXXXXXXXXXXXXXX。

（二）
XXXXXXXXXXXXXXXXXXXXXXXXXXXXXXXX。

图 10　章程模板

可以看到，这个模板对章程的格式、结构、每一部分的写作注意事项都做了较为清晰的介绍和提示，能帮助用户快速地抓住写作要领，提高写作效率。

五、针对性：主要解决的难点和痛点

通过前面的介绍，我们对 AI 写作工具有了大致的了解，特别是结合新华妙笔的具体功能设计，了解了其基本原理、核心理念以及在精准度、适用性、借鉴性等方面的优势写作。那么，针对一个具体的写作任务，AI 写作工具的表现如何呢？

假设我们要撰写一篇关于县水利局 2023 年上半年工作总结及下半年工作思路的公文，结合这一具体任务和场景，我们试着用新华妙笔来输出成果。在计算机上打开新华妙笔官网，选择页面左侧的"AI 写作"，弹出的对话框中显示"写作场景""基础信息""摘要信息""大纲信息""参考文档"5个选项。在"写作场景"下方有各种可选的文体，单击"总结"，在下方的"类型"中选择"半年总结"，单击"下一步"按钮进入"基础信息"环节，在"标题"栏中输入"县水利局2023年上半年工作总结及下半年工作思路"，"关键词"一栏根据需要来填写，比如输入"水利""工程建设""水、旅、农、文要素融合""水利安全""隐患排查"等，在这一栏的右侧，系统提供了"AI写作"的选项。继续单击"下一步"按钮，进入"摘要信息"环节，以下是对话框中出现的内容。

县水利局2023年上半年工作总结及下半年工作思路

聚焦于水利领域的关键进展与未来规划。上半年，我们取得了显著成果，全力推进了多项水利工程建设，确保了区域水资源的有效利用和管理。我们积极推动水、旅、农、文要素的深度融合，以水利项目为载体，带动地方经济与文化发展，实现了生态、经济与社会的共赢。

在保障水利安全方面，我们严格执行各项规章制度，进行了全面的隐患排查，对发现的问题及时整改，有效防止了水利设施故障和水资源浪费，确保了供水安全和防洪抗旱能力。同时，我们强化了水利设施的日常维护与管理，提升了水利系统的稳定性和韧性。

下半年，我们将继续深化水利工程建设，以提升水资源的综合效益，推动绿色低碳发展。计划启动一批重点水利项目，以进一步优化水资源配置，提高水的利用效率。同时，我们将进一步探索水、旅、农、文的深度融合，打造具有地方特色的水利旅游品牌，助力乡村振兴。

在水利安全方面，我们将持续强化隐患排查和整改工作，建立和完善水利安全监管长效机制，提升应急处置能力，确保水利设施运行安全。此外，还将加强水利安全知识宣传，提高全社会的水利安全意识。

总的来说，县水利局将持续致力于水利基础设施的建设和完善，推动水利与多领域融合，保障水利安全，为全县的经济发展和民生福祉提供坚实的水利支撑。

　　摘要提供了全文的主要框架和观点，如果觉得满意，可以保留，也可以加以修改使其更符合自己的需要，或者重新生成不同的内容。假设不需要修改，则继续单击"下一步"按钮进入"大纲信息"环节，这时页面上出现的是结构框架。系统给出的初始框架分为 4 个部分，分别是"目标完成情况和任务落实情况""主要工作和成绩""主要问题和不足""下半年工作计划"，每个部分又分为若干节。这时如果不满意，可以重新生成框架，直到自己满意为止；也可以自己手动调整，如删除和添加小节、调整小节的顺序、修改具体的表述等。根据需要，我们对系统提供的框架做了一些调整，调整后的框架如下。

一、上半年工作与成效
1. 水利工程建设
2. 水资源利用与管理
3. 旅游资源开发
4. 保障水利安全

二、下半年工作思路与计划
1. 深化水利工程建设，提升水资源综合效益，推动绿色低碳发展
2. 探索水、旅、农、文的深度融合，打造具有特色的水利旅游品牌
3. 持续强化隐患排查和整改工作，确保水利设施运行安全
4. 加强水利安全知识宣传，提高全社会的水利安全意识

　　确定之后再单击"下一步"按钮，进入"参考文档"环节，出现的两栏分别是"内容参考"和"数据参考"，每一栏中可以选择"系统文档"和"我的文档"。"系统文档"是系统配置的例文，"我的文档"则是储存在计算机中的例文。补充参考文档并关联大纲信息，将增加语料的丰富程度，有助于提升文章质量。

也可以选择跳过，直接单击"开始生成"按钮，得到的文本如下。

县水利局 2023 年上半年工作总结及下半年工作思路

一、上半年工作与成效

1. 水利工程建设

上半年，我局积极落实国家水利建设政策，完成了多项重点水利工程项目。其中，××水库扩容工程已顺利竣工，提高了蓄水能力和防洪减灾能力。同时，××河河道治理工程也已进入收尾阶段，有效改善了河道生态环境，提升了行洪能力。此外，我们还启动了××灌溉系统改造项目，大大提高了农田灌溉效率，为农业增产提供了有力保障。

2. 水资源利用与管理

我们持续强化水资源的精细化管理，严格执行水资源有偿使用制度，推动节水型社会建设。通过安装智能水表，实现了水资源的实时监控，减少了水资源浪费。同时，我们还加强了水资源保护，对重点水源地进行定期监测，确保水质安全。此外，我们还推动了农业节水技术的推广，助力农业绿色转型。

3. 旅游资源开发

结合水利设施，我们积极推动水利旅游发展，打造了一批以水利为主题的旅游景点。如××水利公园，通过水文化展示和亲水体验，吸引了大量游客，既提升了水利设施的经济效益，也丰富了旅游活动。同时，我们还策划了"水韵××"系列旅游活动，进一步提升了我县的旅游品牌知名度。

4. 保障水利安全

在保障水利设施安全方面，我们严格执行定期巡检和维护制度，及时发现并处理安全隐患。上半年，我们共排查出并整改了××处安全隐患，确保了水利设施的正常运行。同时，我们还加强了应急预案的演练，提高了应对突发水利事件的能力。通过一系列措施，我县水利安全形势稳定，为经济社会发展提供了坚实保障。

二、下半年工作思路与计划

1. 深化水利工程建设，提升水资源综合效益，推动绿色低碳发展

我们将继续深化水利工程建设，优化水资源配置，提高利用效率。一方面，我们将推进节水型社会建设，实施农业节水灌溉项目，降低农业用水强度。另一方面，我们将强化水资源循环利用，探索雨水收集和再利用技术，以减少对新水源的依赖。同时，我们还将推动水能开发，利用水利设施进行清洁能源生产，助力绿色低碳发展。

2. 探索水、旅、农、文的深度融合，打造具有特色的水利旅游品牌

我们计划将水利设施与旅游业、农业和文化相结合，打造独具特色的水利旅游项目。例如，开发水利遗址游，让游客了解水利历史和工程成就；推广水边生态农业体验，让游客在亲近自然的同时，了解农业与水利的关系；举办水利文化节，展示水利文化，提升地方文化影响力。这不仅丰富了旅游内容，也推动了区域经济的多元化发展。

3. 持续强化隐患排查和整改工作，确保水利设施运行安全

安全是水利工作的重中之重。下半年，我们将进一步强化水利设施的安全隐患排查，定期进行设施检查，确保设施运行状态良好。对于发现的问题，我们将立即制定整改方案，限时完成，避免潜在风险。同时，我们将建立完善的安全预警系统，对可能的灾害性天气或突发事件做出快速响应，确保水利设施在关键时刻能够稳定运行。

4. 加强水利安全知识宣传，提高全社会的水利安全意识

为了保障人民生命财产安全，我们将加大水利安全知识的普及力度。通过举办讲座、制作宣传册、利用媒体等多种方式，向公众传播水利安全知识，提高他们的防灾减灾意识。我们还将开展学校教育活动，让青少年从小就树立起尊重自然、保护水资源的观念。通过这些努力，我们期待能在全社会营造出关注水利安全的良好氛围。

整篇公文有1300多字，如果框架设计更复杂，篇幅会更长。可以看到，

输出的内容层次清晰，文从字顺，比较好地体现了前面输入的关键词和大纲的要求，具有较强的可用性和借鉴性，用户在此基础上加以修改，就能得到一篇满足任务要求的公文。

这里是使用新华妙笔做的测试，如果读者有兴趣，可以用其他 AI 写作工具进行测试。比较之下不难发现，新华妙笔在公文写作领域的表现是较好的，可以说是 AI 领域的"公文写作专家"。根据前述测评结果，基于新华妙笔在公文写作领域的优秀表现，我们再次对其做了深入测评，从而了解其功能用法，在这个过程中，我们发现了它的诸多优势。

首先，新华妙笔提供的智能写作辅助工具以及配备的大型的数据库、案例库和知识学习平台，帮助公文写作者从烦琐的规范束缚中解放出来，专注于内容的写作。其次，这个平台能够根据用户的需求，提供符合规范的文本框架和写作建议，大大提高了写作的效率。最后，无论是写总结、讲话、通知，还是报告、提案和公告，新华妙笔都能提供专业的写作支持，确保文稿的思想站位高、实效性强、表达准确。

具体来说，在对新华妙笔进行深入体验后，可以发现它在公文写作中的应用带来了五大积极变化。

一是促进了公文格式的规范化。新华妙笔内置了标准化的公文模板，能够确保公文结构、排版的一致性和规范性，让公文看起来既专业又规范，大大降低了格式错误的可能性。

二是实现公文写作知识的整合与共享。新华妙笔通过采集和分析大量的公文样本，整合了公文写作的良好实践和新政策要求。这些知识被内置于新华妙笔中，这样的知识整合使得即便是初学者也能够快速上手，撰写出符合标准的公文，从而促进了知识的传播和共享。

三是降低了公文写作难度。新华妙笔能够根据用户的需求自动生成内容，简化了写作流程。新华妙笔通过范文生成、内容加工、素材参考等功能，帮助用户轻松克服不知道如何下笔的难题。特别是对于非专业写作者来说，新华妙笔大大降低了公文写作难度。

四是增强公文安全性。新华妙笔在提高写作效率的同时，还增强了公文内容的安全性。通过内置的审核机制，新华妙笔可以自动检查文本中的敏感词汇、错别字、语法错误等，从而减少公文中的错误。此外，AI 辅助的审核过程可以在一定程度上避免人为的疏漏或故意篡改，确保公文内容的准确性和可靠性，增强了公文写作和文件管理的安全性。

新华妙笔在公文写作中能确保"保密性"等安全红线，打消用户对安全的后顾之忧。这一点非常重要，尤为值得强调。新华妙笔作为生成式 AI 大模型，在利用技术引导用户正确合规使用层面给出了示范方向。其做法如下。首先，为用户提供可自主配置的内容审校的功能，实现对错字、不规范表述、敏感字词的一键纠错和调整。其次，在通用性写作、规范性写作层面，允许用户使用 AI 直接创作；对于个人思想、意识形态领域的内容，则通过提供知识点、思考维度和写作架构等方式辅助用户创作。最后，配备最严格的输入输出安全过滤机制，对于违规风险以及涉密内容则进行主动过滤和限制，从而保障公文写作的内容安全。

五是提升工作效率。新华妙笔通过自动化处理重复性高、规则性强的写作任务，显著提高了党政机关的行政效率，例如快速生成会议记录和工作报告。

总的来说，新华妙笔通过其智能写作、智能校对、权威资料库和优秀案例学习等功能，有效地解决了公文写作中的多个痛点和难点，不仅提高了公文写作的效率和质量，还为公文写作者提供了一个学习平台，帮助他们成为更优秀的"笔杆子"。对于缺乏系统培训和指导的广大公务人员来说，新华妙笔就像一位专业的导师，不仅能够提供即时的写作建议，还能根据个人的写作风格和需求，提供个性化的指导和帮助。

第四章

拾级而上：关键步骤拆解

一、写作规律运用："七步法"写作工序

二、信息交互逻辑：4 个关键环节

三、实际操作步骤：高效写作

04

由于公文的特殊属性，在借助 AI 辅助写作时，首先要明确哪些公文的写作可以借助 AI 完成，如何借助 AI 辅助写作。《条例》第十三条规定，"行文应当确有必要，讲求实效，注重针对性和可操作性"；第十九条规定，公文起草应做到 7 点，比如，"一切从实际出发，分析问题实事求是，所提政策措施和办法切实可行"。可见公文的内在特性和本质要求是要反映客观现实，解决问题，推动实际工作，所以务实管用是公文的第一追求。这对我们写作公文很有指导意义，我们也可以用这样的标准来衡量 AI 辅助写作产品在功能设计上是否能达到公文写作的要求。

本章我们就从公文写作的关键步骤来看看 AI 辅助写作产品是如何对其进行理解和运用的，这包括实际操作步骤，这是表层的含义；包括用户与 AI 辅助写作产品之间的交互，这是中层的含义；还包括遵循写作工序这一深层含义。

一、写作规律运用："七步法"写作工序

公文写作需要一定的步骤和流程，在 AI 辅助写作产品中，我们同样可以设计出这样的步骤，复制公文写作从立意构思到成品打磨的全流程，实现写作规律与 AI 的高度结合。

我们在使用新华妙笔的过程可以感知到，它的主要流程都经过了精心设计和打磨，暗合了严谨周延的"七步法"（定调子、理路子、搭架子、填肚子、梳辫子、戴帽子和过稿子）写作工序，它利用大模型公文数据微调技术，可以遵循人工写作的步骤。这样在写作公文时，新华妙笔能实现自然顺畅的写作流程，并且严格遵循公文写作六要素标准输出内容，做到立意准确、布局合理、逻辑清晰、层次分明、文字简练、表达通俗易懂。下面详细阐述新华妙笔与"七步法"写作工序的巧妙融合。

第一步是定调子，就是确定整篇公文的基调，包括行文的目的、方向、依据等，确定立意。首先，在新华妙笔写作界面，需要确定文体，比如是正式的通用公文还是新闻报道；其次，需要明确写作场景，例如是为了发表在杂志上

还是作为演讲稿，又或者是总结或者计划；最后，确定公文的主题、写作目的、关键词，以及收集相关的素材作为写作依据，包括法律依据、政策依据等。这些因素共同构成了公文的基调，为新华妙笔后续的写作奠定了基础。

第二步是理路子，就是梳理整篇公文的思路，对主题、框架、主要观点、主要内容等进行构思。新华妙笔用大模型技术，帮助公文写作者梳理写作的主线，生成公文的摘要。这涉及确定公文的核心观点和重点内容，以及提供给读者的参考观点。通过解决写作思路方面的问题，可以确保公文的逻辑清晰、观点明确。在这个过程中，新华妙笔为用户提供了多种观点和主题选项，以便他们根据自己的需求进行选择。

第三步是搭架子，就是确定公文的主体框架和结构，谋篇布局，做到纲举目张。公文的结构如同建筑的蓝图，至关重要。新华妙笔在生成摘要后，就进入下一个环节——生成写作大纲。其目前可以生成一份结构清晰的写作大纲，包括大标题和小论点。新华妙笔可以为用户提供多种不同的大纲和框架，如包含 3 部分或 5 部分的大纲；也可以重新生成大纲，让用户自由组合、编辑。同时，用户可以根据不同的文体和场景，选择合适的大纲形式，如并列或有主次，以便更直观地理解和组织内容。

第四步是填肚子，就是根据框架，收集整理和匹配相应的素材。有了坚实的框架之后，新华妙笔就可以完全依靠 AI 大模型技术填充每一段内容，60 秒可生成 2000 字。这一步的效果，也依赖写作者填写的信息内容，包括支持论点的素材和实例。新华妙笔根据写作者提供的内容进行信息提取，并通过重新组织语言以及采用智能的思考模式，将信息重新自动安排到具体的章节中，实现人工与 AI 的巧妙配合，增加公文的深度和吸引力。

第五步是梳辫子，就是进一步对整篇公文的观点、结构、内容、文字，以及政治性、政策性等方面进行梳理，进行必要的整合、调整、突出、展开等优化工作。在新华妙笔完成初稿后，我们需要对其进行人为优化。这包括检查标题是否准确，观点是否精准到位，结构是否合理，表达是否清晰，词句是否有吸引力。在这一过程中，我们可以利用 AI 校对功能进行检测并获得内容方面的优化建议，进一步提升公文的质量。新华妙笔的校对准确率可达到98%，测试校对速度可实现15秒校对1万字，正常人工校对1万字则需要60分钟。AI校对功能可用于第一遍高频、常态、易错内容的审查，不但能指出问题、提示修改完善的方向，而且非常有助于提升内容安全性。

第六步是戴帽子，就是对公文的各级标题和主要观点进行优化，使其更鲜明、醒目和新颖。好的观点需要认真打磨，有助于增加公文的思想深度。这可能涉及使用特定的句式、流行词，优化句子的表述，对素材进行概括提炼，或制作吸引人的标题，还包括开头、结尾、过渡、呼应等结构元素的进一步完善。新华妙笔则提供素材库和AI灵感功能，能够对标题、提纲、主题、短语、句式、用典等200多种类型的素材加以检索，帮公文写作者找到合适的内容进行替换，以增加公文的深度和表现力。

第七步是过稿子，就是对公文进行最后的检查、修改和推敲打磨，使其完善。可以用新华妙笔的AI润色功能对公文进行最终的润色修改，包括优化语言，插入一些经典的表述或句式，使公文更加生动和有说服力。经过这一步骤，公文就将达到最终的成品状态。

通过新华妙笔与"七步法"写作工序的巧妙融合（见图11），整个流程不超过30分钟，就可以输出一篇还不错的公文。我们可以感觉到，从任务的出现到公文的完成，每一步都有精心的设计，每一步都符合公文写作的内在规律和特点。运用AI写作的过程，其实就是无形中学习公文写作方法的过程。AI与公文专家的经验相结合，可帮助用户创作出高质量的公文。

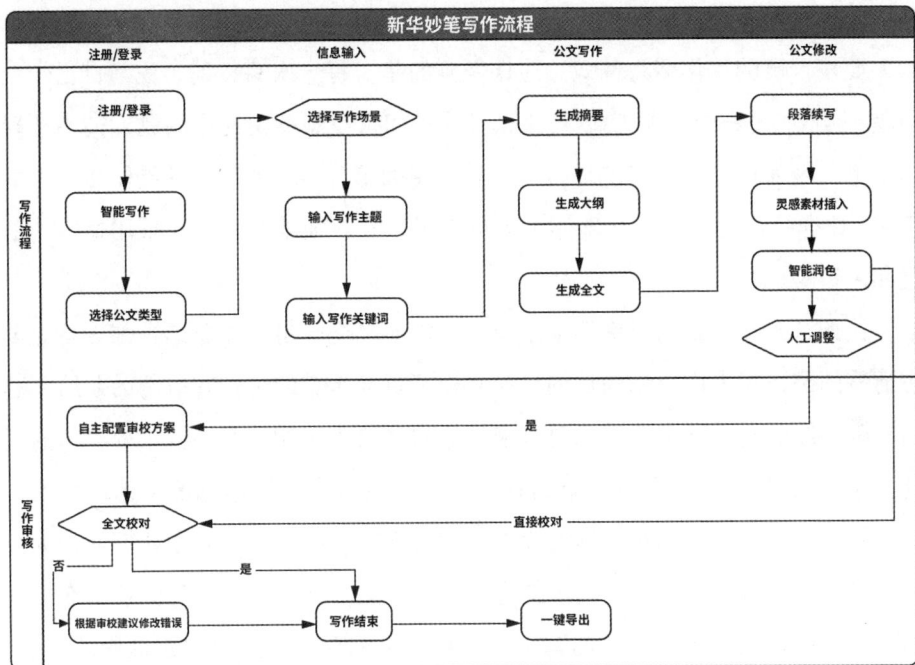

图 11 新华妙笔写作流程

二、信息交互逻辑：4 个关键环节

要完成一次写作任务，一般要做哪些准备，会经过哪些主要环节呢？我们先回顾和梳理人工写作情境下的一般情形，发现它一般要经过的环节包括：明确写作意图，了解和把握接受者需求，在头脑中构思，组织有效的素材，写作和修改。对应到 AI 写作中，其实构成了 4 个关键环节，就是明确需求、处理信息、输入问题、检验优化。我们按照人工写作的顺序来讲述其步骤以及对应的 AI 写作要经过的 4 个关键环节。

在开始写作之前，至少需要把握两个关键。

第一，明确写作意图。写作意图，即写作的目的，是写作者企望取得的效果。有了目的，才能明确方向，写起来才能有的放矢。相反，目的不明，就无从下笔，写起来也容易偏离方向。

要使自己的写作变得高效，应该做到的是，每一次写作前，先问自己一个问题：这次写作任务到底要达到什么目的？如果没想清楚这个问题，请不要轻易下笔，因为很可能写了也是白写。只有明确了意图和方向，才能做接下来的工作：选择合适的文体、从整体上进行构思、有效地组织素材、采用适当的语气和风格等。

比如，一项重要的营销活动结束后，需要提交一份工作总结，那么首先要想清楚的是，写工作总结的目的是让老板了解你所做的工作和取得的业绩，总结其中的经验和教训，并提出对未来工作的建议（比如今后还搞不搞类似的活动，怎样做得更好，等等）。通过这些内容，老板会加深对你的工作能力的了解，知道你的成长和你对工作的投入，知道你想通过自己的思考和努力，为公司贡献更大的价值。只有明确了这样的写作意图，并且将这一意图贯彻在后续的写作当中，这份工作总结的写作才算得上是成功的。如果缺乏这样的考虑，为了写而写，写起来信马由缰，不着边际，把活动的过程写得啰啰唆唆，像讲故事一样，就算写得再精彩又有什么用呢？

第二，了解和把握接受者需求。光知道自己的写作意图是不够的，同样重要的一点是，了解和把握接受者的需求，使自己写的东西让别人爱读。如果不能很好地把握接受者的需求，就会变成自说自话，效果自然也达不到预期。

面对不同的事情，不同接受者的需求是千差万别的。但概括起来，这些需求可以归纳为两种：利益需求和情感需求。利益需求是指，你能给对方带来什么样的现实或潜在的好处与便利，包括你能给对方提供什么帮助，你提供的信息对接受者有什么价值，你带来什么样的机会，等等。情感需求是指，你给对方带来什么样的情感上的满足和愉悦，包括对方是否从你这里感受到被尊重、得到认同，你提供的内容是否符合对方的特点和习惯，你们是否就一些事情引起共鸣，等等。

这就要求你在写作时充分把握接受者需求，坚持"有利原则"和"双赢原则"，在双方利益的交会点和情感的契合点上多加考虑，寻求双方共识和最大公约数，使自己写的东西成为双方之间的有益桥梁。

还是以前面那件写工作总结的事情为例，当你要写这份工作总结时，你应该想到老板想从中看到的是什么。他肯定不是只想看到你在邀功请赏，而是希望借你写的东西鼓舞士气，激励队伍，并从中找出有益的经验，加以推广使用，提升业绩，扩大成果。他还想知道这个过程中哪些地方做得不够好，应该加以改进，以便做得更好。当你知道了老板的这些需求，自然就能更好地把握写作的重点，知道哪些内容应该详写，哪些应该略写，而不是一来洋洋洒洒写上一大篇，自己写得很痛快，写的却都不是老板想看到的东西，根本没有抓住他的核心需求，那效果就可想而知了。

除了以上属于老板的利益需求外，那他的情感需求是什么呢？就是取得的工作业绩让他感到兴奋、满足和自豪，足以证明他自己的英明决策与有效领导，并且让他对未来的工作更加有信心，这些都是在写作时要考虑的。从接受心理学的角度来说，让对象产生积极的、认同的心理，是他充分有效接受信息的前提。

这种认同，除了要考虑情感上的满足，还有一点需要考虑，就是你提供的信息要符合老板的接受习惯和个性特点。不同个体的接受习惯是不一样的，有人喜欢清晰地说理，有人喜欢拿数据说话，有人喜欢使用案例来说明观点。只有知己知彼，才能找到最合适的方式。

从下级向上级报告工作的角度来说，还有一点是共同的，就是表述一定要精简。因为老板的主要职责是把握方向、作出决策，所以给他的文字内容一定要提纲挈领，不能有废话。一个优秀的下属，要做老板的过滤器，而不是传声筒。老板的时间都很宝贵，事无巨细、啰唆的文字，只会让他觉得你没有能力。

接受者是因事因地因时而异的，比如一封邮件是发给一个人还是一群人，一次演讲是对内还是对外，一份简报是给上级还是给下级，一份邀请函是给老友还是给新识者……对象不同，需求就不一样，写作者需要具体问题具体分析，在把握"有利"和"双赢"这两条基本原则的基础上，根据情境灵活应对。

上述两个方面的工作是在写作之前完成的，主要是在头脑中构思，体现在 AI 写作中是信息交互的第一个环节：明确需求，包括任务的需求和对象的需求。大致明确这篇公文要写成什么样、为了解决什么问题、写给谁看，对象有什么样的期待，关键要害是什么，主攻方向是哪儿，等等，相当于在心中为要写的公文画了一幅"画像"。

写作者要有对象意识、需求意识，而不能只管自己怎么想，但这并不意味着写作者是完全被动的，可以放弃自我意识。写作者在写作过程中应该把握一些恒定的标准或者是通则，结合具体对象的特定需求，做到"以我为主"。这才是正确的负责任的态度。

正式开始写作后，我们要从文章的构思、素材的组织、内容的写作和修改几个方面来依次加以把握。

首先，认真构思。构思，就是在写作之前对写作内容进行预先的考虑和整体的筹划，明确文章的基调、主旨、论点、框架、风格等。这是文章能够写好的关键环节。广义上讲，明确写作意图和把握对象需求也属于构思的范畴，是写作的基础性前序环节。但这里谈的是狭义的构思，指通过对写作语境的把握，明确写作中应该关注的重点，以及需要注意的事项。

语境，就是职场写作的具体情境。语境是由写作的目的、使用的文体和核心事件共同决定的，语境又决定了写作的内容要素、写作要点与呈现风格。比如，写工作邮件的语境，是沟通信息，或请示工作，或安排任务。在这一语境下，主旨事件要清楚，文字要简洁精练，请示或者部署事项要明确具体。让人一看就明白如何做、如何反馈的邮件就是合格的，不需要讲究文采，也不需要长篇大论。

写总结报告的语境，是回顾过去、总结经验、展望未来，其对象是上级，那么总结报告就应该既全面系统，又要言不烦，它可以写得长一点，但一定是因为有内容、有启示，而不是为了凑字数。写总结报告不能停留于表象，而是要写洞察和深度思考后的结论和观点。

写提案的语境，是为了解决特定问题，并且说服和打动对方，获得对方的认同。那么就要通过案例、数据等，充分展示自己的实力，阐述自己对相关问题的认识，表现出诚意，给人以信心，晓之以理，动之以情，而不能干巴巴地平铺直叙。

总而言之，把握语境要解决的问题是在特定的情境下，面对特定对象，根据沟通的目的，用正确的方式、正确的语气说正确的话。

其次，组织有效的素材。完成构思之后，知道要写的文章是什么样子，接下来就是为写作准备充足的素材。素材是文章的血肉，构思再好，没有素材作为支撑，文章也会失败。公文写作涉及的素材可以说是种类繁多，但归纳起来，可以分为 3 个层面。

第一个层面是观点。观点就是一篇文章中想表达的思想主旨、重要论点，用来阐明自己的立场，说服对方或改变对方的想法，对对方提出希望或要求，等等。观点是"旗帜"，起到提纲挈领的作用，其他的论据都为观点服务。观点应该鲜明，当然根据情况表达观点的方式可以直白，也可以委婉。一篇文章中的若干观点应该协调一致，不能互相冲突。要注意处理好总论点和分论点之间、观点与观点之间的逻辑关系。表达观点要讲究时效性，与对方交流观点时应该有针对性，不要自说自话。

第二个层面是论据。论据就是用来说明观点的材料，是使观点得以成立的支撑性内容。没有论据支持的观点是站不住脚的，而没有观点统领的论据也是一盘散沙。论据分为事实论据和理论论据。事实论据是对事实的描述，包括事情原委、故事、证据、案例、数据、图表等，它能保证观点的真实性和说服力。理论论据包括法律政策，科学定理、公理，会议决定、决议，等等。它能保证观点的公信力和权威性。这两者共同构成文章的论据体系，写作者可以根据表达观点的需要灵活使用。

第三个层面是语汇。不同的行业、不同的领域，都有自己特定使用的词语。想要让自己的职场写作更专业，那么就得学会和用好这些专业用语。丰富的语汇是写作的"文字粮仓"。比如写关于 AI 的文章，就要会使用这个行业通用的高频词汇，如"大模型""机器智能""深度学习"等，不断积累，活学活用。久而久之，就能熟悉和掌握特定领域的专用词汇和话语体系了。

通过构思把握写作语境，根据任务需要选择合适的素材，这在 AI 写作中对应的是信息交互的第二个环节：处理信息。这一环节既包括处理写作任务所传递的信息，又包括处理完成这一任务所需要的信息，而后者在 AI 平台上有大量内容，写作者需要将写作任务与 AI 素材有效地连接起来，使两方面的信息深度交互，从而产生"火花"。

最后，就是写作和修改。这里包含了 AI 写作中信息交互的后两个环节：输入问题、检验优化。在 AI 写作环境下，写作和修改是融合在一起的，难以清晰地加以区别。在组织内容的同时可持续进行修改和优化，而标题、观点、结构的修改和重新生成会带来内容的大幅调整。在整个过程中，人与 AI 之间的信息交互主要是通过提问实现的，既包括人向 AI 提问，也包括 AI 给人呈现出问题，而输入问题的主要方式有两种：一种是选择，就是在 AI 提供的众多选项中优化和匹配；另一种是输入提示词，包括对话、问答、输入信息等多种方式。输入问题的质量和精准性决定了输出成果的质量，而通过对质量标准的把握、修改方法的完善，检验优化会更加有效，有助于不断提升文章质量。

写作是按照构思将素材加以有效组织、使其成文的过程，再通过必要的修改，把文章变得更完善、更到位。通过有效地输入问题和检验优化，写作和修改要把握好"加减乘除"4 种方法。

加法，就是追求文章的完整，包括思路的完备、素材的确凿、表达的准确以及格式的规范。根据需要添加和补充必要的内容要素，使文章没有缺失，做到有理有据，有骨有肉，表达充分。减法，就是注重文章的简洁凝练，在表达清楚的前提下，观点素材不求多而求精当，做到脉络清晰、布局合理、条理分明、层次有序、语言简练，切忌含混不清，长篇大论，不知所云。乘法，就是注重突出文章的内容要点，包括观点的提炼、重要事实或数据的使用、必要的强调和提醒等，去粗取精，合理剪裁取舍，使重要的内容更加醒目，起到以一当十的作用。除法，就是要注意语气，克制情绪，追求表达和沟通的效果，使写出的内容更加具有"情商"。公文写作以有效沟通、便于执行、最终解决问题和推动工作为目的，也要体现专业性，要尽量避免在文字中流露出个人情绪，以免影响接受者对信息和写作者本人的判断。

从人机之间进行信息交互的过程来看，写作的阶段是快速的，因为组织文字的工作都由 AI 代替人在后台完成了。构思的时间是最多的，其次是检验优化的时间，而其间最关键的就是在清晰把握需求和有效处理信息之后提升输入问题的质量。这是需要特别注意的。

三、实际操作步骤：高效写作

对"七步法"的设计和运用，形成了 AI 辅助写作功能中的核心竞争力。在 AI 生成内容的具体环节，新华妙笔运用这一写作规律，设置了分步生成和分段生成两种路径，既解决了长文本的生成问题，也更加符合实际场景中用户的写作习惯和内在规律，有效提高了生成结果的实用性和精准度。我们来看具体的实际操作情况。

先看分步生成。这种路径设置了填写类型、摘要、大纲、内容 4 个步骤，较为合理。比如，以较为常见的工作汇报为例，场景填写"向上级汇报"，标题写"关于 2023 年我市优化营商环境的工作汇报"，在"关键词栏"中，先后对"放管服、市场主体、一站式、执法、营商环境、减税、投诉处理、公平竞争、市场秩序、便捷高效、简化审批、办事效率"中的若干个进行组合，这样得出的摘要基本能够匹配标题和关键词的指向。同时可以选择"换一换"来替换关键词，或者对摘要进行编辑修改。

在这个环节，可以通过摘要的撰写与修改把文稿的主旨提炼出来并分清层次。比如选用"放管服、市场主体、一站式"3 个关键词，经过修改，得到的摘要如下。

我市在 2023 年深入贯彻落实国家"放管服"改革精神，全力优化营商环境，实现了一系列重大突破。在激活市场主体方面，我们大力推进市场准入制度改革，取消了一批无效证照，减少了企业注册的审批环节。在"放管服"方面，我们进一步精简了行政审批流程，推行了网上办事，大幅提高了审批效率。同时，我们深入实施"一站式"服务，为市场主体提供快捷高效的服务。通过这些措施，我市营商环境得到了极大的改善，吸引了更多的投资和市场主体，为我市经济的发展注入了新的动力。

这一摘要基本符合写作的要求，说明 AI 对关键词的识别较为精准，并能按照一定的语言逻辑对语料进行组合。

在提炼大纲环节得到的大纲标题如下。

1. 深入推进市场准入制度改革

2. 进一步精简行政审批流程，提高审批效率

3. 实施"一站式"服务，提供快捷高效的服务

这一大纲的可用性是比较强的，同时可以看出，组合关键词、撰写和修改摘要、提炼大纲这 3 个步骤之间在逻辑上具有一致性和递进性，其中的关键语素没有丢失或变异，结构的表达方式符合文章的写法，这说明提炼大纲这个步骤对摘要的核心词和层次的识别是准确的。

提炼大纲阶段也可以选择"换一换"和"可修改/增删大纲"，这增强了用户的机动性，比如增加"4. 提高信息化程度，推进互联网 +"，单击"确认生成"按钮，得到文稿。每次重新生成，都能得到不同的文稿。经过多次确认和重新生成，并加以测评和比较，可以得出的结论是 AI 生成的文稿能对用户起到一定的参考作用，但还不能完全照搬，需要用户在成稿基础上加以一定的删减和修改，并根据自己特定的需求加以调整、优化。

从反复生成的文稿来看，可以从几个方面对其加以衡量（满分值为

100%）：对关键词的覆盖率达到 80%～90%，结构的清晰完整程度及与大纲的匹配度为 70%～80%，复杂层次的逻辑性为 50%（层次较为复杂反而造成逻辑性减弱），内容重复率为 40%～50%，内容的时效性为 50%～60%，文体的适配性为 60%～70%。综上所述，整个文稿的完成度约为 60%～70%，可用性约为 40%～50%。用户需要在此基础上加以修改，但生成的基础文稿能为用户提高的效率为 40%～60%。

而提高可用性的关键，在于第一步对场景、标题、关键词的精准填写，第二步对摘要的准确概括和分清层次，第三步对大纲的调整和优化。因此，越是经验丰富、写作能力强的用户，越能够利用其提高效率。然而，过度依赖系统，反而可能导致效率降低。这一点是需要对用户加以引导的，也是用户自身需要注意的。

再看分段生成。通过不同的标题和关键词的组合，进行反复测试，比如用"关于落实全国安全生产月工作要求的通知"做标题，先后用"安全管理、安全生产、安全第一、三管三必须、人人讲安全、隐患排查、专项治理、党政同责、五个到位"中的几个作为关键词组合，可以发现：分段生成能解决长文本问题，即在篇幅上能接续拉长，但是在精准性和可用性上与分步生成有一定的差距，实际的可用性约为 30%～40%。而且经反复测试发现，可用性的高低与输入关键词的多少不存在正相关关系，也就是说，不能通过增加关键词来提高可用性。

综上所述，分步生成值得重点推荐，分段生成还需进一步优化。纵览其他 AI 大模型，尽管功能设计各不相同，但它们都有分步生成和分段生成这两种主要的生成模式，而几乎没有例外的是，分步生成比分段生成的效果更好，其重要原因就是分步生成中人与 AI 之间交互的信息更多，交互的程度更深，输入的提示词更为精准和有针对性，这再次说明前面讲到的"七步法"的有效性，也说明处理信息和输入信息的重要性，更证明了要提高 AI 写作的成效，必须基于对写作本身的理解和认识，遵循写作的内在规律，使人与 AI 在互动中互相赋能。

在写作本书的过程中，根据实际使用情况和用户反馈的情况，新华妙笔对功能做了进一步的迭代优化，重点推出了"步骤写作"这一更有效的方式，"标题写作"方式则暂时隐去，但在其技术提供方博特智能的博特妙笔平台上依然保留。两种写作方式的具体使用情况在后文还将进一步介绍。

第五章

关键指令：提示词输入

05

前面已经提到，AI 辅助写作其实是人机之间进行信息交互的一个过程，而非 AI 单向输出的过程。打个比方，AI 所储存的语料犹如千军万马，而使用 AI 的人才是真正的指挥官，他通过发出正确指令，调兵遣将，完成战役任务。这其中最重要的指令就是提示词，也即使用者给 AI "投喂" 的信息，这些信息引导 AI 完成所需的行为，输出预期的成果。如果把写一篇文稿比作开车完成一段旅程的话，AI 就是导航仪，而提示词就是输入导航仪中的重要信息。只有输入精准而有效的信息，才能到达正确的终点。本章我们将揭开提示词的神秘面纱，探索它们为什么如此重要，以及如何通过合理设计提示词来提升 AI 的性能。

一、提示词为何如此重要

提示词并非在 AI 中所独有，广义上讲，提示词是所有信息的 "门面"。一个好的提示词可以让读者迅速了解一则信息的主旨，判断信息是否值得阅读。反之，一个模糊、笼统的提示词可能会使读者失去兴趣，甚至忽略重要信息。一个好的提示词可以迅速传达信息，吸引读者的注意力，提升工作效率。在日常生活和工作中，我们经常会遇到需要写提示词的情况，如邮件主题、报告摘要、论文标题等。好的提示词可以让用户得到更好、更准确的答案，同时能梳理用户的需求。因此，写好提示词是确保信息有效传递的关键。

在 AI 环境中，提示词是一种用于引导或激发大模型生成特定输出内容的输入文本。这些提示词可以是自然语言，也可以是结构化的指令或模板。在 AI 迅猛发展的今天，提示词已经成为对话系统和自然语言处理领域的核心要素。提示词不仅是用户与 AI 互动的桥梁，更是影响 AI 表现和用户体验的关键因素。所以使用 AI 的关键之处就是组织好提示词，把需求梳理清楚，为 AI 提供明确的方向和指引，从而得到更准确的答案。

比如，使用 ChatGPT 作为聊天工具时，就像我们平时与其他人聊天一样，你把意思表达得越清楚，别人才越容易理解你的意思，才能给出更准确、更符合你的需要的答案。这里的意思表达，就是与 ChatGPT 聊天时，输入 ChatGPT 的提示词。

具体来说，好的提示词具有以下几个优点。

第一个优点是能为 AI 提供明确的方向。提示词作为下达给 AI 的指令，通过精确描述用户的需求，可以让 AI 知道应该从哪里开始，如何处理信息。比如，当用户输入"请告诉我如何在家庭花园中种植番茄"时，AI 可以根据这个具体的提示词，提供关于土壤准备、种子选择和日常护理的详细信息。相比之下，如果输入的提示词只是简单的"种植番茄"，AI 可能会给出很多不相关的信息，用户需要花更多时间筛选出有用的内容。

第二个优点是可以提高交流效率。好的提示词能减少用户和 AI 之间的对话次数，让用户直接获取所需信息。这不仅节省了用户的时间，也提升了整个交互过程的流畅度。举个例子，当用户输入"我计划今年夏天去海边度假，请推荐一些适合家庭出游的海滩"时，AI 可以根据这个具体的提示词，快速提供针对性的建议，而不需要反复确认用户的具体需求。

第三个优点是可以使 AI 生成个性化的回答。通过精心设计的提示词，用户可以引导 AI 生成个性化的回答，更好地满足个人需求。比如，用户输入"我喜欢户外探险活动，有什么推荐的目的地吗？"这个提示词不仅明确了用户的兴趣，还为 AI 提供了回答的方向。

综上，好的提示词可以有效减少误解和不必要的对话，让 AI 更准确地理解用户需求，从而生成高质量的回答。反之，不明确或含糊的提示词，则可能导致 AI 误解用户意图，生成不相关或不合适的回答。因此，提示词质量直接影响 AI 的表现和用户体验。

因此，我们在提示词的设计上要花更多的时间和精力，明确需求，下达清晰、明确、具体的指令，后面的工作就交给 AI 了。也正因如此，在 AI 使用较多的组织系统内，已经出现一个新的工种，即"提示词工程师"。

从技术原理上说，AI 具有大规模参数和复杂结构，参数是指模型中用于存储和调整知识和能力的变量，结构是指模型中用于处理和传递信息的组件和连接方式。一般来说，参数越多，结构越复杂，模型就越强大，也越灵活。AI 通用的范式是"大规模预训练 + 微调"，即先在大规模的通用数据集上进行预训练，然后根据不同的任务和场景进行微调。而微调的重要依据就是用户通过提示词不断输入的任务指令，对 AI 持续加以训练，可以提高它的智能程度和满足人类需求的能力。如果说 AI 具备的能力及"能做什么"是"源代码"的话，那用户输入的指令，即"怎么做"的汇总，就形成了"指令集"。AI 能力的提升，其实包含了用户通过输入指令对它进行训练的过程及其成果。

AI 技术的实现涉及多个环节。从整体角度来看，进行一次模型训练可以归纳为 3 个主要步骤：首先，收集训练语料，包含用于不同目的的数据集，例如用于提示的训练语料、用于标注的训练语料等；其次，根据特定业务需求构建模型，设定相应的提示和参数；最后，采用增强学习技术优化训练效果。

基础模型的训练过程通常包括 4 个主要阶段。第一阶段为预训练，通过数据集理解世界，进而发展出逻辑和推理能力，构建"大脑"的基本结构，形成一个基础模型。第二和第三阶段是微调，分为有监督的微调与基于奖励模型的微调。前者是在给 AI 一个标准答案的情况下做微调，以细化调整。后者则需要 AI 生成一个答案，人工判断这个答案的准确性。第四阶段是通过人工反馈进行强化学习，由专业人员生成评价，判断输出答案的正确性，根据评价者的反馈对 AI 进行改进。

大体上对应人的智能来说，基础模型训练的过程可比拟为自然界亿万年的遗传算法的进化过程，该过程赋予了人类基本的推理与理解能力。有监督的学习类似于传统的课堂学习模式。在学生时代，教师会提供习题及其答案，并详细解释解题方法，这是系统化知识传授的典型过程。相对而言，奖励式学习则更像实习经历。实习生在工作实践中所完成的任务会得到直接的反馈，其被明确地告知成果的质量与价值。将所学知识应用于实际项目，并通过项目成功来获得相应的经济收益，这本身是一种激励。如果项目未能产生收益，那么这也是一种反馈，提示需要进一步学习与改进。这一训练过程在很大程度上模拟了人类获取知识的自然学习路径。

人类的 DNA 大致相当于一本书的规模，数据量相对有限，它通过编程指令生成人脑结构，这个过程本质上并不复杂。大模型训练的核心挑战在于其需要对几亿年生物进化过程进行精确模拟，这一过程不仅要求大量的数据，而且要求这些数据均以高度压缩的形式储存于模型的各项权重和参数中。神经网络可以接收特定字符输入，由于高度压缩带来的损伤，输出的准确率约为97%。这一过程涉及的不仅仅是算法运行，更是模型对于世界上的知识大量学习与吸收的结果。

从以上原理可以看出提示词对于 AI 的重要性。从专业角度来说，提示词对于指导模型生成有意义和合理的回复起着关键作用。这主要体现在以下几个方面。

一是上下文和语义理解。提示词可以为模型提供上下文和语义信息，帮助模型更好地理解用户的意图和问题。合理的提示词有助于确保模型生成的回复与前文相关，保持对话的连贯性和一致性。

二是任务指导。对于特定任务或问题，提供明确的提示词可以指导模型生成与该任务或问题相关的回复。例如，在问答系统中，用户可以使用问题作为提示词来获取相关的回复。

三是避免歧义。合理的提示词可以帮助模型避免产生歧义或误解用户意图。在自然语言中，很多问题或指令可能有多种解释，通过明确的提示词，可以提高回复的准确性。

四是控制生成内容。通过选择合适的提示词，用户可以控制模型生成的内容和风格。不同的提示词可能导致不同风格的回复，如正式和非正式的语气，或严肃和幽默的表达。

五是约束生成文本的长度。在开放式文本生成中，如果用户想要得到较短的回复，可以使用简短的提示词来约束生成文本的长度，从而避免得到冗长的回复。

六是避免生成不恰当的内容。适当的提示词可以帮助用户避免模型生成冒犯性或不恰当的回复。对于一些敏感话题或内容，用户提供恰当的提示词有助于保持生成文本的合适性。

七是增强交互性。使用提示词可以与模型建立交互性更强的对话。通过在上下文中引用之前的回复，用户可以与模型进行更深入的交流，形成更自然的对话体验。定位偏差或指向不明的提示词可能会导致模型仅仅机械性地复制输入的内容，缺乏创造性和灵活性。

二、高质量提示词的输入方法

输入提示词的方式包括对话和提问，用户也可以整段输入信息以描述需求，在 AI 提供的选项中作出选择，这也是输入提示词的一种方式，但更多的时候需要自定义输入。

无论采用哪一种方式，输入提示词都需要注意以下几点。首先是具体明确。比如，输入"我即将成为公务员，想买一本关于如何提升公文写作能力的书，内容包括关于政府法定公文写作的注意事项"就比"买写作书"要更具体，明确。其次是分步引导。通过输入分步骤的提示词，引导 AI 逐步提供信息，可以使回答更加有条理和清晰。比如，当用户希望 AI 提供关于学习 Python 编程的建议时，可以使用"请分步骤介绍 Python 编程入门的相关知识，从检测安装环境到编写第一个程序"这样的提示词，让 AI 一步一步地提供详细的指导。再次是设置背景信息，帮助 AI 生成更符合用户需求的建议。比如"我想和家人到贵州旅游，希望能去主要的景点，但有老人和小孩，希望行程不要太紧张。请帮我制订一份为期一周的旅行攻略"，这样的背景信息有助于 AI 更好地了解用户的需求。最后是保持简洁。简洁的提示词能够让 AI 快速理解用户的需求，降低误解的可能性。

在大模型快速发展的趋势之下，结构化提示词框架也应运而生，这是一种用于指导 AI（如 ChatGPT）生成特定类型回答的特定指令方式。这种框架通过将提示词结构化为固定范式，确保用户与 AI 进行清晰、有目的的交流。目前，结构化提示词框架有很多，如 ICIO 框架、CRISPE 框架、BROKE 框架、APE 框架等。这些框架普遍包括 AI 扮演的角色（Role）、期望完成的目标任务（Task/Objective）、完成目标任务所遵循的要求（Request/Requirement）以及相关的背景和上下文信息（Context/Background）等提示要素。这里重点介绍一下 APE 框架。

APE 框架是一种用于向 AI 提出明确和有效请求的方法。该框架将用户的请求分解为 3 个主要部分：行动（Action）、目的（Purpose）和期望（Expectation）。

行动（Action）：定义需要完成的特定任务或活动。它明确了要执行的具体任务或活动，使得请求更加具体和明确。

目的（Purpose）：讨论意图或目标。这部分解释了为什么要执行这个特定的任务或活动，它背后的意图是什么，以及它将如何支持更大的目标或计划。

期望（Expectation）：用户陈述期望的结果。它明确表述了通过执行特定任务或活动，用户期望达成的具体结果或目标。

使用 APE 框架可以帮助用户更清晰、更准确地向 AI 传达他们的需求，从而提高 AI 的响应质量和效率。举例来说，假设用户想要让 AI 帮他预订机票，他使用 APE 框架构建的请求如下。

行动：请为我预订一张飞往北京的机票。

目的：我需要参加在北京召开的一个商务会议。

期望：我希望获得一张价格合理、航班时间合适的机票。

通过这种方式，用户不仅明确了需要预订机票这一行动，还解释了背后的目的（参加商务会议），以及期望的结果（价格合理、航班时间合适的机票）。这样的请求更加清晰、完整，有助于 AI 更好地理解并满足用户的需求。

以上是通用大模型的提示词输入方式，在新华妙笔中，用户可以利用小智 AI 功能以对话的形式与新华妙笔进行交流，结合公文的特点来输入提示词，从而得到与公文相关的问题的回答，这一功能在第十二章会予以介绍。这里针对新华妙笔中最主要的功能——步骤写作，介绍提示词输入的有效方法。

首先介绍段头撮要法，就是在公文的每一个部分、每一个层次、每一个意义段的前面，用简明的语言概括出该部分、层次、意义段的主旨，以显示一篇公文在总的观点、基本论点及中心思想统领下的具体观点和主张。通常做法是将一个小标题置于一部分文字的顶部，或者把一句核心的话放在段落的开头。

"撮要"，也可以叫倒悬，它最大的好处是能让受众快速抓住要领，把握行文的缘由、目的、意义，唤起注意，有利于增强公文主旨的表达效果。而对 AI 来说，这就是关于每一段内容的提示词。因此，公文每段内容的第一句话很重要，它是承上启下的过渡句，也是全段内容的提要，能起到总体概括作用。有了这样的"段旨句"，AI 就能围绕它组织内容，输出的信息也是对它的具体阐述。

所以在步骤写作中，要多花工夫、有意识地琢磨每个段落的首句。这种方法的具体运用场景主要有两个。一是生成摘要环节，对摘要的每个段落首句进行认真提炼，使其表述更清晰、观点更鲜明、概括更到位。二是提炼大纲环节，在输入和调整大纲时，每一个层次的观点其实就是一个部分、一个段落的撮要，对这些观点加以准确提炼，做到层次有序、逻辑清晰、指向清楚，就等于输入了高质量的提示词，为 AI 输出高质量的文本打下了基础。

可见，形成高质量的观点与输入高质量的提示词，其实是一体两面的关系。这首先需要用户具备正确的思维方式，在使用 AI 的语境中，特别重要的是要具备结构化、体系化、要素化的思维模式，注重思维的逻辑性。结构化思维，也叫框架思维，是指思考和分析问题时，首先进行准确界定，然后以假设为先导，罗列问题构成要素，并对要素进行分类，对重点要素加以分析，寻找对策，制订行动计划，其实质是构建与客观世界结构性相对称的体系框架，并置分析之事于其中以获得分析结论的过程。公文是对客观事物的反映，写作公文的思考逻辑与结构化思维是一致的，所以正确使用结构化思维，有助于深化思考，而思考的结果就体现在观点的提炼和高质量提示词的输入上。

公文写作会涉及很多逻辑关系，逻辑是认识问题、分析问题的必要工具，是提高语言表达精准性的工具，还是识别思维错误的重要工具。具体来说，在要素组合上有"类""因""果""法"的逻辑，在内容排列上有总分关系、主次关系、并列关系、递进关系等常见的逻辑关系，有运思行文的逻辑，有层次顺序的逻辑，有概念、判断、推理的逻辑，还有语言表达和文法的逻辑，等等。如果逻辑不清，就会对信息处理不准确、对观点提炼不到位，也就影响了提示词的效果。

其次，用户还需要掌握一些有效的方法和工具来辅助思考，比如金字塔法、思维导图、MECE 原则、系统循环图等。思维方式、逻辑、工具和方法，在后面的相关章节中还会继续介绍。

由此可见，输入高质量的提示词，是一种"工夫在诗外"的技能，需要的是思维能力、逻辑能力、总结概括能力等方面的提升，背后反映的也正是公文写作对人的能力素质的要求。不同的人，对待同一个写作任务，输入的提示词往往是不同的，结果也是不同的，而这反映的就是不同人的能力素质的差异。

如果我们要判断某个人处于什么样的层次，可以根据能力不同，将其与写作能力提升过程中的 4 种角色相匹配，分别是新手、写手、熟手、高手。

第一个层次是新手，他们"不得其门而入"，被问题所困扰，是被动的。他们处于盲人摸象的状态，关注的是文章的内容要素，觉得能把文章拼凑出来就很不错了，谈不上关注文章的质量和水平。

第二个层次是写手，他们已经在技法上相对熟练，能够依据经验解决大部分问题，是比较从容的。他们处于就事论事的状态，关注的是文章的结构特征，考虑怎样把文章组织得像模像样，但他们着眼的是单篇文章，一旦换一篇文章，他们的经验就无法有效地迁移。

第三个层次是熟手，他们在大量的练习中掌握了写作的规律和方法，写作效率更高，成果更多。他们处于庖丁解牛的状态，能概括出一些通用的方法，以不变应万变。

最高的层次是高手，他们能看到问题背后的原因，找到事物的原理，从本质上去分析问题和解决问题，所以他们的写作质量和效率是最高的，认识能力和实践能力是最强的。他们已经到了运用自如的境地，掌握了文章的本质和写作原理，文章已经成了他们观察世界、表达自我的一种手段，所以他们不会刻意写作，但一旦写出文章，则无不中的，达到"常行于所当行，常止于所不可不止"的境界。

可见，写作是一种创造性智慧劳动，是有规律、有方法的，掌握了规律和方法，就能以一当十，事半功倍，就能做到心中有剑，手中无剑。有了这样的思维和能力，我们在使用 AI 时，就能输入高质量的提示词，驱动 AI 按照自己的需求去生成相关内容。

第四章《县水利局 2023 年上半年工作总结及下半年工作思路》的写作过程，就是一个输入提示词的案例。在"写作场景"环节中通过选择项输入 AI 指令；在"基础信息"环节中输入的标题和关键词，就是非常重要的提示词；在"摘要信息"环节中对 AI 生成的内容进行修改，其实就是在完善提示词；在"大纲信息"环节，提炼观点、调整顺序、增删章节等，其实就是在运用前述的段头撮要法优化提示词。经过这样环环相扣的操作，这些提示词共同形成了对 AI 下达的指令集，并最终让 AI 生成相关文稿。

如果要加以优化的话，可以在"基础信息"环节增加背景信息补充功能，根据需要输入相关背景信息；还可以在"摘要信息"环节增加自定义功能，对输出文本特别需要强调的地方、创作原则、要求、风格等加以提示，以便 AI 更准确地理解需求，生成更符合要求的内容。

我们再看 GPT-4 的"同题写作"公文实操。对于第一次使用 GPT-4 的用户来讲，首先遇到的难题是不知道如何提问。所以，第一步是对 GPT-4 进行提问（见图 12）：需要写一篇公文，应该给你提供哪些资料？ GPT-4 给出了写公文所需的信息，包括公文的类型、主题或目的、接收者、具体内容、风格和格式要求、必须包含的元素以及任何附加信息等。

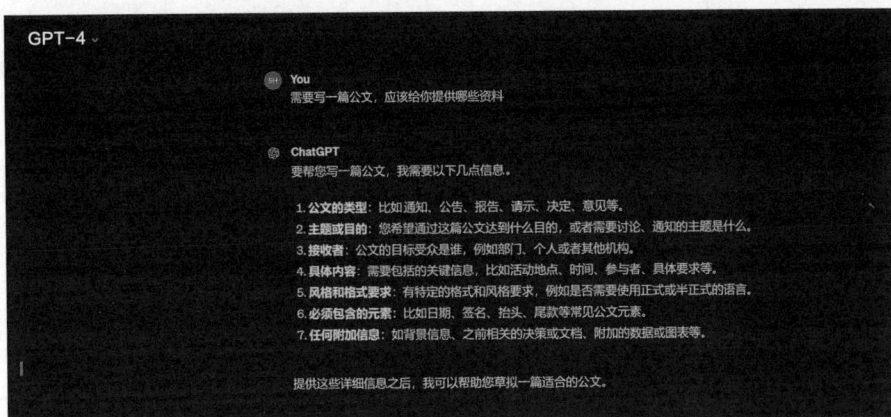

图 12 对 GPT-4 提问示例

针对这些信息，其内涵和可以选择的选项如下。

公文的类型：比如通知、公告、报告、请示、决定、意见等。

主题或目的：您希望通过这篇公文达到什么目的，或者您需要讨论、通知的主题是什么。

接收者：公文的目标受众是谁，例如部门、个人或者其他机构。

具体内容：需要包括的关键信息，比如活动地点、时间、参与者、具体要求等。

风格和格式要求：有特定的风格和格式要求，例如是否需要使用正式或半正式的语言。

必须包含的元素：比如日期、签名、抬头、尾款等常见公文元素。

任何附加信息：如背景信息、之前相关的决策或文档、附加的数据或图表等。

第二步是准备好公文写作提示词，并将其提供给 GPT-4（见图 13）。提示词如下。

指令：

撰写一篇半年工作总结

主题为县水利局 2023 年上半年工作总结及下半年工作思路

目标受众是各部门负责人

具体要求：汇报重点突出水利工程建设，加速推动水、旅、农、文等各产业、各要素跨界融合，以及完善水利安全生产隐患、危险源排查整治工作等

风格和格式要求：需要使用正式的工作汇报语言

写作背景信息：

上半年重点工作业务数据

1. 完成 1.3 平方公里的水土流失治理

2. 对全县 15 个乡镇（街道）、5 个大中型水库开展全方位、全覆盖水旱灾害防御汛前大检查。完成 4 个雨量自动监测站、2 个声光电预警监测站的建设

3. 水库除险加固 5 座、山塘综合整治 5 座、农灌设施改造升级 26 处均已开工建设

下半年工作重点

1. 在建项目，促发展上先行

2. 在强治理，优环境上发力

3. 在抓平安，保稳定上提升

4. 在补短板，惠民生上保障

指令：
撰写一篇半年工作总结
主题为县水利局 2023 年上半年工作总结及下半年工作思路
目标受众是各部门负责人
具体要求：汇报重点突出水利工程建设，加速推动水、旅、农、文等各产业、各要素跨界融合，以及完善水利安全生产隐患、危险源排查整治工作等
风格和格式要求：需要使用正式的工作汇报语言
写作背景信息：
上半年重点工作业务数据
1. 完成 1.3 平方公里的水土流失治理
2. 对全县 15 个乡镇（街道）、5 个大中型水库开展全方位、全覆盖水旱灾害防御汛前大检查。完成 4 个雨量自动监测站、2 个声光电预警监测站的建设
3. 水库除险加固 5 座、山塘综合整治 5 座、农灌设施改造升级 26 处均已开工建设
下半年工作重点
1. 在建项目，促发展上先行
2. 在强治理，优环境上发力
3. 在抓平安，保稳定上提升
4. 在补短板，惠民生上保障

图 13　提示词示例

这样就得到了 GPT-4 输出的结果，效果如图 14 所示。

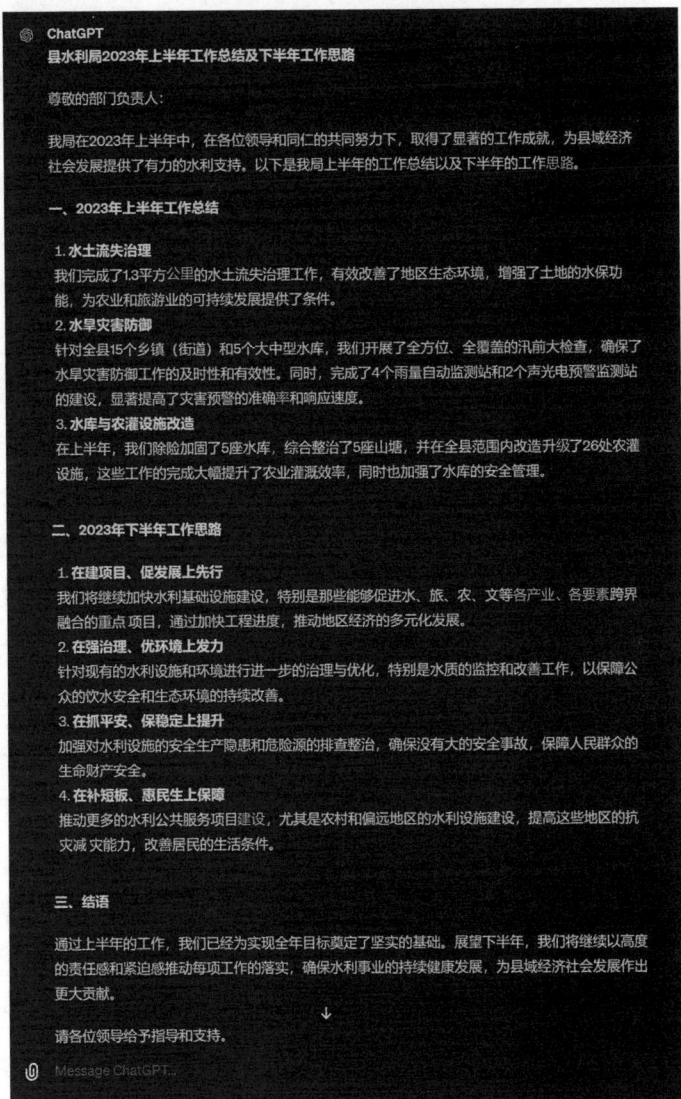

图 14　GPT-4 输出的结果

　　将第三章新华妙笔输出的内容与 GPT-4 输出的内容进行比较，可以看出，新华妙笔输出的文本作为公文的可用性更强。这说明新华妙笔基于公文写作规律的"七步法"，在底层逻辑上，提升了提示词的输入质量。

三、提示词使用的常见误区

初步掌握如何设计好的提示词之后，还要特别注意提示词使用的一些误区。

第一，内容输入不准确。内容准确是公文写作的起码要求，具体来说就是素材真实、数据准确、议论恰如其分，把要说的事、要讲的理说准确、讲明白，使内涵与表达意图完全一致，符合客观事理，做到条理清楚，逻辑严密，语言顺畅，让读者一看就懂。尤其是涉及人名、地名、时间、数字、段落顺序、引文等的内容，必须准确无误。文字、数字、计量单位，甚至标点符号的用法都必须准确规范。对于汉语中大量意义相同或相近的词语，必须在词语的细微差别和感情色彩上仔细推敲。要做到内容输入准确，需要关注以下 3 点。

一是语言风格偏向庄重平实。遣词造句应客观质朴，表意应真真切切。描绘性的文学语言与浮夸的辞藻应尽量少用或不用，修辞手法尽量简单，不进行过度渲染烘托或夸大其词，总结成就要恰如其分，分析问题要合情合理，提出的措施要切合实际。

二是尽可能使用书面语。书面语比口语更加精确、更加严谨，更有利于清晰明确地向受众传递准确信息。即使是在领导讲话稿中，主体部分仍然还是书面语。

三是符合语法规范，没有语病，消除歧义。公文中常见的语病主要有语法错误、逻辑错误、简称不恰当等。公文语病的发生，多是由于写作者语法知识不过关、责任心不强、粗心马虎等。需要注意的是，造句要讲究语法规则和逻辑，句子成分要完整，词语搭配要恰当。为了避免出现语病和低级错误，对于大段文字或者拿不准的内容，可以使用新华妙笔中的 AI 校对功能进行校核和把关。

第二，信息输入不清晰。一是笼统模糊。例如"关于项目进展的报告""本月工作总结"等，这类提示词缺乏具体信息，改进的方法是具体说明报告或总结的关键内容，如"项目 A 第三阶段完成情况报告""本月销售额及客户反馈总结"。二是冗长烦琐。有些人为了追求全面，会将提示词写得非常长，反而失去了重点。改进方法是提炼关键信息，如将"关于本季度市场部门推广活动的总结及下一步计划"简化为"市场部 Q3 推广活动总结与计划"。三是未提供有价值的信息。有些提示词虽然简洁，却没有提供任何有价值的信息，如"重要通知""紧急会议"等。改进方法是增加具体内容或目的，如"关于下周一团建活动的通知""关于产品缺陷的紧急会议"。

第三，提示词不够精简。公文是务实的文体，其目的是推动工作、解决实际问题，对简洁性有更高的要求，相应的提示词也应该更精练简洁。一是避免重复，包括避免句式的重复、字词的重复，以及文字不同但意思重复的内容等。二是提高概括能力，善于归纳和提炼观点，包括段旨句的概括、观点的提炼。三是炼字炼句，每句话、每个词、每个字都要进行精深锤炼，使字字句句都讲到点子上，讲到实处，一语中的。四是删繁就简。比如，将"开展""进行"之类的过程性动词删去，其实并不会影响意思表达，反而能使提示词更加紧凑简洁。

在输入提示词时，为避免陷入以上误区，应记住 10 个"不写"，就是不写废话，不写违背政治原则的话（慎用敏感话题、敏感事例），不写没有根据的话（不听、不信"参考消息"），不写极端的话（指过头的话、明显偏题的话），不写没有时代感的话（指陈旧过气的老观点），不写装腔作势的话（指大而空的话），不写模棱两可的话（观点模糊，不知所云），不写断章取义的话（指寻章摘句，曲解本来的意思），不写脱离材料语境的话（指把公文写成散文），不写没有思想内涵的话（指"今以其昏昏，使人昭昭"）。

提示词很重要，但我们也不能完全依赖提示词。毕竟，固定的提示词可能无法涵盖所有可能的场景，AI 的适应能力和创造性也有一定局限，这可能使它们生成的回答显得机械化、简单化、同质化。而且提示词也存在被 AI 误解的风险，尽管我们可以尽可能把提示词描述得更清晰，但 AI 仍然有可能误解我们的意图，生成不相关的回答。

这就不得不提到大模型的幻觉。从技术上一般把大模型的幻觉定义为：

一本正经地胡说八道。举个例子，假设大模型是上个月完成训练的，这个月NBA 发布了季后赛的对阵表，也就是说大模型肯定不知道季后赛的安排情况。用户问大模型："请问 NBA 的湖人队明天 4 月 28 日对阵的是哪支球队？"大模型答："明天北京时间 9 点整湖人队将对阵太阳队，这将是一场精彩的 NBA比赛！"关注 NBA 的人当然知道大模型的回答明显是不准确的，但是一个完全不关注 NBA 的人却很难分辨这个回答是否准确。AI 到底是低智商还是高智商？大模型的幻觉是会误导我们，还是会被我们识别和纠正？其实最终都取决于使用 AI 的人。

第六章

公文实战 1：法定公文篇

一、无基础信息：以意见为例

二、半基础信息：以请示为例

三、全基础信息：以通知为例

06

在第六章到第十章，我们将进入"AI+ 公文写作"的实战环节，每一章从不同的角度，讲述运用 AI 工具（主要是新华妙笔）辅助公文写作的具体方法和相关案例。

首先讲关于法定公文的写作。根据前述内容可知，在新华妙笔中，可以借助模板来确保法定公文的格式规范性，同时还可以借鉴同文种的范文来提高写作的质量。根据所具备的基础信息的多少，我们把写作任务分为无基础信息、半基础信息和全基础信息 3 类。这里将结合不同类型的法定公文写作任务，讲解在 AI 平台上是如何使用的。用户可以对照下述几类情形，根据具体的任务以及所具备基础信息的多少，选择合适的写作方式。

一、无基础信息：以意见为例

无基础信息，就是说写作任务只提供了大致的写作题目、文种要求和方向，而没有提供过多的具体信息，思路和措施是开放性的，更多的内容需要写作者来构思和组织，而且还不能偏离方向。遇到这种情况怎么办？不要担心，强大的 AI 工具将运用海量的数据来为你提供有效帮助，根据你的任务需求和设定的方向，通过内嵌的算法给出具有借鉴意义的文本。

我们以意见为例来介绍。前面在讲文种时说过，意见适用于对重要问题提出见解和处理办法。在文种特点上，行文关系多样，具有灵活性、针对性、指导性和原则性，带有指导、宣传、引导、说明、阐释意见等方面的作用。在语言特点上，意见较多使用说明的表达方式，不使用命令性的强制语气。在结构特点上，开头概括说明缘由、目的；正文主体先写总体要求、指导思想、主要目标，后写具体指导意见、措施要求；结尾视情况简单提出执行要求。

这是意见这一文种的定义、适用范围及其在文种、语言、结构方面的特点，AI 在设计时已经将其融入算法，并据此对大量例文进行了拆解和语料标注，所以当用户输入"意见"这一文种的关键信息时，AI 就能自动识别其特点和需求，匹配相应的内容，并根据用户提供的关键词进行组织。

这里再进一步说明一下，意见属于计划性公文或者叫展望性公文，与以工作总结为典型代表的总结性公文相对应。除意见之外，办法、方案都可以归于计划性公文。计划性公文以对今后工作进行思考、安排、部署、要求为主，指向的是未来，以关于今后工作的探讨和安排为重点，运用的是规范性逻辑而不是描述性逻辑。

计划性公文又可以进一步分为宏观性公文、中观性公文与微观性公文。虽然同为对未来的展望和计划，但这些文体关注的层面是不一样的，颗粒度也是不一样的。相对来说，意见是宏观层面的，是对某项工作的原则性要求和总体性部署，比如国家发布的推进"互联网 +"的指导意见、加快天然气利用的指导意见，某省关于强力推动 × × 工作的指导意见，某企业关于加快智慧企业建设的意见等，都属于这一类；办法是中观层面的，会具体涉及工作怎么做、重点是什么、有哪些主要措施等，比如教育部关于加强职业技术培训的办法、某市制定的招商引资工作办法、某地出台的未成年人道德教育实施办法等；细则是微观层面的，是一项具体工作的方法、流程、具体要求等，比如某县的村村通工程实施细则，税务部门下发的规范增值税征收细则，某企业组织部门下发的规范发展党员的细则，等等。

计划性公文还可以分为议论性公文与叙述性公文，或者叫观点性公文与言事性公文。在写作方法上，其一般来说以议论为主，其次是叙述，大部分公文都是夹叙夹议，或者以议带叙。就计划性公文来说，越是宏观的，议论所占比例就越大；越是微观的，叙述所占比例就越大。比如，意见主要用来指明工作的核心方向和贯彻精神，而办法和细则更多是具体的工作安排。

讲述这些不同的分类标准以及对应的文种的原因在于，如果具备这些"前知识"，既有利于用户把握意见这一文种的特点，也能让用户在使用 AI 时更有效地输入提示词，还能让用户根据这些标准和特点来检验 AI 所输出的成果。

结合前述知识，假设我们现在要撰写一篇《× × 公司关于加强企业文化建设的指导意见》，写作任务中除了明确主题以外，并没有给出太多的基础信息。如果使用新华妙笔作为写作工具的话，我们可以从两个环节入手。

首先，进入"模板"页面，复制"意见"模板，上面有格式要求和注意事项，同时浏览"范文"页面，使用关键词"企业文化"进行搜索，找出相同主题的意见范文，把握基本框架，寻找可借鉴的内容和观点。

其次，进入"AI 写作"模块，运用与前面所述一致的方法（第三章关于写作县水利局 2023 年上半年工作总结的内容）来写作，这里不再详述。值得强调的是，在"基础信息"环节，除了"关键词"之外，系统还会提供很多对话框供填写，或者用 AI 生成"工作目标""重点任务""创新举措""主要安排"等；用户还可以通过"选择文档"功能导入参考文档加以借鉴。对于写作前基础信息并不多的情形，这些选项恰恰可以弥补不足，用户可以根据之前阅读范文得到的启发来填写内容，也正好借此进一步梳理和明晰自己的需求，从而可以得到以下内容，可以看出其具有较强的可用性。

×× 公司关于加强企业文化建设的指导意见

一、指导思想

1. 明确文化定位

企业文化是企业的灵魂，是推动企业发展的重要动力。在当前激烈的市场竞争中，×× 公司应明确自身文化定位，以"创新、务实、合作、共赢"为核心价值观，确立以客户为中心、以市场为导向、以科技为驱动的发展理念。通过明确文化定位，确保企业战略与企业文化相匹配，为实现企业长远发展的目标提供精神指引。

2. 弘扬企业精神

企业精神是企业文化的核心，是凝聚员工力量，激发创新活力的关键。×× 公司应弘扬"坚韧不拔、追求卓越、勇于创新、团队协作"的企业精神，鼓励员工在日常工作中积极践行这一精神，以此塑造积极向上、富有活力的企业氛围。通过企业精神的弘扬，增强员工的归属感和责任感，提高团队协作效率，推动企业持续发展。

3. 塑造品牌形象

在信息爆炸的时代，企业的品牌形象成为消费者做出购买决策的重要依据。××公司应通过塑造独特的品牌形象，提升市场认知度和影响力。以企业文化为基础，构建鲜明的品牌形象，强调产品的高品质、服务的专业性以及企业的社会责任感，使××公司在同行业中脱颖而出，赢得消费者信赖，进一步巩固市场地位。同时，品牌形象的塑造也有助于吸引优秀人才，提升企业的整体竞争力。

二、工作目标

1. 提升员工归属感

通过强化企业文化建设，我们旨在提升员工的归属感，使他们更深刻地认同企业的价值观和使命。研究表明，员工对企业的归属感直接影响其工作满意度和生产效率。因此，我们的目标是使员工满意度指数提升 20%，同时降低员工流动率至行业平均水平以下，以此增强团队稳定性，激发员工潜能。

2. 增强社会影响力

我们期望通过企业文化传播，塑造积极正面的企业形象，提升企业在行业内外的影响力。计划在接下来的两年内，通过媒体宣传、公益活动和行业论坛，将企业品牌曝光度提高 30%，并获得至少 5 项行业内外的荣誉，以此提升企业在公众心中的地位。

3. 促进企业战略实施

企业文化是企业战略实施的重要推动力。我们的目标是使企业文化与企业战略无缝对接，确保每个员工都能明确理解并执行战略目标。通过定期的培训和沟通，提升员工对战略目标的执行率至 90% 以上，从而推动企业战略的有效落地，实现业务的持续增长。同时，通过建设企业文化，培养员工的创新精神和团队协作能力，为企业未来的发展奠定坚实基础。

三、主要任务和措施

1. 制订文化建设规划

为确保企业文化建设的系统性和连贯性，企业应制订详细的文化建设规划。规划应明确企业文化的核心理念，如企业精神、价值观、行为准则等，并设定短期和长期目标。例如，设定在接下来的 5 年内，通过企业文化建设，将员工对企业价值观的认同度提升至 90% 以上。规划还应包括具体实施步骤、责任分配以及必要的资源保障。

2. 构建企业文化传播机制

构建高效的企业文化传播机制至关重要。企业可以通过定期的内部培训，如每月一次的企业文化分享会，让员工深入了解企业历史、愿景和价值观。同时，利用企业内部通信软件、电子公告板、企业网站等多种渠道传播企业文化，如发布员工访谈、成功案例，以生动的故事形式传递企业文化。此外，举办企业文化活动，如团队建设、周年庆典，让员工在互动中感受和传承企业文化。

3. 引导管理创新

企业文化应渗透到企业管理的每一个环节。企业高层应以身作则，将企业文化融入决策制定和日常管理中，如在绩效评估中引入企业文化践行的考量，鼓励员工在工作中践行企业价值观。同时，通过创新管理方法，如设立"文化创新奖"，激励员工提出和实施能促进企业文化发展的新想法。这将有助于激发组织活力，推动企业持续创新。

4. 定期评估优化

为确保企业文化建设的有效性，企业应建立定期评估机制。每季度进行一次内部文化评估，通过员工满意度、文化活动参与度等指标，了解企业文化在员工中的接受程度和影响力。同时，对文化建设规划的执行情况进行审查，看是否达到预期目标。根据评估结果，及时调整策略，如发现某种价值观的传播效果不佳，可以增加相关活动的投入。通过持续优化，确保企业文化与时俱进，适应企业发展的需求。

四、组织领导

1.设立专门机构

为确保企业文化建设的系统性和专业性，企业决定设立企业文化建设委员会，作为企业文化建设的专门机构。该委员会由企业高层领导担任主任，成员包括各部门负责人及具有深厚文化底蕴的员工代表。委员会负责制订企业文化建设规划，组织各类文化活动，以及定期评估和调整企业文化策略。同时，委员会还将与人力资源部门紧密合作，将企业文化融入员工培训和发展计划，以确保企业文化在企业的落地生根。

2.高层领导亲自参与

企业高层领导将亲自参与到企业文化建设中，通过定期出席企业文化活动，发表关于企业文化的演讲，以及在日常管理中积极践行企业价值观，以身作则，为全体员工树立榜样。高层领导的积极参与不仅能够提升员工对文化建设的重视程度，还能增强企业文化在企业内部的影响力，使企业文化成为驱动企业发展的重要力量。

3.建立责任制

为了确保企业文化建设的有效推进，企业建立了责任制。各子公司总经理作为企业文化建设的第一责任人，负责在本公司内推动企业文化建设，确保企业文化与业务战略的深度融合。同时，企业文化建设委员会将对各子公司进行定期检查和评估，对于表现优秀的部门和个人给予表彰，对于执行不力的部门则提出改进意见，并跟踪改进情况。这种责任制的建立，旨在形成全员参与、上下联动的企业文化建设格局，共同推动企业文化的发展和传承。

二、半基础信息：以请示为例

半基础信息，就是说写作任务提供了一定的基础信息，特别是具体的细节信息是清楚的，但信息不够完备和充分，要么是宏观性、观点性的内容较为缺乏，需要加以概括；要么是一些背景信息还不够完整，需要适当补充；要么是一些政策性的依据还需要完善；等等。这种情况下，一般不需要使用 AI 步骤写作的功能。结合具体的任务和情形，对模板和范文加以借鉴和运用，基本上就能较好地完成任务。这里以请示为例来加以说明。

第三章已经介绍了请示这一文种的特点，这里概括一下请示的基本特点：第一，必须是下级机关向上级机关行文；第二，请示的问题必须是自己无权作出决定和处理的；第三，必须是为了向上级请求批准；第四，请示事项一般都是急需明确和解决的，否则会影响正常工作。根据请示的不同内容和写作意图，我们可以把请示分为 3 类：第一类是请求指示的请示，第二类是请求批准的请示，第三类是请求批转的请示。

在写法上，请示一般由标题、主送机关、正文、发文机关、落款 5 部分组成。标题由发文机关名称、事由和文种构成。请示的主送机关指负责受理和答复该文件的机关。请示的正文由开头、主体和结语组成。开头主要交代请示的缘由。这是请示事项能否成立的前提，也是上级机关批复的根据。原因讲得客观、具体，理由讲得合理、充分，上级机关才好及时决断，予以有针对性的批复。主体主要说明请求事项，也是陈述缘由的目的所在。这部分内容要单一，只宜说明一件事。请示事项要写得具体、明确，条项要清楚，以便上级机关给予明确批复。结语应另起段，习惯用语一般有"妥否，请批复""当否，请批示""以上请示，请予审批"等。落款一般包括发文机关和日期。

需要强调的一点是，请示和报告是工作中两个常用的公文文种，很容易混淆。这是因为请示和报告在行文方向、遵守的行文制度、语言遵守的规范和特点方面有相似之处，但二者之间也有很明显的区别。请示带有请求事项，需要上级予以答复；报告则只是报告情况，上级不一定予以回复。请示的内容要求"一文一事""一事一请示"，报告的内容可"一文一事"，也可"一文数事"。请示必须事前行文，不可以"先斩后奏"；报告可以在事后或者事情发展过程中行文。请示一般只写一个主送机关，报告可以报送一个或多个上级机关。

了解了请示的特点、类别及其与报告的区别之后，再结合具体的任务需求，根据所提供的信息，就可以使用 AI 辅助写作。假设要写一份请示，基本信息如下。

请根据以下背景材料，按照请示的写作格式与要求，以××××集团公司的名义拟写一篇给国家能源局的请示。

1.××××集团公司建设的华北输气管道二期工程自 2022 年 8 月开始，历时 17 个月，已于 2024 年 1 月基本建成，并拟于 5 月 10 日前投产。

2.华北输气管道二期工程是国家重点工程，横跨 3 省 7 市 17 县，能将晋陕等地的天然气输往京津冀地区，将在保障华北地区 2024 年冬季天然气供应中起重要作用。

3.华北输气管道二期工程需与国家主干管网互联互通。××××集团公司商请国家能源局协调国家管网公司在冬季保供期前完成互联互通工作。

可以看到，这里提供的主体信息包括受理机关、主要事由、事项概况、基本诉求等，这是写好这篇请示所需的基础信息。同样，选择"请示"模板，能确保基本格式规范准确。这里只需要根据具体情况把抬头、落款、请示字号等格式要素加以准确替换即可。然后选择相关范文加以浏览和借鉴，掌握请示的写作要求和注意事项。在这个过程中可以思考哪些信息是无效的（比如关于重点项目的基本信息是上级比较清楚的，无需赘述），哪些信息还需要补充（比如这项工作的政治意义和必要性，供气量、路由及节点等关键信息，施工监理单位，费用分摊方案），等等。据此，对模板和范文进行改写，就可以得到如下请示（这里只展示文本内容，而忽略格式）。

××××集团公司关于商请协调管网互联互通的请示

国家能源局：

为落实党和国家关于能源基础设施互联互通的精神和要求，促进全国统一大市场建设，为履行能源保供民生责任创造条件，特商请协调使华北输气管道二期工程与国家主干管网在冬季保供期前完成互联互通工作。

该工程是国家重点工程，拟于 2024 年 5 月 10 日前投产，年输气量为××亿立方米，将在保障华北地区 2024 年冬季天然气供应中起重要作用。

具体请求联通的路由及节点已经明确（见附件 1）。费用预计为 ×× 亿元，按市场原则由我公司与国家管网公司分摊，其中后者可由以后的管输费抵扣。施工周期约为 1 个月，施工和监理工作将按照市场化招投标方式聘请有资质的单位担任，并严格遵循安全环保及其他各项规定，重要信息及时向贵局报告。

妥否，请批复。

附件 1：联通的路由及节点

××××集团公司

2024 年 ×× 月 ×× 日

可见，通过运用模板和借鉴范文，能使撰写的请示在基本写作要求上达到标准，内容框架也合乎要求。同时根据请示的写作要领对给定的基础信息进行了取舍，输入重要的信息，舍弃无效的干扰信息，另外还加入和补充了应该有的重要背景信息，从而使得该请示站位高，依据充足，目标和诉求明确，决策参考信息清晰，层次和条理有序。

三、全基础信息：以通知为例

全基础信息，就是写作任务给定的基础信息是非常全面而具体的，而且这些信息都要体现在公文当中，没有留出多少自由发挥的空间。这种写作任务往往是较为程式化的，也是较为平面化的，这时候，重要的不是观点的提炼、主题的打磨、议论与说理等，而是用固定的格式框架把给定的信息完整而准确地表述出来。在 AI 写作当中，多通过使用模板和借鉴范文来完成这样的任务。

我们用通知的写作来说明。

《条例》明确规定：通知"适用于发布、传达要求下级机关执行和有关单位周知或者执行的事项，批转、转发公文"。通知具有多种功能，应用极为广泛。根据适用范围的不同，通知主要可以分为六大类：一是发布性通知，二是批转性通知，三是转发性通知，四是指示性通知，五是任免性通知，六是事务性通知。

我们假设的情形是，某市就近年来重点开展的河长制工作开展重点督查，要以市河长制办公室的名义给各县区河长制办公室和有关责任单位发一份通知，可见这是一份指示性通知。督查时间、督查内容、督查方式与程序都是明确和刚性的，只需在通知中明确告知即可，不能任意发挥。督查要求部分，没有那么具体而明确，但根据开展督查工作的规律来说，一般也就是抓落实、抓检查、抓问效、抓长效等几条。根据上述情况，在写作时也是先导出通知的模板，规范填写相关格式要素，然后结合范文的写法，把该通知的各内容要素依次列示，并结合此项工作的任务和目标提出相关督查工作要求。生成的通知如下。

关于开展河长制工作重点督查的通知

各县区河长制办公室，有关河长制责任单位：

根据《××市河长制工作督查制度》有关规定和水利部第九督导组对我市河长制工作督导要求，决定对20××年以来市级河长督办群众反映和媒体关注的涉河事项进行重点督查，现就有关事项通知如下。

一、督查时间

××月××日至××月××日。

二、督查内容

20××年×月以来市河长办检查通报事项、河长督办（批办）事项、群众信访举报问题，以及媒体曝光或公众反映强烈问题的调查处理、整改落实情况。

三、督查方式与程序

由市河长制办公室组成专项督查组，按照《××市河长制工作督查制度》第十一条"督查程序"规定，通过听取情况汇报、审阅自查报告和文件资料、实地查看核查、听取公众意见等形式进行。

督查结束后形成重点督查报告，对问题整改落实不到位的县区下发《督查建议书（意见书）》，明确进一步的整改内容和下一步的工作要求。

四、督查要求

（一）深入实地，认真检查。专项督查组要对督查内容涉及的事项深入实地，认真核查，确保每一个督查事项都整改落实到位。

（二）围绕问题，狠抓落实。各县区要围绕督查内容认真梳理有关问题，对涉及问题的整改情况开展一次"回头看"活动。对没有整改到位的要进一步狠抓落实；对反复出现的问题要认真研究，找出问题根源，采取有效措施予以解决。

（三）紧盯目标，跟踪问效。专项督查组要紧盯"河长履职"这个首要目标，以问题为导向进行跟踪问效，要通过督查事项整改落实的实效来检验河长履职的成效，促进基层各级河长责任落到实处。

（四）健全机制，标本兼治。各县区和县镇级河长要针对督查事项，深刻认识"污在水中，源在岸上，根子在人"的实质，牢固树立"水岸同治"的理念，切实履行职责，健全工作机制，充分发挥镇村河长组织体系在河长制落地生根中的关键作用，使河湖问题在岸上早处置，在水中早发现，在人上下功夫，确保全面推行河长制的顶层制度设计在基层生根，发挥作用，见到实效。

（五）完善资料，定期销号。各县区要高度重视专项督查工作，对督查内容所涉及的事项实行动态监管，严格落实"督查—整改—通报—销号"四个环节，实行挂牌督办，限期整改，对账销号，确保"整改不到位不收兵，落实不到位不销号"。同时要按照"一事一档"的要求，对督办事项建立闭环管理机制，形成闭环资料，反映问题发现、督办、整改、反馈、督查、验收、销号全过程，进一步促进河长制日常工作规范化。

特此通知。

×× 市河长制办公室

20××年××月××日

事先给定的信息在该通知中都已经予以体现。如果对局部内容如督查要求部分的一些表述或观点不满意，在此基础上加以适当修改即可。

第七章

公文实战 2：事务性公文篇

07

这一章介绍如何用 AI 辅助写作事务性公文。事务性公文不像法定公文有严格的格式，所以大部分情况下没有模板可供参考，在运用 AI 辅助写作时，我们主要可以使用新华妙笔的步骤写作功能来完成。这里不再详述其使用过程，在后续的"步骤写作"部分会对该方法做进一步的介绍。这里根据写作的难度，把事务性公文分为初阶、中阶和高阶，分别列举一个文种来讲述，介绍该文种的基本特点、类别和写作要求，并假设具体的任务和场景，通过 AI 辅助写作形成相应的文稿。这里要说明的是，新华妙笔为事务性公文的写作储存了大量的范文，我们既可以在写作前和修改时参考借鉴，也可以在步骤写作的中间环节通过"参考文档"功能导入。

这里分的初阶、中阶和高阶，可以分别对应公文写作的几个阶段：初阶是以文叙事阶段，以信息为例；中阶是以文辅政阶段，以总结为例；高阶是以文鼎新阶段，以讲话稿为例。

一、初阶：以信息为例

刚从事公文写作的人一般处于以文叙事阶段，还不太熟悉公文的语体风格和框架结构，也不太会总结、提炼观点，这时其应该做的是认真、如实记述客观情况，而不是创造。要甘当学徒，老老实实当好书记员，真实、客观、准确地写好会议纪要、信息、通知等一些简单基础的文种。

下面以信息为例来讲解。信息是上传下达的重要公文载体之一，是供各级领导和决策者掌握了解情况以及沟通汇报工作的重要手段。信息的重要性集中体现在服务决策上，信息的内容包括 6 类事，就是大事、好事、难事、新事、忧事和急事。信息主要包括以下几类：动态类信息反映某一方面动态，可以是工作业绩、工作进展和工作亮点，内容单一、简要，高度概括，结构简明，篇幅较短，因此，动态类信息是最常见的一类信息；经验类信息反映典型经验和好的做法，有总结分析，有成果介绍，有经验提炼，具有借鉴性和启发性；综合类信息反映情况比较全面、完整，是对素材进行加工、整理而得到的反映事物全貌、揭示事物本质的综合性、系统性的信息；问题建议类信息要指出问题，分析原因和趋势，提出对策建议，是最难写的一类信息；决策落实类信息包括贯彻落实上级重要精神的信息，以及反映上级重大政策举措出台后执行中的问题及建议的信息，是帮助上级了解政策落实情况的重要渠道。

假设我们要写一篇经验类信息，内容是关于 ×× 企业全面深化改革的经验与做法。根据步骤写作的方式，我们选择类型为"新闻信息"，填写标题为"×× 企业关于深化企业内部改革的经验"，设置关键词为"国有企业、深化改革、体制机制、生产关系和激发活力"，还可以继续填写补充信息，比如在内容概述中填写"落实党中央关于深化国有企业改革的有关要求，以深化改革激发企业活力，形成与生产力发展相适应的生产关系，有效激发了企业活力，推动了高质量发展"，在事件描述中填写"企业党委着眼功能使命性和体制机制性改革，切实加强对改革工作的领导，重点围绕产业体系塑造、三项制度改革、内控与制度体系建设、监督体系改革 4 个方面加大改革力度，优化制度供给，推出 50 余项改革措施，建立了完善的改革谋划、推进和督办机制，取得突出成效"，在"新闻价值和影响"中填写"企业被推选为改革示范企业，各项改革措施落地，极大释放红利，引领企业高质量发展，助推企业成为行业翘楚"。如果有需要，还可以引入"参考文档"，将有用的素材融入写作当中。经上述操作生成的文档如下。

×× 企业关于深化企业内部改革的经验

在新时代的浪潮中，×× 企业积极响应党中央关于深化国有企业改革的号召，以深化改革为引擎，以激发企业活力为目标，推动企业生产关系与生产力的深度契合，实现了高质量的飞跃发展。

在改革的道路上，×× 企业始终坚守功能使命，坚持从体制机制的源头着手，以深化企业改革为关键，以适应生产力发展为核心，全面推动企业内部改革的深入实施。企业党委作为改革的引领者，以前瞻性的战略眼光，对改革工作进行深度布局，推出了 50 余项改革措施，确保改革的方向正确。企业在推动改革的过程中，形成了以下经验认识。

改革的核心是产业体系的重塑。×× 企业通过优化产业结构，强化核心业务，打造了具有竞争优势的产业链，实现了从单一产品到多元化业务的转型，为企业的长远发展奠定了坚实基础。

深化三项制度改革是激发活力的关键。×× 企业深化三项制度改革，即人事、劳动、分配制度，通过建立以绩效为导向的激励机制，充分调动了员工的积极性和创造性，激发了企业内部的活力。

内控与制度体系建设是改革的基石。×× 企业建立健全了科学的内控体系，强化制度约束，提升管理效能，确保企业运营的规范性和透明度。同时，通过完善各项规章制度，构建了公平、公正、公开的运营环境，为自身的稳健发展提供了有力保障。

监督体系的改革是确保改革成果的重要手段。×× 企业强化内部监督，建立有效的监督机制，确保改革举措的执行不走样，防止改革红利被侵蚀，保障了改革的公平性和公正性。

在这些改革措施的推动下，×× 企业取得了显著的改革成果，不仅实现了企业规模的稳步增长，更在行业内树立了改革示范的标杆。各项改革红利的释放，有力地推动了企业业务质量的提升，使 ×× 企业在激烈的市场竞争中脱颖而出，成为行业翘楚。

总结 ×× 企业的改革经验，我们可以看到，深化企业改革，既需要明确的战略方向，又需要细致的制度设计，更需要坚定的执行力。只有这样，企业才能在变革中找到新的动力，实现从内到外的全面升级，为国家经济的发展贡献更大的力量。未来，×× 企业将继续在改革的道路上砥砺前行，以改革的智慧和勇气，书写新的辉煌篇章。

二、中阶：以总结为例

中阶所处的以文辅政阶段，就是要通过文字工作来辅助政务活动的开展。这个阶段文字工作的主要目的是为公务活动提供服务和参谋，把决策层的意图清晰完整地表达出来，所以就需要公文写作者对宏观政策准确把握、对领导意图精准领会、对基层情况全面了解。总结、汇报、经验及工作方案大多属于这一类。

下面以总结为例来讲解。总结是为对一定阶段内已经做过的全面或专项工作进行理性系统的回顾梳理、分析研究、总结提升所撰写的文种，有利于总结经验和教训，加强和改进今后的工作。

总结有什么特点？

一是自我性。总结是主体自身工作活动的产物，以客观评价自身工作活动为目的，以回顾自身工作情况为基本内容，以自身工作活动的事实为材料，其所包含的理性认识应该反映自身工作活动的规律。因此，自我性是总结的本质特点，在表述上应用第一人称。

二是概括性。总结既不是对工作活动的全面记录，也不是流水账，而是对工作活动的概括，要在回顾工作活动全过程的基础上进行梳理、提炼、归纳。

三是启发性。总结给人的启发越大，它的作用也越大，价值也越高。总结的启发性的高低，取决于其能不能提出深刻而具有普遍意义的见解，揭示某些规律，把感性认识上升为理性认识。

根据内容的不同，总结可以分为工作总结、管理总结、学习总结、活动总结、会议总结等。根据范围的不同，总结可以分为全国性总结、地区性总结、部门性总结、本单位总结、班组总结、个人总结等。根据时间的不同，总结可以分为月总结、季总结、年度总结、阶段性总结等。根据内容和性质的不同，总结可以分为全面总结和专题总结两类。

总结是常见的文种，也是每个人在工作中几乎都会接触和写作的高频文种。要把总结写出新意就需要找到合适的角度。比如对同样的工作，可以从职能的角度、工作思路的角度、采取措施的角度、特色亮点的角度、时间顺序的角度、解决问题的角度、关键词的角度来写，从而拓展视角，写出新意。

总结要有启示性。要找准定位，总结规律、揭示本质，指导未来，所以在构思时要做到 7 个"明确"。一是明确定位：写给谁看？要有目标导向和对象意识。二是明确层级：处在哪层？如果按基层、中层、高层分类考虑，不同层级决定了总结的基调和选材差异。三是明确目的：为何要写？在不同的场合和情形下，比如年终总结、阶段总结的目的是不同的。四是明确基调：何种写法？问题众多还是挑战重重，一无所获还是积累了经验？基调不同，内容也大为不同。五是明确框架：何种形式最佳？是以点带面还是面面俱到？是一分为二还是抓大放小？抑或是常用的三段论？需要考虑清楚。六是明确数据的使用：定性还是定量？如何用好数据？用哪些数据？七是明确风格：求新还是求稳？以成绩说话，用事实说话，辅以适当的形式，使形式与内容相得益彰。如果做了这样全方位的思考，那么总结的写作就有了思路和方向。

我们看看运用这种思路和方法得出的某地乡村振兴工作总结。

乡村振兴工作总结

乡村振兴战略是新时代中国农村发展的重要政策，旨在全面推动农村经济、社会、文化、生态和组织振兴，实现农业农村现代化。自该战略提出以来，全国各地积极响应，通过多种措施推动乡村振兴工作。本文将总结乡村振兴战略实施以来取得的进展和成绩，分析面临的挑战，并探讨政府、企业和社会各方在乡村振兴中的作用和经验等。

一、基本情况介绍

1. 工作进展

自乡村振兴战略提出以来，各级政府积极行动，全面推进各项工作。在产业振兴方面，各地根据自身资源禀赋，发展特色农业、乡村旅游等产业，取得了显著成效。在人才振兴方面，通过吸引外出务工人员返乡创业、培养农村实用人才等方式，提升了农村人力资源的质量。在文化振兴方面，加强农村精神文明建设，保护和传承乡村文化，提高了农民的文化素养。在生态振兴方面，实施农村人居环境整治，推动美丽乡村建设，改善了农村生态环境。在组织振兴方面，加强农村基层党组织建设，提升了乡村治理能力。

2. 面临的挑战

尽管乡村振兴工作取得了一定成绩，但仍然面临诸多挑战。首先是资金投入不足，乡村振兴需要大量的资金支持，而目前财政投入相对有限。其次是土地流转困难，由于土地所有权和使用权分离，土地流转存在法律和实际操作上的障碍。再次是人才短缺，农村地区难以吸引和留住高素质人才，这影响了乡村振兴的长期发展。最后，环境保护与经济发展之间的平衡也是一个挑战，如何在发展经济的同时保护好农村的生态环境，需要更多的探索和实践。

二、取得的成绩

1. 消费拉动策略的实施效果

在乡村振兴战略的推动下，我们积极实施消费拉动策略，通过举办农产品展销会、推动农村电商发展、打造特色农产品品牌等措施，有效促进了农产品的销售和农民的收入增长。例如，我们成功举办了"绿色农品节"，吸引了超过5000名消费者参与，现场销售额达到100万元；同时通过电商平台，我们的农产品销售覆盖了全国20多个省份，为农民带来了实实在在的经济效益。

2. 产业帮扶措施的成果

我们注重产业帮扶，通过引进龙头企业、发展特色产业、扶持合作社和家庭农场等方式，有效提升了农村产业的竞争力和经济效益。例如，我们引进了一家现代化农业企业，投资建设了高标准农田和智慧农业系统，不仅提供了更多的就业机会，还通过技术培训和经验分享，提高了当地农民的种植技术和管理水平。

3. 公益捐助项目的影响

我们积极争取社会各界的公益捐助，用于改善农村基础设施、提升公共服务水平等，取得了显著成效。例如，我们得到了某慈善基金会的支持，为10

个自然村修建了水泥路，解决了村民的出行难题；同时，我们还得到了企业的捐赠，为农村学校配备了现代化的教学设备，提升了教育质量。

4.教育扶智项目的贡献

我们深知教育在乡村振兴中的重要性，因此大力实施教育扶智项目，通过设立奖学金、开展职业培训、引进优质教育资源等方式，提高了农村人口的整体素质。例如，我们与某高校合作，开设了"乡村振兴人才培训班"，为当地培养了100多名懂技术、会管理的专业人才，这些人才在推动农村经济发展中发挥了重要作用。

三、经验总结

1.政府与企业的合作模式

政府与企业的合作模式是乡村振兴战略中至关重要的一环。在实践中，我们探索出了多种政企合作模式，如PPP模式、BOT模式等，这些模式不仅能够充分发挥政府在政策制定、资源整合方面的优势，还能够借助企业在资金、技术、管理等方面的专业能力，实现优势互补，共同推动乡村振兴工作。例如，在某地区，政府与企业合作发展特色农业，通过土地流转、技术支持、市场开拓等手段，不仅提高了农产品的产量和质量，还带动了当地农民的收入增长，实现了经济效益和社会效益的双丰收。

2.社会资本的引导与利用

社会资本的引导与利用是乡村振兴工作的重要抓手。在总结经验的过程中，我们发现，通过政策引导、税收优惠等方式，可以有效吸引社会资本进入乡村产业，推动乡村经济的发展。例如，在某山区，政府通过设立专项基金、提供低息贷款等方式，引导社会资本投资当地的生态旅游项目，不仅改善了当地的生态环境，还创造了大量的就业机会，实现了生态保护与经济发展的双赢。此外，社会资本的介入还带来了先进的管理理念和技术，提升了乡村产业的市场竞争力。

3.农村人才队伍的建设

农村人才队伍的建设是乡村振兴战略的基础性工作。在具体实践中，我们通过教育培训、引进人才、返乡创业支持等措施，不断加强农村人才队伍建设。例如，在某农村地区，政府与高校合作，开展农业技术培训，提高了农民的科学种植水平。同时，通过政策鼓励和支持，吸引了大量优秀青年人才回乡创业，带来了新的发展理念和创新活力，推动了当地农业产业结构的优化升级。此外，我们还通过建立人才交流机制，促进了城乡人才的双向流动，为乡村振兴提供了持续的人才支撑。

4. 乡村振兴长效机制的建立

乡村振兴长效机制的建立是确保乡村振兴工作持续推进的关键。在总结经验的过程中，我们认识到，建立健全一套科学合理的政策体系、考核机制和监督机制，对于乡村振兴工作的长期稳定发展至关重要。例如，在某地，政府建立了乡村振兴工作考核评价体系，定期对相关部门和单位进行考核，确保工作目标的实现。同时，通过建立监督机制，及时发现和解决工作中存在的问题，提高了工作的效率和质量。此外，政府还积极引导社会各界参与乡村振兴工作，形成了政府引导、市场运作、社会参与的长效机制。

再看一篇年终述职报告。述职报告本质上也是总结的一种。

年终述职报告

一、工作和成绩

1. 项目推进与完成

在过去的一年里，我主导并推进了多个关键项目的实施，其中包括［具体项目名称］。我们团队通过精心策划和高效执行，确保了这些项目按期完成，且成果超出了预期。在［项目名称］中，我们成功实现了［项目成果或效益］，得到了公司高层和客户的高度认可。

2. 团队协作与提升

我始终注重团队建设，通过定期的团队会议和一对一的沟通，确保团队成员间的有效协作。我们实施了［具体团队建设活动］，增强了团队凝聚力，提高了工作效率。同时，我也鼓励团队成员参加专业培训，提升技能，如［具体培训课程或活动］，使团队整体能力得到显著提升。

3. 业务创新与实践

在业务创新与实践方面，我推动了［具体创新项目或策略］的实施，这不仅优化了我们的工作流程，也提升了服务质量和客户满意度。例如，我们引入了［具体创新工具或技术］，显著提高了［具体业务环节］的效率，节省了成本，同时也为公司开辟了新的业务增长点。

4. 强化内部管理制度

我强化了内部管理制度，推行了［具体管理改革措施］，如优化了工作流程，实施了［具体工具或系统］，以提高工作效率和透明度。同时，我也注重员工的反馈，定期进行内部审计，以确保公司的运营符合规则要求，为员工创造了良好的工作环境。

5. 对外沟通与协调

在对外沟通与协调方面，我代表公司与［合作伙伴、客户或行业组织］建立了紧密的联系，通过定期的会议和交流活动，有效传达了公司的战略方向和业务需求。在处理争议或问题时，我采取了［具体沟通策略］，成功解决了［具体问题或挑战］，维护了公司良好的外部形象。

二、经验和体会

1. 战略执行与反思

在执行公司年度战略的过程中，我深刻理解到战略规划的重要性。每个决策都需要围绕目标进行，以确保我们的行动始终与整体目标保持一致。然而，我也认识到，战略并非一成不变，需要根据市场变化和内部条件适时调整。例如，由于市场需求的转变，我们及时调整策略，将初期计划推出的新产品转化为一项服务，这使我们避免了资源的浪费，也更好地满足了客户的新需求。在反思过程中，我认识到，灵活应对和快速调整是战略执行的关键。

2. 团队管理与感悟

作为团队的领导者，我深刻体会到团队合作的力量。通过定期的团队会议，我们共同讨论问题，分享观点，这不仅提高了决策效率，也增强了团队的凝聚力。我学会了倾听每个人的声音，尊重他们的意见，这有助于激发团队的创新精神。同时，我认识到，作为领导者，不仅要关注任务完成的效果，更要关注团队成员的成长，提供必要的支持和指导，帮助他们实现个人目标，从而提升整个团队的效能。

3. 业务学习与成长

过去的一年，我深入理解了业务的各个环节，从产品设计到市场推广，从客户服务到财务分析，每一步都让我对业务有了更全面的认识。我认识到，不断提升专业知识水平是保持竞争力的关键。我积极参与各种培训和研讨会，拓宽视野，提升技能。此外，我也尝试将所学应用到实际工作中，如引入新的数据分析方法，优化业务流程，这不仅提高了工作效率，也推动了业务的持续发展。我明白，只有持续学习，才能在快速变化的市场环境中保持领先。

三、问题和不足

1. 专业技能有待提升

尽管过去的一年中，我积极参与各类专业培训，努力提升自己的业务能力，但反思过去，我发现我在某些专业技能上仍有待提升。特别是在数据分析和项目管理方面，虽然我能够完成基本的工作，但面对复杂项目和高精度数据处理时，我的技能略显不足，这在一定程度上影响了我对项目整体的把控和决策的精准性。为解决这个问题，我计划在新的一年里，报名参加专门的技能培训活动，通过系统学习和实践，提升我在这些关键领域的专业技能。

2. 对新兴领域的熟悉度有待提高

在快速发展的业务环境中，我意识到自己对一些新兴领域的熟悉度还有待提高。例如，随着数字化转型的加速，我对人工智能和大数据的理解和应用还不够深入，在处理与这些新技术相关的项目时，显得有些力不从心。我认识到，作为一名领导者，我需要对新的技术和趋势保持敏感，以便更好地引导团队适应变化。

因此，我计划通过阅读专业书籍、参加研讨会以及与行业专家交流来提高自己对这些新领域的认知和理解能力，以便更好地引领团队应对未来的挑战。

四、计划和措施

1.自我提升与培训

为了更好地适应公司的发展需求，我计划在新的一年里，积极参与专业培训，深化对现有业务的理解，同时拓宽知识面，学习新的业务技能。我将报名参加行业研讨会和专业讲座，以获取最新的行业动态和专业信息。此外，我还将利用业余时间研读相关书籍，提升自我专业素养，确保在执行任务时能做出更为精准的判断和决策。

2.团队建设与沟通

为了提升团队协作效率，我计划定期组织团队建设活动，以增强团队凝聚力，提高团队的沟通和协作能力。我将倡导开放的沟通氛围，鼓励团队成员分享观点和建议，通过团队讨论解决工作中遇到的问题。同时，我也会定期进行一对一的绩效评估和反馈，确保每个团队成员都清楚自己的工作目标和进步方向。

3.业务模式与创新

面对日益激烈的市场竞争，我将积极探索新的业务模式，推动创新实践。我计划设立一个跨部门的创新小组，鼓励员工提出创新点子，通过头脑风暴的方式挖掘潜在的业务增长点。同时，我将寻求与外部合作伙伴的深度合作，引入新的技术和资源，以优化我们的业务流程，提升服务质量和客户满意度。在实施新业务模式时，我将密切关注市场反馈，及时调整策略，确保我们的创新能够真正推动公司的发展。

三、高阶：以讲话稿为例

当到了高阶，也就是以文鼎新阶段，要通过公文对实际工作提出新的理念、新的思路和新的举措，从而开创新的工作局面和新的气象。讲话稿、调研报告、重要的指导意见都属于这一类。这个层次的写作者，一般都是经验丰富、文笔老到的"笔杆子"，但对他们来说，AI 同样能起到提效的辅助作用。

我们以讲话稿为例进行讲解。讲话一般指由领导所做的讲话，即领导个人代表领导机关按照法定权责开展公务活动时，为达到宣传教育、统一思想、部署安排、督促落实的目的而进行的讲话，它一般是领导个人、领导集体、领导机关三者领导思想的统一。

写作领导讲话稿，涉及内容广，承担责任大，是一项系统的、复杂的文字工程，在公文写作中具有较高的地位。衡量领导讲话稿写得好不好，有 3 项标准：一是领导满意度，二是听众认同感，三是实际操作性。3 项都要达标确实不易。

想要写好领导讲话稿，需要注意以下要点。

一是政治要硬。领导讲话稿反映的既是一级行政机关的政治素质，也是领导个人的政治态度，一定要旗帜鲜明地讲政治，贯彻执行党的理论路线和方针政策，符合上级的工作部署和具体要求，同时要把握好上级精神与自身实际工作的结合点，把上级精神吃透，并用于指导自身实际工作。

二是起点要高。领导讲话要站在全局和时代的高度，用战略性的眼光和广阔的视野来观察、分析和解决问题。这就要求起草领导讲话稿时，时刻站在领导应有的水平和层次上思考问题，以领导的身份、口吻和语言，从全局的角度去思考、提出和回答问题，这样才能更好地体现领导的思想高度和理论深度。

三是落点要实。领导讲话稿的内容通常是要求下级联系实际去贯彻落实的，这就决定了领导所讲的内容必须有的放矢、实实在在，提出的问题要有较强的针对性，对重点、难点、焦点问题深入分析，充分论述，从领导的角度提出意见。提出的措施要符合客观实际，操作性要强，而不能脱离实际、泛泛而论。

四是观点要新。观点是领导讲话稿的灵魂，是领导通过讲话所表达的看法或主张。只有观点创新，才能打动听者，才能发人深省，才能更好地传达意旨。这就决定了领导讲话稿所阐发的观点必须具有独特视角和鲜明个性，尽量反映新形势、新情况、新要求，而不能人云亦云、单调老套。

五是层次要清。领导讲话稿是讲给人听的，这就决定了通篇讲话既要顺理成章易于"讲"，又要条理分明便于"听"。先讲什么后讲什么，思路要十分清楚，问题切入要紧扣中心，开门见山，防止偏离主题、绕弯子。层次段落要承转自然、前后呼应，防止简单生硬、互相脱节。通篇讲话要结构严谨、语言流畅，防止凌乱松散、别扭拗口。

六是语言要活。听者是否接受、听了是否受益、反映和评价如何，是衡量领导讲话稿是否成功的重要标准。这就决定了领导讲话稿的语言必须生动、富于变化，让听者能够坐得住、听得进、记得牢。撰写领导讲话稿要在探求听者易于接受的表达方式上下功夫，使得领导在台上娓娓道来，听者在台下听得津津有味。另外，在语言上还要注意讲话领导的个性特点，量体裁衣，使领导念起稿子来朗朗上口，顺畅自然。

我们先看一篇就职讲话。假设所做的是"在政策研究室主任任职大会上的讲话"，在"基础信息"的"稿件分类"中选择"讲话类"，然后选择"岗位任职讲话"，在"写作场景"中选择"政府机关或公共部门"，再输入稿件标题，接着在"关键词"一栏中填写"政策研究、以文鼎新、提高政治站位、加强理论学习、及时总结经验、立足岗位奉献担当、带好队伍、作风优良、严格要求自己"这些内容，单击"开始写作"按钮，得到的内容如下。

尊敬的各位领导、同事们：

今天，我站在大家面前，深感荣幸和责任重大。首先，我要感谢组织对我的信任和培养，感谢各位领导、同事对我的支持和帮助。我深知，担任政策研究室主任这一职务，不仅是对我个人的肯定，更是对我的期望和重托。在此，我郑重表态，我将不忘初心、牢记使命，以高度的政治责任感和历史使命感，全身心地投入政策研究工作中，为推动我们单位的发展贡献自己的力量。

一、提高政治站位，确保正确方向

作为政策研究室主任，我将始终把政治建设放在首位，不断提高自己的政治判断力、政治领悟力、政治执行力。坚决维护党中央权威和集中统一领导，确保在思想上、政治上、行动上同党中央保持高度一致。同时，我将带领政策研究室全体同志，深入学习领会习近平新时代中国特色社会主义思想，确保我们的研究工作始终沿着正确的政治方向前进。

二、加强理论学习，提升研究水平

面对新形势、新任务、新要求，我将不断加强学习，提高自己的理论水平和业务能力，不仅要学习政策理论，还要学习经济、法律、管理等多方面的知识，不断拓宽自己的视野和思路。同时，我将鼓励并带领政策研究室的同事们一起学习，形成良好的学习氛围，不断提升团队的研究能力和政策建议质量。

三、及时总结经验，推动工作创新

政策研究工作需要不断总结经验，创新工作方法。我将定期组织团队对政策研究工作进行总结，及时发现和解决问题，不断改进和优化工作流程。同时，我将鼓励团队成员在工作中勇于创新，敢于尝试，不断推出新的研究成果，为领导决策提供更加科学、合理的依据。

四、立足岗位奉献担当，服务发展大局

我将始终保持对工作的热爱和激情，以强烈的责任心和使命感，投入政策研究工作中。坚持问题导向，深入调查研究，提出有针对性的政策建议，为领导决策提供强有力的支持。同时，我将积极协调各方资源，确保政策研究工作高效、有序进行，为推动单位发展大局贡献力量。

五、带好队伍，建设坚强有力的政策研究团队

作为主任，我将致力于打造一支政治过硬、业务精通、作风优良的政策研究团队。我将注重团队成员的培养和锻炼，关心他们的成长和发展，激发他们的工作热情和创新活力。同时，我将严格管理，确保团队纪律严明，作风优良，能够经受住各种考验。

六、严格要求自己，做到清正廉洁

我将严格遵守党的纪律和规矩，做到清正廉洁，勤政为民。坚持原则，守住底线，不越红线，自觉接受组织和同志们的监督。同时，我将严格要求自

己，勤勉工作，做到忠诚、干净、担当，为团队树立良好的榜样。

各位领导、同事，我深知，我的成长和进步离不开组织的培养和大家的支持。在今后的工作中，我将不忘初心、牢记使命，以更加饱满的热情、更加扎实的工作、更加优异的成绩，回报组织的信任和同志们的期望。让我们携手共进，为推动政策研究工作再上新台阶，为单位的繁荣发展贡献我们的智慧和力量！

谢谢大家！

运用同样的方法写作一篇某单位领导在劳动技能竞赛开幕式上的讲话，具体如下。

尊敬的各位领导、各位来宾，参赛选手们：

大家好！

今天，我们在这里隆重举行劳动技能竞赛的开幕式。首先，请允许我代表主办单位，对各位领导、来宾和参赛选手的到来表示热烈的欢迎和衷心的感谢！

劳动技能竞赛，是弘扬劳动精神、提升操作技能、培养技能队伍、营造良好比赛氛围的重要平台。它不仅是对广大劳动者技能水平的一次检验，更是对劳动精神的一次弘扬。劳动，是推动社会进步的根本力量；技能，是实现个人价值的重要途径。在这个充满机遇与挑战的时代，劳动技能的高低，直接关系到个人价值的实现和企业竞争力的强弱。

今天，我们在这里相聚，共同见证这一盛事，共同感受劳动技能的魅力。我希望，通过这次竞赛，能够激发广大劳动者学习技能、提升技能的热情，培养出一批技艺精湛、素质过硬的技能人才，为推动经济社会的发展提供强有力的人才支撑。

在此，我提出几点希望。

一是希望参赛选手珍惜机会，赛出水平。希望你们在比赛中展现出精湛的技艺和良好的职业素养，相互学习，共同进步，以优异的成绩为个人和企业争光。

二是希望裁判员和其他工作人员公平公正，确保比赛顺利进行。希望你们严格遵循比赛规则和评判标准，确保比赛公平、公正、公开，为参赛选手提供一个良好的竞技环境。

三是希望各参赛单位以此为契机，加强技能人才培养。希望你们将这次比赛作为提升员工技能水平的重要契机，加强技能培训和人才选拔，为员工成长创造更多的机会和条件。

四是希望社会各界关心和支持技能人才队伍建设。技能人才是人才队伍的重要组成部分，希望社会各界能够加大对技能人才的支持力度，共同营造尊重劳动、崇尚技能的社会氛围。

最后，预祝本次劳动技能竞赛取得圆满成功！预祝各位参赛选手取得优异成绩！

谢谢大家！

从上述内容来看，用新华妙笔撰写事务性公文时，尽管文种繁多、场景不一、主题各异，要求也不尽相同，但只要把握每一个文种的特点和写作要求等，能够准确地输入提示词，与 AI 进行有效的交互，那么不论是初阶的以文叙事，还是中阶的以文辅政，抑或是高阶的以文鼎新，新华妙笔中范文的借鉴性、步骤写作功能的有效性都能得到充分的彰显。

第八章

公文实战 3：写作方法篇

一、标题写作：以汇报材料为例

二、步骤写作：以调研报告为例

三、范文改写与模板套写

08

这一章继续以新华妙笔为依托，讲述 AI 辅助写作的一些常用方法。

当接到写作任务时，根据具体情况选择合适的写作方法，是通往成功的关键。新华妙笔提供了 4 种灵活的写作方法，让公文写作变得更加人性化，即范文改写、模板套写、标题写作和步骤写作。如果需要写作内容普适性较强而又缺乏太多基础信息的公文，比如总结、演讲稿等，可以选择应用范文，通过参考已有的内容、结构和表达方式来改写内容。如果需要快速写作法定公文或通用规范公文，比如通知或函，可以选择应用公文模板，只需填写相应内容即可。标题写作则是以分段生成文本的形式来组织内容的，而最值得推荐的是步骤写作，这可以说是新华妙笔的核心竞争力所在，是与其他同类产品最大的不同和优势。前面已经多次提到运用步骤写作的很多具体案例，这里会对这一有效的写作方法进行系统的介绍。

一、标题写作：以汇报材料为例

标题写作是一种分段生成模式。只需输入标题和关键词，新华妙笔就会帮助构思并分段生成内容。用户可以选择修改生成的内容，或者单击"继续生成"按钮，逐步完成全文。

第四章在介绍新华妙笔的实操步骤时，分别介绍了步骤写作（即分步写作）和标题写作（即分段写作）的使用方法，并结合案例进行了测评。结论是分步写作值得推荐，而分段写作还需要优化。从技术原理上说，这跟分步写作更能运用公文写作的内在规律来设计算法有关，因而其效果也更好。在新华妙笔产品端，目前只推进了步骤写作这一种方法（在后文会详细介绍），而去掉了分段写作。但考虑到分段写作是 AI 辅助写作中的一种重要方法，特别是在信息较全面、难以清晰输入提示词的情况下依然有用，而且这一方法在其他 AI 产品中也普遍被采用，所以这里还是对其加以介绍，以供读者了解、比较和选择。我们这里以博特妙笔的分段写作功能为例进行介绍。

我们以汇报材料为例来讲解。汇报材料是面向上级进行汇报的文字载体，具有明显的对象性，从内容上说，是总结与经验交流材料的合体，而且往往具有主题的针对性和单一性，也就是说，公文写作者要根据听取汇报方的具体需求来组织内容，而其在写法上与总结没有太大的区别。在结构上，除了总结常见的回顾、下一步安排外，汇报材料有时根据情况会有业绩和成效、经验和启示等内容。

假如我们要写一篇关于 ×× 单位的数字化转型工作汇报，进入博特妙笔，选择"AI写作"下的"分段写作"，在"文章标题"一栏输入"数字化转型工作汇报"，在"关键词"一栏中填写"数字化转型、智能化发展、数据治理、数据资产、数据平台、数据规则、打破信息孤岛、谁使用谁负责、集成共享"（最多可输入50字），通过单击4次"继续生成"按钮（之所以多次点击，是为了让系统对内容进行多次迭代并从中选择合适的版本），得出如下内容。

一、基本情况

近年来，我市信息化建设不断加强，网络建设逐步实现规模化和高端化，各项工作水平明显提升。但是，我们也要清醒认识到，数字化建设还存在很多问题和短板。一是部分重点项目、重点领域和关键核心技术有待进一步攻关。一些重大平台、重点平台、关键工程还没有实现全覆盖，卡脖子的技术难以有效突破。二是数字经济发展不平衡、不充分的问题比较突出，主要体现在数字化应用场景的数量和效果还需继续巩固拓展。三是重点领域数据要素综合利用能力亟须提高。部分重要领域、关键技术还不成熟，数据开放度还不高。

二、20×× 年全市数字化工作成效及主要做法

一是加快推进数字经济体制机制创新。×× 市委、市政府成立了数字经济工作专班，建立了政府、企业、市场、个人四位一体的数字经济治理制度体系，建立了 1+x+n+×× 的工作机制，确保数字经济规范有序运行。我市共建立 ×× 个信息化协同推进平台、×× 家数字经济创新发展试验园，总面积达 ×× 万平方米，数字经济产值占全市 GDP 比重超过 ××%。

二是推进全市数字经济平台建设实现重点突破。各地区积极谋划、主动对接，各级政府部门和相关职能部门落实市级政策要求，建设工作取得了初

步成效。

三是加快建设智慧化转型综合运用体系。××市建立了大数据＋新一代人工智能融合发展体系，探索运用互联网＋数字化＋服务业等模式，建立了一体化的公共数据资源共享体系。

四是推进数字产业化发展。××市积极推动生产服务业数字化、产业数字化，建立了数字化车间数据库，推动重点产业链数字化、专业化发展，有力支撑了产业迈向高端化。

五是加快打造数字产业社会化服务。××市大力发展电子商务＋数字经济，建立了以市场需求为导向、信息化项目建设为支撑的生产性数字化供给体系。目前全市已有××个省市试点示范企业落地应用数字经济，占全市的××%。

三、存在的问题和不足

在看到成绩的同时，也要清醒地看到存在的问题和不足。

（一）数字经济和平台建设方面还有不足。一是体制机制还存在一定障碍。数字经济建设还没有统筹起来，有的地区和部门存在推诿扯皮、敷衍塞责、应付过关等情况，没有形成系统集成的合力。二是大数据平台存在边际效应。目前，全市公共数据平台上线运行已有5年多时间，在应用服务、政务服务、数据资源等方面还存在数据壁垒和数据孤岛。三是数据治理能力不高。数据安全感和敏锐性还不强，数据治理能力还未完全达到100%。

（二）两化融合发展有待加强。数据资源和业务应用的融合度还不够高，存在着互联互通不足和信息孤岛现象。

（三）统筹协调推进数字化建设的能力还需提高。统筹协调的意识不强，工作机制还需完善，政企协同机制和跨部门、跨层级应用协同机制还有待完善，部门之间的信息互联互通、共享协同效应还未充分发挥，数字治理体系还不成熟。

四、20××年工作安排

（一）提高政治站位，深入贯彻落实党的××届×中全会精神。党的十八大以来，党中央对数字化建设作出了一系列重大战略部署。我们要深入学习贯彻习近平总书记重要讲话精神，全面落实党中央、国务院决策部署，坚定信心、迎难而上，统筹推进新一轮国家大数据中心建设，加快建设全球数据中心。

（二）加快完善信息基础设施。一是加快建设高速公路数字化平台。加强统筹推进，积极争取纳入全国一体化交通高速公路网建设规划，实施通道＋链条＋基础设施模式，加快推进高速公路、国省道和县际公路三级路网建设体系。二是推进中小城市和重点行业实现数字化转型。要以中小企业数字化改造和开发应用为抓手，实施一中心一平台工程，推进智慧工厂、智慧医疗项目建设，实施工业互联网行动，推动互联网＋普及与应用，推动数字技术创新，加快发展智能制造和数字商务。三是加强数字技术宣传普及。要充分利用各类媒体，广泛开展数字技术普及宣传，提高广大群众对数字技术的认识。

（三）创新体制机制，提升数字经济发展质量。一是加强政策制度创新。继续以政府主导型、市场导向型、企业集聚型、产业链协同型发展模式来建立相应的健全政策体系和推进机制，全面推进数字政府、数字经济与各领域、各环节的深度融合。二是建立政府引导数字经济的配套制度。加强数字政府建设顶层设计，加快完善政策体系，明确产业政策和数字经济相关的政策要求，构建政策制度体系，推动政策落实。三是建立数字经济公共服务体系。加强政府数字化技术服务能力建设，提高公共数据服务能力，支持数字技术成果转化和产业结构调整，构建政府、市场、社会共享的数字社会公共服务系统。

（四）加快推进数字产业化发展。培育数字经济示范基地。数字经济已经成为经济发展的中流砥柱和新的增长点。我们要抢抓机遇、积极作为，全面加强与国家有关部门的联系与对接，建立和完善数字产业体系，加大对数字产业的政策扶持力度，加快培育一批数字产业龙头企业、优势产业和优势产品。

加快数字产业发展的政策引导和政策支持，加快数字经济领域重点产业链建设。一是大力发展电子商务，建设电商产业园，推进产业集聚发展，吸引更多企业入驻。二是积极发展数字产业，引导互联网企业做强做优，加快形成规模效应，扩大优质数字产品的集聚。

加快信息中心、数字乡村、数字社区、数字农业、数字城市的建设。加快发展信息服务产业，推动信息技术产业发展，提升信息服务供给水平。

可以看到，尽管生成的稿件不是直接就能用的，但其结构思路和一些观点素材也可以借鉴。而且经过多次使用可以发现，标题是否准确，关键词的选择是否精准、是否与需求贴合、是否与主要观点一致，这些与输出结果的质量和可用性有直接的关系。

标题写作的优势在于，它给予你更高的自由度，让你可以根据自己的想法，一段一段地构建文章。但需要注意的是，这种方式可能会导致段落间的连贯性不足。

二、步骤写作：以调研报告为例

下面重点介绍步骤写作，也就是逐步完善文稿以达成写作目标。整个写作过程分为 4 个步骤：首先是填写基础信息，包括稿件类型、场景、篇幅、标题、关键词等；其次是 AI 生成文章摘要，这是构思的核心阶段，可以在此环节调整 AI 生成内容的中心思想；再次是生成大纲，AI 会根据用户的选择输出符合公文标准的大纲；最后，用户可以自行修改内容，或者让 AI 重新生成，直到自己满意为止。

从功能上说，步骤写作通过引导用户按照指定步骤完善写作信息，以便 AI 为用户生成更高质量的内容。目前新华妙笔共收录 61 个写作场景，每个场景配置了对应的写作信息。用户可以直接引用系统中学习园地和范文库中的文章，也可以上传本地文档作为当前公文写作的参考资料。通过设置大纲信息，用户可以灵活调整公文结构，也可以控制生成内容的篇幅。大纲信息越多，公文的篇幅越长。

为了帮助用户了解其功能特点，这里将对新华妙笔的使用方法进行详细介绍。用户登录账号后，可以通过推荐页的"AI写作"卡片直接进入步骤写作功能页（见图15）。

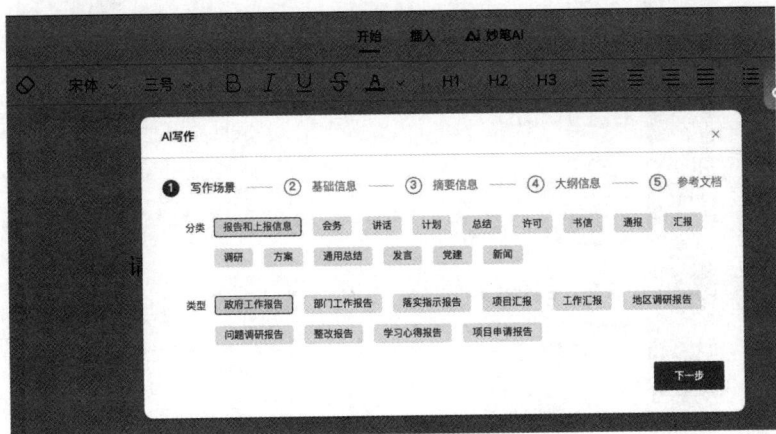

图15 "AI写作"卡片

基础信息（见图16）包括标题、关键词和其他补充信息，可增强稿件的针对性和实用性。在不同的写作场景下，补充信息的内容和条数会有区别。为了方便用户快速体验产品功能，关键词和补充信息内容可以使用"AI生成"功能根据录入的标题自动填充，但在实际写作过程中我们不建议用户如此操作。

以"通报"为例，对应的补充信息包括原因、内容和目的3项。用户可以通过选择文档快速补全对应的信息内容，选择文档的范围包括系统中的学习园地、公文范文，以及用户自己的文档库。学习园地和公文范文中收录了党政机关及官方媒体发布的公文内容。

在基础信息页面中仅标题和关键词为必填项，但为了提高公文质量，建议用户输入完整的补充信息后再进入下一步，这样可以更好地明确需求。需求越明确，输出的结果质量越高。

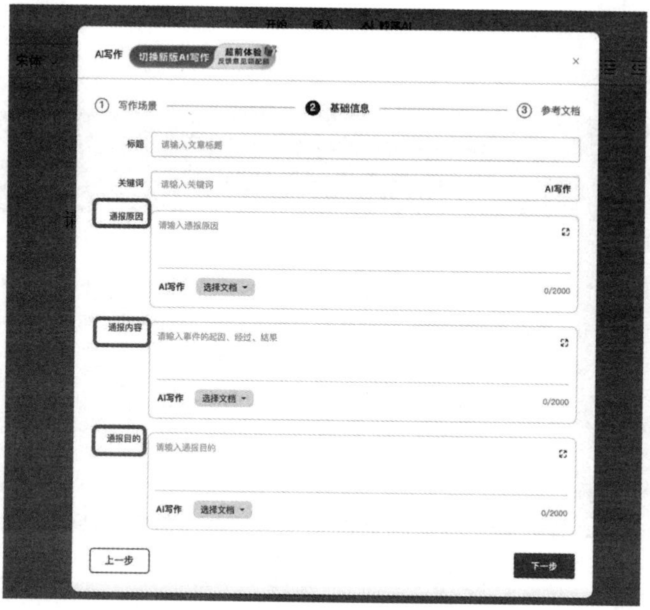

图 16　基础信息页面

摘要信息（见图 17）是整篇公文的内容提要，为整篇公文主体内容的概括总结，将直接影响大纲和正文的内容。进入本步骤时，模型会根据基础信息自动生成一段摘要内容。用户可以根据实际情况进行编辑修改，完成后进入下一步。

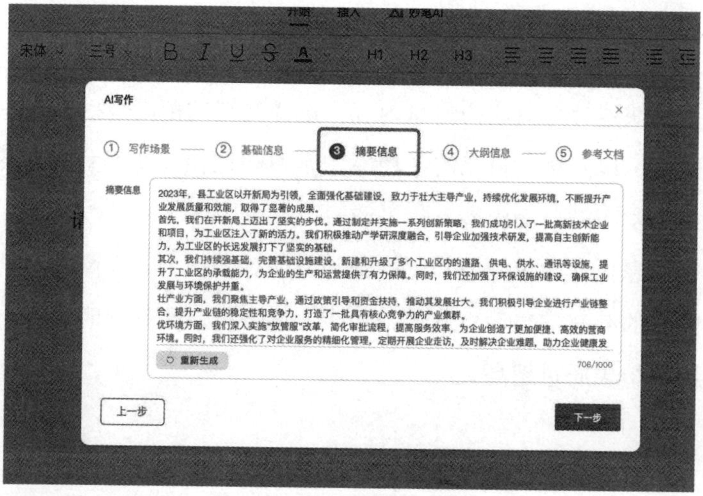

图 17　摘要信息页面

目前大纲信息（见图 18）支持两级结构，分别为节和小节。不同的写作场景中，大纲的来源会有区别，有的写作场景中节信息是固定的，小节信息是模型根据摘要信息和节名称自动生成的；有的写作场景中所有的节信息和小节信息都是模型生成的。用户如果对自动生成的大纲信息不满意，可以即时进行修改，包括重命名、移动位序和删除等。大纲信息编辑完成后即可进入下一步。

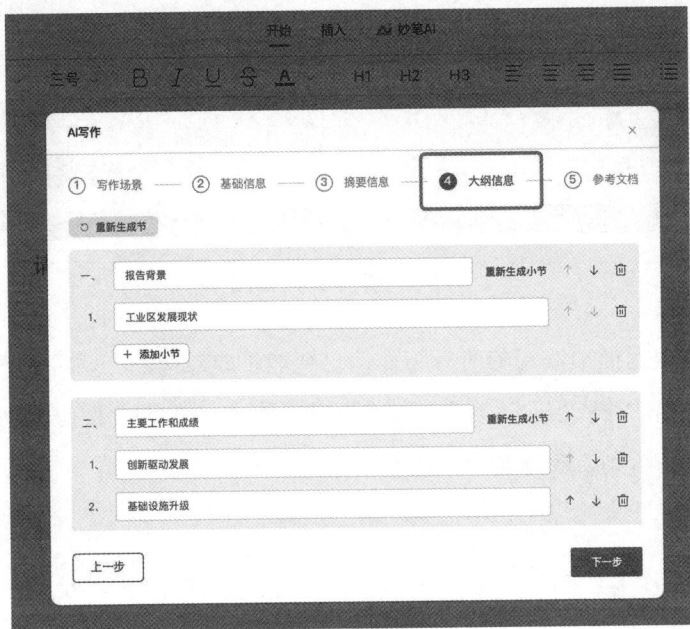

图 18　大纲信息页面

参考文档（见图 19）非必填项，用户可根据实际需求选择是否添加和关联。参考文档分为内容参考和数据参考两种，数据参考指的是模型生成正文内容时可以参考总结对应文档中的相关数据。与基础信息中的补充信息一样，用户添加参考文档时，可以选择系统文档，也可以自己上传。

此外，为了更好地明确参考文档与公文之间的关系，建议用户将参考文档关联至对应的大纲，这样模型在生成对应大纲内容时可对参考文档进行引用。用户也可以选择不关联任何大纲，进行全篇参考，但是生成的公文效果会差一些。完成参考文档选择和关联大纲后即可正式开始生成公文。

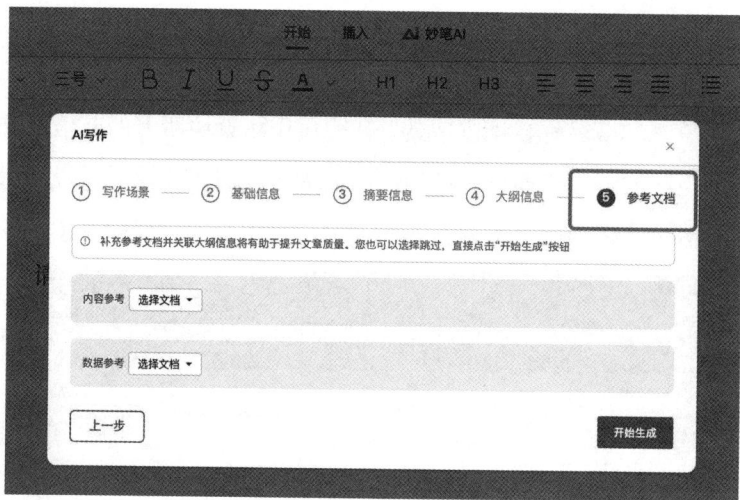

图 19　参考文档页面

　　模型将根据前项输入的所有写作信息智能生成对应的公文（见图 20），并通过流式输出的方式展示。若前项编辑过大纲信息，模型会按照大纲信息的结构规范行文。否则，模型会自动组合生成段落内容。

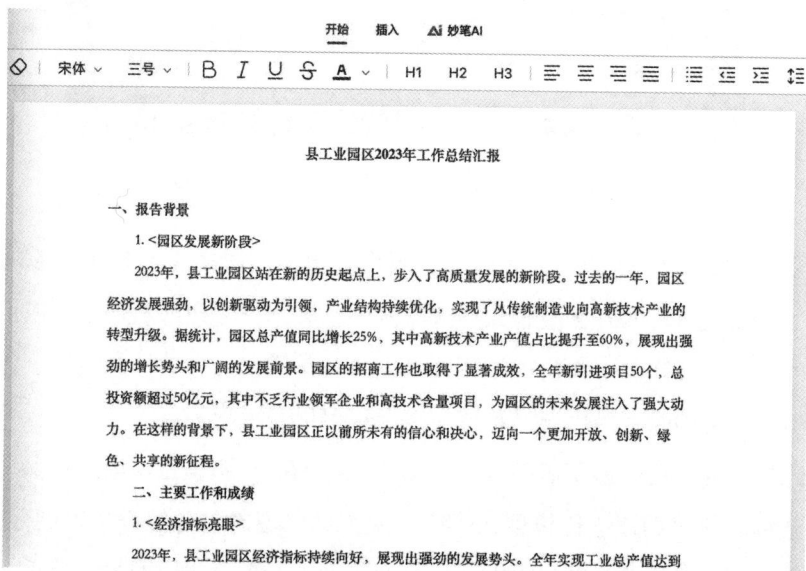

图 20　生成公文示例页面

由此可见，步骤写作是一种系统有效、逐步生成的写作方法，符合写作过程中人的心理特点，更符合公文生成的规律特点，因而比其他写作方法更有效。

下面以调研报告为例来介绍步骤写作的用法。调研报告是基于某种工作意图，对特定客观事物进行调查研究后，根据所掌握的真实情况以及所揭示的本质规律，对实际工作提出建议和意见、做出判断和决策的一种文体。

撰写调研报告要做到主题鲜明，重点突出，语言精练，论证严密，选材精当，分析精辟，建议切实，措施可行；要对掌握的材料采取科学的分析方法，进行由表及里、由此及彼、去伪存真、去粗取精的研究，从复杂的现象之中找出事物内部的必然联系和发展规律，查明来龙去脉，理出清晰的思路，提出正确的观点，拿出可行的措施，解决现实的问题。

需要强调的是，写好调研报告的要领在于抓住一个"真"字。"真"就是全面、客观、公正地反映客观事物的本来面貌，防止主观片面性。无论是成绩和经验，还是问题和教训，是怎么样就怎么样，既不夸大也不贬低，既不捏造也不掩饰。还要在遣词造句上注意把握好分寸，防止言过其实，始终坚持两分法、两点论，瞄准现实需求，力图还原事物的本来面目，为工作决策提供真实客观的依据。

由于调研报告的写作要求较高，可以说它是最能展现个性的公文文体之一，也是最能体现写作者才华的文体之一，其内容都是针对一定地区、一定时期的特定问题来写作的，具有较强的针对性和差异性，不能生搬硬套。所以要使用 AI 辅助写作调研报告，除了借鉴范文的写法和思路以外，只有采用步骤写作这一方法。因为如果不能像步骤写作这样填充大量的有针对性的补充信息，AI 很难输出符合特定需求的文稿。

假设我们要写一篇关于加强年轻干部队伍建设的调研报告，来看看如何使用步骤写作来完成。选择"AI 写作"卡片后，选择"调研"，进而选择"实地考察调研"，在"标题"栏中输入"关于加强年轻干部队伍建设的调研报告"，在"关键词"栏中输入"年轻干部、队伍建设、梯队建设、后继有人、政治素质、能力作风、担当精神"，在"调研背景"栏中填写"为加强企业干部队伍建设，摸清年轻干部队伍底数，深入研判队伍数量、结构、能力、素质、作风等方面的现状和不足，着眼发展战略目标和事业后继有人这一根本大计，加快年轻干部选拔培养和队伍有序接替，明确下一步年轻干部队伍建设的目标、思路和任务举措"，在"主要问题"栏中输入"年轻干部队伍底数不清，结构不优，整体能力素质有待提升，作风建设有待加强，有序接替存在隐忧"，在"主要成果"栏中填写"清晰了解年轻干部的数量、队伍结构、能力素质短板，明确未来五年建设的量化目标和具体提升措施"。

在此基础上，待系统生成"摘要信息"和"大纲信息"，根据具体情形加以调整和优化。生成的整篇文稿内容如下。

关于加强年轻干部队伍建设的调研报告

一、基本情况

1. 年轻干部规模统计

目前，我们的年轻干部队伍呈现出稳步扩大的态势。据统计，截至2021年底，我单位共有年轻干部1500人，占干部总人数的35%，较五年前增长了20%。这股新生力量的壮大，为单位的持续发展注入了活力。

2. 年轻干部来源分析

年轻干部的来源多元且丰富，主要来自内部培养和外部引进两方面。其中，内部晋升的年轻干部占总数的60%，他们通过基层锻炼，逐步晋升到中层岗位。另外40%的年轻干部来自高校招聘和社会选拔，他们带来了新的知识和理念，为团队带来了创新的思维和活力。

3. 年轻干部学历结构

在学历方面，我们的年轻干部队伍素质优良，高学历比例显著。80%的年轻干部拥有本科及以上学历，其中硕士研究生占35%，博士研究生占10%。这显示了我们对高素质人才的吸引力，也反映了我单位对人才教育和培养的重视。

二、主要工作与成效

1. 人才培养机制建设

为了确保年轻干部的持续发展，我们构建了一套完善的人才培养机制。通过实施"青蓝工程"，我们选派了一批有潜力的年轻干部到关键岗位历练，加速他们的成长。据统计，过去三年，已有超过 70% 的年轻干部通过这一机制得到提升。同时，我们还定期举办各类研讨会和培训班，提供专业课程，如领导力提升、政策解读等，以提升他们的理论素养和实践能力。

2. 队伍结构优化

我们注重年轻干部的年龄、专业和性别结构的均衡发展。数据显示，目前年轻干部的平均年龄已从五年前的 35 岁降低到 32 岁，硕士及以上学历占比达到 80%，并且女性干部比例稳步上升，达到了 40%，实现了年龄、学历和性别结构的优化，这为队伍注入了更多活力。

3. 业务能力提升

为提升年轻干部的业务能力，我们实施了"岗位轮换"制度，让干部在不同的部门和岗位上锻炼，增强他们的全局观念和实际操作能力。此外，我们还引入了"导师制"，由经验丰富的老干部一对一指导年轻干部，帮助他们快速适应角色，提升业务水平。通过这些举措，年轻干部的业务能力显著提高，完成重大项目和解决复杂问题的能力得到了广泛认可。

三、存在的问题

1. 结构不科学

当前年轻干部队伍中，专业背景和年龄层次的分布并不均衡。以我单位为例，虽然我们有 1500 名年轻干部，但其中近 70% 集中在经济管理类领域，科技、工程等关键领域的人才却相对较少。此外，35 岁以下的年轻干部占比较高，达到 60%，而 40～45 岁的中坚力量相对较少，这可能导致队伍在经验和创新能力方面存在断层。

2. 能力素质有欠缺

虽然年轻干部普遍学历较高，但实践经验不足，特别是对复杂问题的解决能力、领导力和团队协作能力等方面仍有待提高。据内部评估，约有40%的年轻干部在面对突发情况或重大决策时表现出决策犹豫或执行乏力，这在一定程度上影响了工作的效率和效果。

3. 作风建设待强化

年轻干部在工作态度和纪律性上总体表现良好，但仍有部分干部存在形式主义、官僚主义现象，对基层情况了解不足，与群众的联系不够紧密。此外，部分年轻干部在廉洁自律方面存在薄弱环节，需要进一步加强纪律教育和监督，以确保队伍的纯洁性和公信力。例如，过去一年中，我们发现约10%的年轻干部在廉政考核中得分较低，这警示我们需要强化对年轻干部的廉政教育和日常管理。

四、对策建议

1. 完善选拔机制

为确保年轻干部队伍的质量，应进一步完善选拔机制，实行更公正、透明的竞争性选拔。我们可以借鉴"优才计划"，实施定期的公开选拔，确保年轻干部的选拔过程公平、公正、公开。同时，要注重多元化的选拔标准，不仅看学历和专业背景，还要考察实际工作能力、团队协作精神以及创新思维，确保选拔出真正有潜力、有担当的年轻干部。

2. 加强教育培训

对年轻干部的教育培训应持续进行，确保他们具备适应新时代要求的知识和技能。可以设立专门的培训课程，如领导力培训、公共政策解读、新技术应用等，提升他们的综合素质。同时，推行"导师制度"，让经验丰富的老干部指导年轻干部，加速他们的成长。

3. 优化岗位配置

根据年轻干部的能力和兴趣，合理配置岗位，让他们在实践中锻炼成长。可以实施轮岗制度，让年轻干部在不同部门、不同岗位上积累经验，提升适应性和解决问题的能力。同时，确保他们在关键岗位上有足够的时间和空间，以实现他们的职业规划和组织目标的双重升级。

4. 建立激励制度

建立一套科学的激励制度，以激发年轻干部的积极性和创新性。这包括公正的晋升机制，确保优秀人才得到应有的认可；设立创新奖励，鼓励他们尝试新的工作方法和思路；同时，提供持续的职业发展支持，如提供进修深造的机会，以提升他们的职业竞争力。

5. 强化作风建设

年轻干部的作风建设是队伍建设的重要一环。要通过定期的党性教育和职业道德培训，强化他们的纪律意识和规矩意识。同时，实行严格的监督机制，对违反纪律的行为进行严肃处理，树立良好的干部形象。此外，倡导健康向上的生活作风，鼓励他们积极参与社会公益活动，以提升他们的社会影响力和公信力。

五、展望

1. 梯度建设目标

在未来五年内，我们将设定明确的梯度建设目标，确保年轻干部的规模和结构与企业发展战略相匹配。计划每年选拔培养一批具有潜力的青年才俊，使35 岁以下的年轻干部比例提升至总干部人数的 40%，并确保他们在关键岗位的分布更加均衡，对专业领域的覆盖率达到 80% 以上。同时，通过优化晋升机制，确保每年至少有 20% 的年轻干部晋升至更高职位，实现健康的人才流动。

2. 长期发展规划

在长期发展规划中，我们将致力于构建一个可持续的年轻干部培养体系，以适应企业未来十年甚至更长远的发展需求。我们将投入更多资源用于年轻干部的早期发现和培养，通过与高校、研究机构的合作，建立人才储备库，提前挖掘和培养具有战略眼光和创新能力的年轻人才。同时，我们将持续优化干部教育培养机制，确保年轻干部的综合能力与企业战略目标相适应，提升其在复杂环境下的决策能力和领导力。

3. 未来队伍建设愿景

我们的未来队伍建设愿景是打造一支年轻有活力、专业素质高、具有国际视野的领导团队。我们期待这支队伍能引领企业应对全球化挑战，推动技术创新和业务拓展。同时，我们将致力于营造一个公平、公正、开放的组织环境，让年轻干部在竞争中成长，在实践中提升，实现个人价值与企业发展的双赢。通过不断强化年轻干部的使命感和责任感，塑造一支既能传承企业文化，又能引领企业未来发展的年轻干部队伍。

可以看出，由于填写的信息比较充分，针对性比较强，对文稿内容的主要观点在"关键词"一栏进行了比较好的匹配，所以得出的文稿可用度是比较高的。使用这一初步成果，再加以调整和优化，包括对具体内容根据实际情况加以替换和调整，也包括观点提炼、段落优化、修改句式（具体方法将在下一章介绍）等，能使公文更合乎要求。在总体内容结构上，篇幅的长短是与大纲的复杂程度直接相关的。具体在使用公文时，根据篇幅和结构的需要，对各个部分，也就是内容模块，予以取舍即可。

三、范文改写与模板套写

前面一些公文写作示例中，已经提及范文改写和模板套写，这里再介绍一下。

我们先看范文改写。在新华妙笔中选择"公文范文"选项，会出现法定公文和事务性公文各数十种文体，再选择要写作的文体，比如在事务性公文中选择"总结"，再根据自己要完成的任务，选择与之匹配的范文。假设要写一篇党建工作总结，从范文中可以找到相关篇章，比如下面这篇。

××集团2021年上半年党建工作总结

2021年上半年，××集团党委认真贯彻落实市委、市委组织部的工作要求，在××国资金融局党委的指导下，紧扣全面从严治党，从严落实管党治党主体责任，深入推进党史学习教育活动常态化开展，以"党建引领生产经营"为抓手，将党建工作与新冠疫情防控、主营业务、乡村振兴等工作紧密结合，为上半年工作提供坚强有力的思想、政治和组织保障，现将工作总结如下。

一、党建工作开展情况

（一）党组织基本情况

中共××市××集团党委成立于××年××月××日，第二届党委班子成立于××年××月××日，设党委书记××人，党委副书记××人，党委委员××人，下设××个党支部。共有正式党员××人，在职党员××人，入党积极分子××人，预备党员××人，从学历结构来看，大专及以上××人，从年龄结构来看，35周岁以下××人。为激发基层党组织活力，××集团党委坚持做好党员发展、党员教育、组织关怀等工作，着力加强党员队伍建设。

（二）顺利完成换届

××集团党委于××年××月××日召开全体党员大会，进行第二届党委换届选举。通过选举搭建起了以××同志为党委书记，××同志为党委副书记，××、××、××同志为党委委员的新一届党委班子。与此同时，按照基层党组织相关要求，根据生产经营层次状况，党委下设××个支部委员会一并完成换届。

（三）明确工作要点

为进一步加强和改进国企党的建设，推进党建工作围绕中心、服务大局、确保实效，按照市委组织部党建工作要点的指导思想和总体要求，结合公司工作实际，制定了《2021年党建工作要点》《2021年××集团党支部党建工作印证资料清单》等，为全年党支部工作和各项活动的开展，明确了工作内容、工作重点和工作要求，加强支部班子建设和党员发展工作，使党建工作质量进一步得到了提升。

（四）落实党费收缴

根据市委组织部《关于认真做好2021年党费收缴工作的通知》文件精神，

××集团党委高度重视，组织各党支部认真做好党费收缴工作，确保每名党员严格按照标准，及时足额缴纳党费。2021年1—6月，××集团党委下属××个党支部共收到××名党员的党费共计××元，所收党费已全部上缴市委组织部。

（五）夯实党建基础

各支部坚持以提升为重点，突出党组织战斗力建设，坚持党建工作与业务工作同谋划、同部署、同推进。一是坚持发展党员工作，公司各级党组织坚持把党员发展作为队伍建设的重要环节，坚持以严格标准、规范程序发展党员，每年初制订党员发展计划，各支部党员发展人数每年不少于××人，严格按照《党员发展纪实手册》中的流程图进行操作，确保党员发展工作的规范性；二是各支部坚持每月开展好主题党日活动，积极围绕党员发展活动、党员团队建设和凝聚力提升、先进党员评选、党风廉政建设等方面开展活动，做到方式多样化；三是创新开展"政治生日"活动，每季度组织党员过集体"政治生日"，为党员送上问候，通过重温入党誓词、重读入党志愿书寻找入党初心，赠送"政治生日"礼物来体现组织关怀，激励党员不忘初心、牢记使命，切实增强荣誉感、责任感、使命感，增强基层党组织的创造力、凝聚力；四是坚持党组织书记带头讲党课，每季度讲一次，就政治思想、专业领域等方面讲党课，提升党员同志的政治站位和专业知识水平，引领所有党员职工共同学习；五是进一步推广使用学习强国App，鼓励党员干部、职工利用业余时间学习时政新闻、习近平新时代中国特色社会主义思想和十九大精神等，较好地推动党员干部、职工的政治理论水平和政治素养提升。

（六）引领疫情防控

一是组织生活"线上搞"。新冠疫情发生以来，××集团党委针对按照传统党建模式开展工作活动不便等实际情况，号召各支部积极探索"互联网＋党建"模式，鼓励党员通过学习强国App学习习近平总书记在新冠疫情期间的重要讲话及每日金句等内容，并通过党员微信群每日打卡及心得分享。从"面对面"到"屏对屏"，鼓励党员无论身在何处都要发挥先锋模范作用，在群众中亮身份、做表率，以线上党建汇聚抗"疫"力量。二是政治学习"不断线"。在疫情防控的特殊时期，各支部开启"云党课"模式，专题党课"线上讲"，确保了政治学习"不断线"；各支部把战"疫"故事作为党课"活教材"，学习主题鲜明的线上党课，把全体党员在云端汇集起来，在思想上凝聚起来。

（七）助力乡村振兴

立足党建，助力乡村振兴。作为××街道乡村振兴挂牌督战工作单位，公司党委认真部署，积极组织实施，安排党员干部着力参与××村××户的帮扶落实情况督查，紧紧围绕"××"的要求查找问题并督促整改。

（八）履行监督责任

一是公司党委履行监督责任，坚持全面从严治党、思想建党、制度治党，增强管党治党意识，落实管党治党责任，聚精会神抓好党建工作。坚持每季度到各支部指导督促党建工作，对照工作要点，查找不足与问题，提出整改措施。二是抓好党员干部廉政日常教育，经常性开展党风廉政教育和警示教育活动，如××年××月××日由党委副书记××同志讲授廉政党课，××年××月××日组织观看廉政教育警示片《××》。强化党员干部的廉政教育，加强廉政风险防控，做到化廉于心，践廉于行。

二、存在的问题

（一）监督缺乏制约手段。由于××集团党委下属×个支部是今年初新成立的支部，大部分支部的党建资料都不够全面，××集团党委到各支部指导党建工作时，对做得不好的支部，没有相应的考核制度来处罚，导致监督乏力。

（二）理论学习不够。部分党员没有深刻认识到理论学习的重要性，主动学习意识不强，多以事务性工作多、压力大为由，没有安排足够时间进行理论学习，也不愿意主动地去学，没有把理论知识与实际工作融合，学习不够深入。

（三）工作方法枯燥，缺乏创新。在开展日常思想教育时，缺乏创新，难以提高广大党员学习的积极性，不利于工作的有效开展。

三、下一步工作计划

（一）加强组织领导，强化责任落实。将切实履行监督责任，进行专门研究部署，制定工作清单、责任清单、考核制度，加强对各支部的管理，加强跟踪问效，一级抓一级，层层抓落实。

（二）注重学与做的关系，强化建章立制。在推进"两学一做"常态化、制度化以完善规章制度上下功夫，积极梳理完善现有制度机制，不断建立和完善制度，真正形成用制度管人、管事、管权的良好局面，确保学习教育抓在日常、严在经常，常态化、制度化执行。

（三）加强思想教育，进一步提高干部整体素质。继续加强党员干部党纪、政纪和法律法规教育。警示全体党员干部保持清醒头脑，勤于自省，切实增强党员意识、纪律意识、规矩意识，引导全体党员干部以实际行动树立党员干部的良好形象，进一步筑牢拒腐防变的思想道德防线。

（四）积极探索创新学习教育活动工作。努力探索和运用新的党建载体和方法，不断提升教育活动工作中的内生力。

这样一篇范文能为写作者提供有用的参考借鉴，无论是在结构还是在思路上，以及在观点提炼和素材组织上，写作者在范文的基础上结合自身实际加以改写，就能得到一篇不错的稿件。

除了范文库中的大量范文外，小智 AI 还有一项独特功能——生成范文。比如，在其对话框中输入"写作一篇县水利局 2023 年上半年工作总结及下半年工作思路的范文"，小智 AI 很快就能生成一篇相应的范文作为参考。

再看模板套写。这一功能主要适用于格式比较规范的法定公文。选择"格式模版"选项，页面上会出现不同的文种选项，写作者选择自己要写的文种，相应的规范模板就会出现。比如以常见的纪要为例，选择后会出现如下模板（见图 21）。

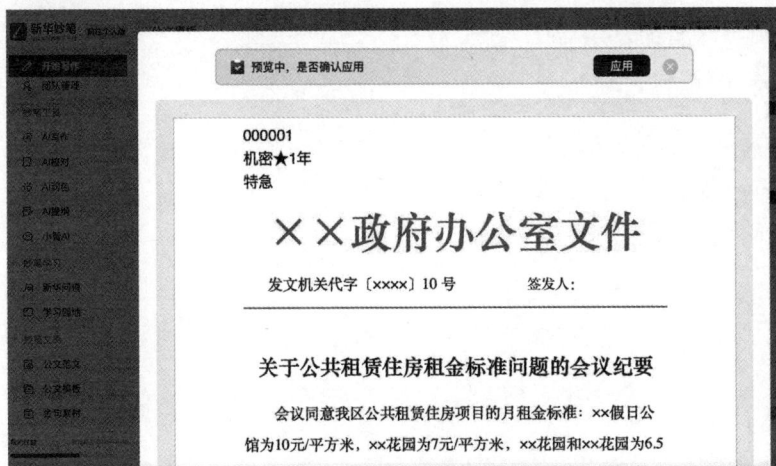

图 21　会议纪要模板

　　这里不但有规范的格式要求，还有注意事项和写作要领，比如关于标题、正文怎么写的指引。选择"应用此模板"，模板就会导出到写作场景中。根据具体情形应用这一模板，就能把握好这一文种的写作要求，不至于出现格式不规范、文不对题的情况。

第九章

公文实战 4：关键要素篇

09

　　前面 3 章从不同的角度，讲述了如何利用 AI 生成整篇公文，接下来我们继续进行公文实战，不过切换到了另外的角度，不是着眼于整篇公文，而是着眼于局部优化，这既包括写作过程中对局部的推敲和打磨，也包括在初稿基础上对局部进行修改和优化。

　　一篇公文中可以修改的内容很多，我们可以从公文的关键要素的角度加以把握，将其归结为几个有共性的关键要素。AI 写作主要涉及 3 个关键要素：主题，就是公文的核心观点和中心主旨，解决言之无理的问题；结构，就是框架和布局，解决言之无序的问题；内容，就是观点与素材，解决言之无物的问题。

　　本章讲述了 6 个可以优化提升的方向，其中提炼标题，属于主题的范畴；构建框架提纲，通过改写优化层次与段落，修改开头、结尾，属于结构的范畴；收集内容素材，借鉴观点和句式，属于内容的范畴。

一、提炼标题

　　前文已经提及公文主题的相关概念，主题是通过文本所表达出来的一篇公文的明确意图、基本意见、主要观点，是公文目的的具体体现。主题也叫中心思想、核心观点、主旨。如果是议论性的公文，主题还可以叫作中心论点或基本论点。可以说，主题是统领全篇公文的主线和总纲。

　　起草重要公文，都要经历提炼主题和深化主题的过程。这个过程也可以叫作审题。审题的目的，就是提炼出一个好主题，并不断深化对这个主题的认识，使它能够作为一条核心主线，统领整篇公文。

　　主题提炼得是否精准，内涵和外延是否有足够的深度和广度，直接关系到公文的质量。具体来说，主题的重要性体现在以下几个方面：决定着材料的取舍，支配着公文的结构布局，制约着公文的表达方式，影响着公文的遣词造句。

　　确定主题要注重几个方面：一是扣紧关注点，贴近领导所思所想和对象需求，了解领导在思考什么、大家关心什么问题；二是抓住闪光点，突出自身优势和亮点，以及值得一说的价值点；三是挖掘不同点，善于同中求异，找出差异和创新之处，以及自身独特之处。

从方法论上说，提炼主题可以采用典型提炼法，即从重点内容和典型事物中提炼主题；也可以采用推理提炼法，即从事物的逻辑推理和演绎中寻找主题，按照"大前提—小前提—结论"的推理逻辑得出主题；还可以采用归纳提炼法，即从特殊内容中归纳出一般的结论，从同类事物中归纳共同特征作为主题。在实际写作中，结合这些方法，我们可以从以下几个方面入手。一是细化领导要求，就是明确领导想要我们讲什么。二是对客观事物再认识，就是明确现实条件和客观事实支持我们讲什么。三是明确目标任务，就是明确具体工作需要我们讲什么。

大的主题确定后，往往就作为大标题呈现出的核心观点，也就是全文的总论点，在它之下的各级分论点也很重要，要做到鲜明、清晰，同时要紧紧围绕大的主题来展开，不能偏离主题。总论点贯穿和统领全文，带动其他分论点，分论点从属于总论点，为主题服务。

公文的内容由观点和素材构成，主题的外在形态是思想观点而不是具体素材。一般来说，观点式的主标题就是公文的主题。在大标题之下，还有小标题，它们包含观点，也都与主题相联系。标题是为主题服务的，它呈现主题，细化主题，使主题贯穿全篇。

标题的表述方式有直述内容式、概括提炼式、评论建议式，不管哪一种，其中一定含有观点的内核。标题一般要求概括、简洁、新颖、对称。概括就是标题要能总领全篇内容或部分内容的主要思想观点，始终紧扣主题、围绕主题、呼应主题。简洁就是标题要用最简约的文字来表达，遣词用句高度精练，避免过长、过于琐碎。新颖就是标题要富有吸引力和感染力，能够使人眼前一亮。对称就是标题要与对应的内容相吻合，正好概括这些内容。

写作公文时，大部分精力是花费在主题确定和标题写作上的，在 AI 写作中，主题和标题其实就是输入的最重要的提示词。在新华妙笔中，标题、关键词是对主题的直接表述，摘要是对各级标题也就是观点的归纳和概括浓缩，而大纲中的各级标题就是观点的细化和展开。要认真推敲和琢磨标题，才能更好地突出主题，也才能更好地与 AI 互动和调用 AI 的能力。前面我们提到过段头撮要法，它其实就是提炼标题和观点的一种重要方法，在 AI 写作的相关环节中，我们要有意识地加以运用。

在使用新华妙笔时，在生成大纲环节需要输入的各个部分的标题，通常有 3 种基本写法：一是用"要"字统领各标题。比如：

（一）要深刻认识创新驱动发展战略；（二）要正确把握创新驱动发展战略；（三）要全面贯彻创新驱动发展战略。

这种写法的优点是，标题所显示的观点简洁明了，语句简短有力，各部分之间的衔接也很紧密，整篇公文显得很紧凑。但这种写法更适用于篇幅相对短小的公文，在论述各部分的观点时不宜太详细，而要用高度概括性的语言来进行简明扼要的阐述，以体现这种简短有力的文风优点。

如果公文篇幅不长，可以不用"要"字统领各标题，而是用"是"字统领几个标题。比如，在企业管理现代化优秀成果交流会上的讲话的几个标题：

一是提高思想认识，高度重视管理创新工作；二是认真总结管理经验，形成一批优秀管理成果；三是加强成果宣传推广与应用，营造良好氛围；四是构建管理创新的长效机制，全面提升管理水平。

二是用不带观点的陈述式短语作标题。比如：

（一）2023 年工作；（二）当前形势分析；（三）2024 年工作部署。

或者：

（一）科技创新工作进展；（二）存在的突出问题；（三）下阶段工作思路和安排。

三是用带观点的祈使句作为各部分的标题。比如，党建工作座谈会报告的标题：

（一）加强政治建设，强化政治引领；（二）加强思想建设，凝聚共同理想信念；（三）加强组织建设，发挥政治功能和组织功能；（四）加强作风建设，始终保持优良传统；（五）加强纪律建设，营造风清气正的发展环境；（六）加强制度建设，提升治理规范化水平。

这种写法是最常见的，便于在各部分添加较多的内容，充分论述。

以上几种都是带有序号的写法，还有一种不带序号的写法，即将标题置于文中，以相同或相似的句式来予以体现。比如，讲话一开始就申明全文要讲"三个问题"，接下来第一个问题讲发展，第二个问题讲改革，第三个问题讲队伍。这种写法使整篇公文显得浑然一体，层次划分不露痕迹，适用于写作内容相对简单、篇幅较短小的公文。而在 AI 写作中，可以直接将几个主要的观点整合概括作为公文的摘要。

大纲中的二级、三级标题，是为各部分的主标题服务的，或进行解释说明，或进行进一步论证，构成一种总说与分说、总论点与分论点的关系。可以采用以下 4 种方式来写标题。

一是用一个字或词统领各标题。比如用"抓实"：

（一）抓实干部队伍建设；（二）抓实基层组织建设；（三）抓实党风廉政建设。

再比如："突出 ××××"（布置工作）；"在 ×× 上下功夫"（提出措施）；

"始终坚持 ××××"（总结经验），"新进展、新步伐、新突破、新亮点……"（总结成绩）；等等。这种写法易于掌握，也便于理解和记忆，但不可多用、滥用。

二是提炼观点作为小标题。这种方法用得好，往往会令人耳目一新，印象深刻。比如在谈产业发展问题时，用"上游主业地位更加凸显""中下游产业布局基本完成""专业服务发展能力不断提升""产贸融协同效应初步显现"这样 4 个观点作为小标题；在谈党的建设时，用"作风建设取得明显成效""反腐倡廉工作深入推进""党建工作创新积极推进""干部队伍建设成绩显著"4 个观点作为小标题。

三是用一个词或词组概括段落大意，再用内涵界定或扩充的方法将其作为小标题，如"总体思路""发展目标""基本原则"等。

四是用自然承接上下文而又能准确概括该段大意的句子作为标题。比如，在"三严三实"党课材料中，谈到落实"三严三实"的实践要求时，用了以下 4 个标题：

> 正心修身，锤炼"三严三实"的政治品格
> 正风肃纪，落实"三严三实"的作风要求
> 正道善为，遵循"三严三实"的行为标尺
> 正己化人，恪守"三严三实"的做人准则

上面总结的是一些常见的写作标题的方法，在实践中要灵活运用。

二、构建框架提纲

确定结构是写作公文的重要环节。结构是公文的框架提纲、组织形式、排列次序和内部构造。构建框架提纲即通常所说的谋篇布局，其作用在于将公文中各个要素通过合理的方式联系到一起，使之排列有序、主次分明、一

目了然。

通常所说的结构，由浅到深可以分为 4 个层次。

第一个层次，是通过制文要素体现出来的文面因素，如红头、密级、文号、签发人等，属于格式范畴，也叫浅层结构。这在 AI 写作系统中已经通过模板得以确定。

第二个层次，是通过标题、开头、结尾、段落、层次、过渡、照应等体现出来的形式因素，也叫表层结构。这些内容在本书的相关章节均会涉及。

第三个层次，是通过内容组合体现出来的语言因素，这是中层结构，也是主体结构，是我们用 AI 写作时需要重点关注的结构，主要体现在提供大纲信息的环节，比如如何设计和规划大纲、层次如何处理、运用什么逻辑关系等，所以在这里重点讲解。

根据主题表达的需要和公文组成要素的特点，常见的内容组合的结构形式有如下几种。一是并列式结构，围绕一个主题将几种情况、几项措施、几种经验或几个问题并列。二是递进式结构，内容按照时间顺序、空间顺序或逻辑顺序递进，常见的是第一步先交代事件背景或提出问题，第二步说明现状或者分析原因，第三步得出结论或提出建议。三是倒金字塔结构，首先高度概括主题内容，然后围绕这一中心组织材料或展开陈述。也就是先将最核心、最重要的部分列出来，随后将内容按照重要程度依次排列。四是总分 / 总分总结构，总分结构就是把总括性的内容放在前面，使其统领全篇，后面再加以分述；总分总结构就是在总分结构的基础上，最后再进行一次归纳总结。五是自由式结构，就是灵活交叉使用上述结构方式。

第四个层次，是通过"为什么，是什么，怎么样，怎么办"等内在思考逻辑体现出来的思维因素，也叫深层结构。公文主要是说理性的文体，基本遵循"提出问题—分析问题—解决问题"的思维脉络，自身具有条理性、贯通性和严谨性，表现出来就是，公文按照层次顺序有条不紊地展开，合乎逻辑和思维习惯，细密周延，流畅贯通。这个层次其实体现在我们构思大纲的运思逻辑当中，而其结果是通过大纲框架展现出的文本逻辑。

结构形式一旦确定，呈现出来的就是公文分为几个大的部分。常见的划分方式有两块式、三块式、多块式和整块式，它们有各自的适用范围，不能机械套用，而应该因事因文制宜，选择最合适的结构形式。

一般来说，两块式适用于阐明简单事理或安排单项工作，比如可以先说成绩，再提要求，或者先讲重要性和意义，再讲要怎么做，而不适用于论述复杂事物或部署牵涉面较广的综合性工作。三块式的适用面比较广，很多内容都可以按照"讲道理、定任务、提措施"这样的逻辑框架来安排。多块式比较适用于讲述相对复杂的事物和情况，即将某个事物中的若干关键问题或某项工作中的若干重点环节抽出来，使其各自独立成一部分，依次进行讲述。此外，很多时候比较短小的公文是层次不太清晰的、篇段合一的整块式。

结构的设计要通过列提纲进行细化并固定下来，以便写作时可以遵循。提纲的重要性主要体现在，它初步确定文稿的内容，为整个文稿的面貌和走向划定了"轨道"，能起到提纲挈领、纲举目张的作用。制作一份准确、完整、严密的写作提纲，就等于公文写作完成了一半。

前面讲到"七步法"时讲过"搭架子"这个环节，它的主要任务就是形成公文的提纲。提炼大纲，既包括提炼主题和观点，也离不开构思框架提纲，前者主要是从突出主题的角度来思考，而后者更多着眼于整体结构的安排，包括如何突出重点、理出层次、排出顺序，体现完整性、连贯性和严密性，使公文整体做到不板不乱。

对于写作者来说，列提纲是破题的一个重要手段，构思和列提纲也是进入写作状态的一个过渡阶段。对于要写的题目，经过认真调查研究、深入思考，广泛搜集素材、了解情况；对于要写的题材有初步的认识，对主题、结构、内容有一些大致想法，并将其转化为一篇公文的提纲，就相当于在头脑中形成了一篇公文的整体结构，能够做到心中有数，胸有成竹。

在步骤写作过程中，重点就在于大纲信息的输入环节，写作者要认真思考整体的框架、内容布局、层次顺序等，将思考的结果作为相应的提示词输入。在这个过程中，可以运用一些有用的方法和工具，比如用 MECE 原则来思考命题之间的逻辑关系，用金字塔法来提取重点关键信息，用思维导图来拓展思路并将其直观化呈现。这里重点介绍一下思维导图这种在准备大纲过程中较为有效的工具。

思维导图是一种利用图像辅助思考的工具，画思维导图的基本方法就是围绕一个中心词和核心主题，用各种直观的方式来展示事物间的逻辑关系，从而能够全面系统地对事物进行分析和综合，在不同的概念和观点间建立有序的逻辑联系。当需要对一些相对复杂的事情进行思考时，就可以用到思维导图，先用直观的方式把事物的逻辑关系展示出来，再按照这些逻辑关系对其进行条分缕析的讲述，从而准确、立体地把握事物的本质特征和逻辑关联。

可见，在公文写作中，运用思维导图对内容进行提取、延展、归类、整理，进而设计、安排，既是一个发散思维的过程，也是一个布局谋篇的过程。画思维导图的过程，既是将前期构思固定下来的过程，也是一个继续发散思维的过程。通过对散乱的思路加以系统化、条理化的整理，完成一张思维导图，公文的大纲也就差不多形成了。

比如要写一篇关于智能工厂专项规划发布会的讲话，可以先用思维导图进行构思，形成如下大纲：

一是统一思想，提高认识，深刻理解编制和实施智能工厂专项规划对于公司发展的重大意义。

二是加强组织领导，强化落实责任，大力推进智能工厂专项规划的落地实施。

三是加强宣贯学习，营造浓厚氛围，推动全员树立数字化思维。

首先是加强智能工厂专项规划本身的学习宣贯。

其次是加强课程培训和学习。

四是强化协同，理顺管理思路，增强实施智能工厂专项规划的合力。

五是完善工作机制，注重智能工厂专项规划落实，持续优化智能工厂专项规划闭环管理体系。

将其输入，AI就会顺着这一思路形成相应的公文。

再比如，如果要召开党建工作领导小组办公室会，可以按照不同的思路，用思维导图形成不同的讲话提纲，具体如下。

党建工作领导小组办公室会讲话提纲之一

一、以高质量党纪学习教育为重点抓好思想武装

二、以按时完成巡视整改为目标推进全面从严治党

三、以近期重要会议活动为抓手推进党建深度融合

四、以加强组织建设为载体提高基层党建质量

五、以改革创新为动力持续提升人力资源管理效能

六、以夯实基础为保障提高行政综合管理能力

党建工作领导小组办公室会讲话提纲之二

一、坚持政治建设，加强思想武装

二、坚持正风肃纪，推进全面从严治党走深走实

三、坚持及早谋划，确保全年工作开好局

四、坚持党建引领，推进党建融合发展

五、坚持改革创新，推动工作提质增效

六、坚持夯实基础，提高支持保障能力

七、坚持对标一流，加强党委工作部门自身建设

党建工作领导小组办公室会讲话提纲之三

一、抓好政治理论学习，强化思想武装

二、抓好思想宣传教育，凝聚发展合力

三、抓好巡视整改"后半篇文章"，落实全面从严治党要求

四、抓好党建与业务融合，提升党的建设水平

五、抓好干部人才队伍建设，提升管理效能和凝聚力

六、抓好综合服务保障，提高服务水平

党建工作领导小组办公室会讲话提纲之四

一、持续开展党史学习教育

二、持续强化党建引领，推动党建与生产经营深度融合

三、持续推进全面从严治党，抓好巡视整改、专项整治工作

四、持续深化改革创新，提升管理效能

五、持续夯实工作基础，强化支持保障

形成层次分明、思路清晰的大纲，是后续生成高质量文本的重要基础。

三、通过改写优化层次与段落

从浅层结构上说，公文通常被划分为 6 个要素，即开头与结尾、层次与段落、过渡与照应。但在写作实践中，这 6 个要素的组合方式常常发生变化，要么不需要结尾，要么篇段合一，要么层次简单化，要么进行细密的层次分割，凡此种种，不一而足。一般而言，内容比较单一的公文，在长期实践中形成了固定的结构。但内容复杂的公文在结构上的变化较多，体现出的层次、段落也多。在大的结构框架已经确定的情况下，如何使公文的层次更加合理，以及如何通过段落组合体现主题和结构的要求呢？这就会涉及对局部的段落进行改写和优化的相关问题。这里要重点把握好 3 项原则，即层次清晰、段落衔接、内容照应。

先讲层次清晰。所谓层次，是指公文组成部分的次序安排，一般比段落的范围要广。广义的层次也包括短语的层次和句子的层次。层次除了推进内容之外，也具有一种视觉效果。在层次划分上，可以用概念来分层，用逻辑来分层，用排比、反复等修辞方式来分层，用核心词或核心句来分层，用序号来分层，等等。

安排层次要注意做到突出主旨、顺序合理、避免交叉、清晰有序，一般有以下 3 种方式。

一是总分式，即先总后分的形式。总分式的具体内容安排是：开头对全文内容做总的概括，或简述有关事项的根据或缘由；之后根据前后顺序、因果关系、重要程度等重点分述各有关事项；结尾可为强调式、升华式、号召式、无尾式或采用惯用语。

这种形式在公文中使用比较普遍。请示、决定、意见、指示性通知、会议通知、综合性报告、决议性会议纪要等常用这种形式。法规性公文也基本属于这种形式。

二是递进式，即内容层层推进，前后层次有一定关系。递进关系多种多样，如由表及里、由点到面、由浅入深、由感性到理性等。专题报告、情况通报、工作总结等常用这种形式。总分式的分述内容有的也用这种形式。

三是时序式，也叫贯通式，即按事物进程、时间推移来安排结构。叙述的内容如果是一个完整的事件或过程，可用这种形式。此种形式常用于情况报告、事故报告、调查报告等。

段落之间有层次之分，段落之内也有层次。一段话要表述清楚，就要按照一定的逻辑，有条理、有次序地展开，而不能杂乱无章，这样才能以清晰的逻辑引导读者的思路。公文的写作中，在段落内容构成上，形成了很多相对固定的层次组合模式，我们可以自觉加以运用。比如，"目标＋措施＋成效"模式，先说"为了……"，然后说怎么做，再说取得什么成效，这样就能组成一个脉络清楚、逻辑合理的段落。此外，还有"依据＋做法＋经验""意图＋办法＋效果""引言＋理解＋落实""问题＋原因＋办法"等固定模式，我们可以根据实际需要灵活运用。

再讲段落衔接。所谓段落，就是公文结构的基本单位，也叫自然段。它一般小于层次，往往几个段落才构成一个层次；有时也等于层次，即一个段落就是一个层次。衔接指的是层次之间、段落之间的连接和转换，起承上启下的作用。

公文的段落划分和衔接要把握以下几点：一是在段落划分方法上，可以按中心意思（主旨）、条项内容（同类事项、问题、观点）、事物发展阶段等来划分，将具有相对独立性的部分或过程中的具有相对独立性的阶段划为一段；二是每个段落应准确、简洁地表达一种完整的意思，避免内容零散、杂乱；三是段落之间的组合要有序、合理，注意上下段落间的联系，避免出现逻辑上的跳跃和断层；四是段落应长短适度、匀称得当，不能过长，特别是请示和法规性公文的段落要力求简短、清晰。

一般而言，公文段落写作的常用结构形式有 4 种。

第一种是"篇段合一"式，即全篇为一段。这种形式多用于内容集中单一、篇幅简短的公文，如发布令、呈报性报告、转发和印发通知，以及简短的公告、任免通知和批复等，如《中华人民共和国主席令第八十六号》的正文：

《全国人民代表大会常务委员会关于修改〈中华人民共和国招标投标法〉、〈中华人民共和国计量法〉的决定》已由中华人民共和国第十二届全国人民代表大会常务委员会第三十一次会议于 2017 年 12 月 27 日通过，现予公布，自 2017 年 12 月 28 日起施行。

这则主席令，内容概括集中，一文一事，篇幅短小，文字简洁，十分典型地运用了"篇段合一"的结构形式。

第二种是分项式，即开头先说明目的、依据、原因，或阐明主旨，然后分项表述有关内容，形成"总说—分述—总说"的结构。这种结构形式在公文中相当普遍，如请示、决定、通知、函、会议纪要等公文，一般采用这种结构形式。

第三种是条款式，又称条文式。在公文写作实践中，常常需要对纷繁复杂的工作事项条分缕析地做出适当的主次、先后排列和结构配置。条款式便是这一工作实践的产物，即全文采用条款式结构，将一个事项作为一"条"，以汉字序号逐条排列（如"第 × 条"）。条款式专用于法规、规章类公文。

条款式也有两种。一种是章断条连式，全文分为若干章，章下列条，条目序号不受章的限制，全文条目序号连续编排，这种结构适用于内容多、篇幅长的法规、规章，如《中华人民共和国统计法》。另一种是条文并列式，全文不分章，条目序号连续编排，篇幅较短的规章、制度一般采用这种形式，如《国家统计局巡查工作办法》。有的条文并列式结构不用"条"标示，直接以汉字序号排列，如《统计上大中小型企业划分办法（暂行）》。条款式结构下的款或项应独立成段，段间内容应具有相关性。

第四种是分部式，又称文章式，即将内容分成几个大的部分或若干层次，每个部分可用小标题揭示该部分的主旨，以表达同一种意思的内容组成若干段落，以若干部分或若干段落形成篇章。

分部式结构也有两种。一种是全文内容分为若干部分，每部分的小标题显示该部分的主旨，正文阐述具体内容。这种形式常用于篇幅较长的报告。另一种是全文按层次直接分段排列，不加小标题和序号，如有的奖惩性通报通常采用这种形式。

公文段落之间、层次之间的衔接需要运用过渡手段，从而使各个部分之间前后连贯，气脉相承，通篇浑然一体。过渡常用于行文中两层意思之间、总述与分述之间、叙述与议论之间的转换。一般采用关联词、引文、小标题、序数词等进行过渡。

常用的过渡方式如下：使用过渡词，如"综上所述""由此可见"等；使用过渡句，如"特作如下决定""现将有关情况报告如下""提出意见如下"等；使用过渡段，如国家统计局《关于建立国家普查制度改革统计调查体系的请示》中的第二自然段："根据上述情况…… 为此，特请示如下"。

最后讲内容照应。照应就是正文内容的前后呼应和互相观照，以加强公文前后内容的联系，增强公文的整体感。常用的照应方法有 3 种：即题文照应、前后照应、首尾照应。

题文照应是公文写作的基本要求之一。要做到这一点，关键是公文的标题要鲜明揭示公文的主旨，内容要紧扣标题，即通常所说的题文相符，不能"离题万里"。前后照应就是前面说的内容在后面要有着落，后面写的事项在前面要有交代。比如，前面提到的问题，后面应该有相应的解决办法和措施。首尾照应就是首尾遥相呼应，以引起读者的思索和回味。

四、收集内容素材

大家在实际公文写作中可能都会有一些感受，比如，接手起草任务后，往往觉得脑子空空，不知道从哪里切入；平时似乎准备了很多资料，可需要运用时，怎么也找不到可用的；描述事物只停留在表面，不能深入思考，得不出有深度和有价值的观点。这些感受的出现，说明存在学习准备不足、资料准备不足、思想准备不足等问题，而要解决这些问题，一条重要途径是依靠学习和积累。在 AI 写作环境中，AI 相当于提供了一个重要的开源信息渠道，可以有效地解决积累不足的问题。

我们讲"七步法"时提到，收集内容素材这个环节被称为"填肚子"，基本任务主要有 4 项。一是统筹内容。内容安排要合理有序，如刘勰在《文心雕龙》中所说，要做到"众理虽繁，而无倒置之乖"。在纷繁中求条理，就是做到内容既丰富，又条理清晰，让所有素材和内容"殊途同归"。二是连贯首尾。开头和结尾一脉相连，思想内容衔接连贯，完整准确地表达思想观点，使人看后能得其要领。三是关联左右。写文章就是积字成句、积句成段、积段成篇，段落和层级之间只有相互衔接、联系紧密、细密无缝，才能使文章条理清楚、脉络连贯。四是取舍素材，就是对所获得的素材进行取舍与定夺，做出合理安排。取舍就是保留对突出主题有用的素材，舍弃对突出主题没用的素材。定夺就是恰当安排素材，做到繁简适度、运用得当，更好地满足表现主题的需要。

要做到这些，离不开对素材的把握和准确运用，需要一定的素材积累。积累的范围是很广泛的，比如知识的积累，包括理论知识、专业知识和各种社会知识；观点的积累，包括从各种评论中看来的、自己提出的，多一些认识和想法，有助于对一些问题形成自己的见解和独特看法；语言的积累，包括生动的表述、精彩的语句、凝练的说法和一些"提神"的话。

善于积累的关键是要做一个有心人，做一个时刻在准备的人。我们在写作一篇具体公文的过程中，会经常遇到一些精彩的论述、有价值的观点、好的提法、好的构思等，但因为主题的要求、篇幅的限制等没用上，有经验的同志往往把这些"边角料"收藏起来，记在本子上、装在脑子里，有时间就反复琢磨。有时一些有亮点的思想和语言就会派上用场，有的典型例子就会给某篇文章增添色彩，真正使"边角料"实现增值。

由于公文涉及内容广泛，在一般情况下，公文写作者往往是一个"杂家"，既要注重平时学习，也要有针对性地及时学习，提高快速学习能力；有时针对某个具体话题，要进行专题性的突击学习，即学即用，努力使自己在较短时间内成为所写话题的"专家"。这种"临阵磨枪"式的学习，因为带着问题、紧贴主题，往往有助于快速了解情况，给公文写作者留下很深的印象，是公文写作者必须掌握的学习方法。

AI 在某种程度上可以让公文写作者"如虎添翼"，这具体体现在 3 个方面。

第一，AI 成了写作者的"外脑"，极大地扩充了素材积累的规模和容量。人的大脑记忆力再强，也比不过计算机的储存能力。AI 可以容纳海量的素材和信息供写作者使用。比如，新华妙笔除了有专门的素材库、范文库可以供收藏和储存素材之外，在主页面上还有新华问道、学习园地等板块，提供了大量实时和历史类政策信息、新闻资料和政经内容等；此外，小智 AI 也提供了对话功能，能根据输入的问题给出相应的回答，这些内容都可以作为素材使用。范文库、素材库、新华问道、学习园地、小智 AI 将在第十二章做专门介绍。

对于繁多的素材，不能贪多嚼不烂，也不能盲目收集，既要时常留心，四处浏览，善于发现，也要有的放矢，以目标为导向，在别人习以为常的地方多看多想，不光要"看热闹"，更要"看门道"。

具体来说，我们一要"盯世界"，把握本领域工作的发展趋势及其对本地区、本领域工作的影响；二要"盯中央"，及时学习党和国家的最新部署，找出其同本领域工作的关联；三要"盯上级"，弄清楚同本领域关系密切的相关部委、上级部门有什么行动和举措；四要"盯自己"，了解本领域、本单位有什么工作举措和进展；五要"盯各地"，看看其他地方有什么典型性做法、创新型经验。这几方面都考虑了，收集的资料就会比较全了。

第二，写作者可以根据需要对 AI 中的素材进行有效储存和分类。AI 提供的素材是面向所有人的，并不针对特定的领域。对于写作者而言，当积累的素材越来越多时，如何有效地储存和管理呢？首先，不要"唯数量论"，素材不是越多越好，而要注重质量。其次，要有意识地分门别类，可以按时间、按主题、按地域、按来源等进行区分，比如，不同文种的基本格式、常用的开头与结尾方式、主要的结构形式、标题写作方式、常用的句式等，这些"锦囊"性的素材可以选择好以后加以保存。

我们还可以按照不同的用途来对自己的储备加以分类。

一类是常规性工作所需的日常储备。要广泛涉猎，扩大知识面，多浏览已有资料，掌握各方面工作的详细情况，多调查研究，多收集素材，多阅读思考，做到心中有数。这样遇到任务时，才能做到"手中有粮，心中不慌"。

一类是专题性工作所需的集中式储备。对于同一个领域、同一个主题的工作，可以将相关的素材集中起来，让它们成为一个整体。花点精力去掌握与这个方面相关的事物的前因后果、历史脉络、最新变化等，有助于形成深刻认知，构建知识网络。等遇到相关主题的写作时，就能应对自如。

一类是创新性工作所需的临时性储备。当已有的积累难以满足新的写作需要时，这就要靠平时的积累和对工作规律的探索，提升被动状态下主动做好工作的能力。要善于在学习和积累中形成可以迁移的能力，做到举一反三，而且能充分调用知识，知道所需的东西到哪儿找，确保在需要时迅速找得出、用得上。

还有一类是紧急性工作所需的突击性储备。心中要时刻装着一个预案，始终处于"备战"状态。特别是对某一时期的重点工作，要时刻保持深入全面的了解，确保各项工作紧而不松、忙而不乱，力争把时间要求紧迫的公文写好，彰显扎实的功底。

第三，采用合适的方法和技巧，利用 AI 做好知识管理。在信息化和知识爆炸的时代，要充分运用信息网络的特点和优势，创新学习和积累知识的方式，学会建立知识索引，学会使用数据库获取信息，而 AI 恰恰就提供了这样的便利。同时，还要有对信息的辨别和整理加工能力，避免迷失在大量的信息中。我有一个观点：把记忆让给计算机，把思考留给自己。并不是什么内容都要记在脑子里，只要知道利用 AI 可以查找哪类素材、如何检索就行了。把记忆留给 AI，我们才能有精力多做一些积极思考。

特别需要注意的是，前所未有的海量信息给写作者带来了便利，但对于主体性思维能力不强的写作者来说，他们也容易被过载的信息"压垮"。关键在于要"以我为主"，用自己的主体性思维来寻找信息、过滤信息、取舍信息，做到去粗取精，去伪存真，而不是被碎片化、泡沫化的信息所控制。"以我为主"中的"我"，意思是自己要有明确的观点和清晰的写作意图，用自己的观点去统率散乱的信息、吸纳融汇别人的观点。这对我们提出了更高的要求：要有较为完善的知识体系，而不只是碎片化的知识，同时既要有坚持观点、确证观点的定力，又要不断吐故纳新，不断更新自己，永葆空杯心态。而写作过程，就是不断将公有知识"私有化"为个体知识的过程，也是不断整理思路、形成体系的过程。这样，写作和吸收信息就形成了一个互相促进的良性循环。

五、借鉴观点和句式

观点是一篇公文的精华。如果一篇公文有一些新观点、新提法，能让人记住，就是成功的体现。所以写作公文常常要在观点创新上下功夫，努力打造亮点和金句，写出精彩的部分。因为写作公文的根本目的就是表述明确的观点，起到说服、引导、推动工作等作用。而表述观点的要诀则是，用事实支撑观点、说明观点、增强观点的说服力，也就是说，要用事实成就雄辩。观点与素材的关系，就是论点与论据的关系。

新华妙笔的范文库和素材库中提供了大量的内容，包括观点性内容。观点性内容的内核是思想认识，外在形式则表现为一定形式的句子。这些内容都可以供写作者借鉴，他们可以根据需要选择合适的观点性内容，并加以适当的改造、加工，将其融入自己的写作中。

但这样做的前提是，掌握提炼观点的方法，这样才能在实际写作中对观点性内容运用自如。所以这里介绍一下提炼观点的 4 种常见方法。

一是萃取，材料取舍从多到少。比如写作一份部门总结材料，只是堆砌了一些素材：推进作风建设，加强业务学习；团队管理方面，梳理了各种工作流程；开展了人才招聘，今年扩招了一批应届生；各项经营指标保持稳定，和去年相比没有太大变化。但对这些素材缺乏提炼，这时就要进行取舍。经过分析可以看出，最大的亮点在于"强化自身建设，优化内部管理"，因此，围绕这两大方面选取重要的、突出的、典型的素材即可。

二是归整，梳理内容从散到聚。比如总结"五年规划"制定工作，在回顾制定规划的参考依据时，涉及的内容分散而庞杂，包括经济形势、竞争对手、行业政策、单位改革……经过总结，可以将内容合并归纳成 3 个方面：①适应经济新常态，认真转变发展观念；②认清行业新趋势，更加强化危机意识；③抢抓改革新机遇，切实增强紧迫感。这样内容就清晰有序了。

三是升华，总结观点从粗到精。比如在总结某企业的发展经验时，一开始写的是：一、牢记使命，强化担当；二、明确战略，推动落地；三、合规管理，稳健经营。这样显得较为平淡，句式短促。修改后是这样的：一、牢记责任使命，是公司不断做强做优做大的根本动力；二、坚持战略引领，是公司保持正确发展方向的基本前提；三、追求稳健合规，是公司总体平稳健康运行的内在原因。不但观点的内涵更丰富了，句式也整饬有序。

四是创新，切入角度从平到奇。比如某企业在部署新一年工作时写的是：深化改革；加大投资；开拓市场。结果发现这和去年写的工作重点完全一样，但对一个企业来说，工作重点一般是稳定不变的，那么就可以改变一下切入角度，将部署的工作改为：着力解决体制机制瓶颈，充分释放发展势能；加大有效投资力度，增强发展后劲；抓住市场开拓的工作主线，从生产型向经营型转变。同样是说这些事，但切入角度从"做什么"转变为了"为什么做"，从讲具体工作转变为了阐述工作思路，使受众既知其然还知其所以然。

清人李渔有言："意新为上，语新次之，字句之新又次之。"所谓意新，就是指观点创新。这对于我们修改公文观点，特别是将经常性的材料写出新意很有启示意义。前面我们讲的段头撮要法，就是提倡注重锤炼观点，并且把观点性的句式放置在各部分、各层次的开头。我们运用上述一些提炼观点的方法，可以用借鉴和创造相结合的方式，在 AI 系统中找到的内容基础上，对观点加以改造和提升，使其更好地表达公文的事项内容。

下面这个例子是一次专题党课的内容提纲，其标题就很有特点，经过了精心锤炼，醒目、新颖，有启迪意义。

> 树立正确的苦乐观，需要理解得与失的辩证法
> 树立正确的苦乐观，需要认识苦与乐的双重性
> 树立正确的苦乐观，需要把握多与少的"平衡术"
> 要有功成不必在我的"栽树"精神
> 要有忠诚履责的担当精神
> 要有甘于付出的奉献精神

下面两个例子是专题会的讲话提纲，其标题也体现了提纲挈领、精练务实的特点。其中一则是关于信息化项目建设的。

一、坚持业务驱动、技术支撑，充分挖掘和满足业务需求，强化技术与业务的衔接。

二、坚持分步实施、急用先上，合理配置资源，逐步推动项目落地见效。

三、坚持有效集成、数据共享，打破各自为政的信息孤岛，加强各系统之间的联通。

四、坚持数据为先、治理为本，确立数据的统一规范标准，做好数据清洗、导入等基础工作。

五、坚持好用实用、强化保密，既要提升用户体验和获得感，也要通过技术和管理手段确保信息保密。

另一则是关于对外合作的。

一、进一步明确对外合作工作的定位，它是公司不可或缺的战略性、基础性工作。

二、进一步强化政策和市场机遇，盘活资源，强化协同，积极开创工作新局面。

三、进一步加强队伍建设，建设一支数量充足、结构合理、素质优良的合作管理专业队伍。

四、进一步理顺机制，强化对合作项目的有效管控，提升管理效能和经营效益。

六、修改开头、结尾

开头和结尾也是必不可少的要素，虽然它们所占篇幅不长，但对于文稿却非常重要。当对 AI 输出内容的开头和结尾不满意时，可以借鉴素材，用正确的思路和方法对其加以修改。

好的开头，可以先声夺人，给人深刻的印象。开头长短不一，它既可以是一个句子，也可以是一个或几个自然段。

常见的开头方法有 5 种。

一是总体概括法，即从介绍情况入手，说明会议召开的背景、目的、议题和任务。这是目前普遍采用的方法。例如，某公司党建工作座谈会上的讲话稿，开篇就写"这次会议的主要任务是贯彻落实新时代党中央关于加强和改进党的建设新要求，总结交流公司党建工作的成功经验，研究部署新形势下公司党建工作，探索党建工作的新方式、新方法，动员全体党员干部，不断开创党建工作新局面"。

二是开篇点题法，即一开始便把讲话的意图简明扼要地说出来。例如，"下面，我简单强调几点意见，归纳起来是'一个强化、四个抓实、两个突破'"。

三是提出问题法，即提出问题，吸引听众，引发思考。毛泽东同志在《中国社会各阶级的分析》一文中这样开头："谁是我们的敌人？谁是我们的朋友？这个问题是革命的首要问题。中国过去一切革命斗争成效甚少，其基本原因就是因为不能团结真正的朋友，以攻击真正的敌人……我们要分辨真正的敌友，不可不将中国社会各阶级的经济地位及其对于革命的态度，作一个大概的分析。中国社会各阶级的情况是怎样的呢？"

四是表明态度法，即开门见山地表明对所谈问题的态度。例如："同志们，刚才某某同志的工作报告，我完全赞同。下面，我再强调几点意见。"

五是欢迎感谢法，即在表达必要的欢迎、感谢后导入正题。例如，某单位在向中央巡视组汇报工作的讲话稿中这样开头："尊敬的巡视组的各位领导：首先，我代表公司党委和管理层，对巡视组来我公司巡视和指导工作表示诚挚的欢迎。按照巡视组的要求，现在将有关情况汇报如下。"

不管采用哪一种方法，都应做到开门见山，简明扼要。

结尾的任务是托起全篇。它可以是一个句子，也可以是一个或几个自然段。常见的结尾方法有 6 种。

一是总结法，即在讲话结束时简要地对前面讲过的内容进行总结，进一步概括主题，加深听众印象。例如，"以上，我从增强建设幸福城市的使命感、增强对知识和能力的恐慌感，增强只争朝夕的紧迫感3个方面，向广大干部提了要求，希望大家不辱使命，恪尽职守，把本职工作做得更出色，为全市发展作出新的更大贡献"。

二是号召法，即用一些精悍有力、催人奋进的话语进行号召或呼吁，引申讲话主题，引起听众共鸣，达到情感高潮，使与会者为实现既定目标而奋斗。例如，在某单位反腐倡廉工作会议上的讲话稿的结尾："同志们，风清则气正，气正则心齐，心齐则事成。我们要紧密团结在以习近平同志为核心的党中央周围，服务大局、奋发进取，以坦荡胸襟、浩然正气，认真抓好反腐倡廉工作，为公司改革发展提供有力保障！"

三是展望法，即通过展望性、预示性的语言，引起听众对美好未来的憧憬与向往。毛泽东同志的《星星之火，可以燎原》的结尾是这样的："它是站在海岸遥望海中已经看得见桅杆尖头了的一只航船，它是立于高山之巅远看东方已见光芒四射喷薄欲出的一轮朝日，它是躁动于母腹中的快要成熟了的一个婴儿。"

四是希望法，即以带有希望性、鼓励性的话语作为结尾。例如，在青年干部大会上的讲话结尾："最后，希望大家倍加珍惜党赋予你们的职责，倍加珍惜公司改革发展的大好形势，倍加珍惜广大干部员工对你们的殷切期望，开拓创新、积极工作，以自己的实际行动交上一份满意的答卷。"

五是祝愿法，即以祝福性的话语作结尾。例如，"最后，衷心祝愿贵公司明天更加美好，祝愿同志们工作顺利，身体健康"。

六是自然收尾，意尽而止。例如，"以上几个方面，请大家认真研究，抓好这次会议的精神，谢谢大家"。

无论采用哪种方法结尾，都必须做到简洁有力、干净利落，切忌拖泥带水、画蛇添足，或者匆忙结束。

第十章

公文实战 5：写作模式篇

一、全包式写作：输入提示词，一键搞定

二、半包式写作：构思框架，逐段组合

三、零工式写作：获取灵感，润色加工

10

本章是公文实战部分的最后一章。同样使用 AI 辅助写作，不同的人在不同的时候依赖 AI 的程度，或者说人工参与的程度会有所不同，这既和不同人的习惯有关，也和具体的任务特点有关。据此，我们把写作模式分为 3 种，分别为全包式、半包式和零工式。当然这 3 种模式并非完全各自独立，有时也会交叉使用。

一、全包式写作：输入提示词，一键搞定

前面多次使用的步骤写作就是典型的全包式写作，即分步输入提示词，最后一次性输出内容。输出文稿的可用性很大程度上取决于所输入提示词的质量。

除了前面讲过的案例及其具体使用步骤外，这里还会介绍一种基本方法，帮助用户从多方面、多维度思考，从而提高所输入提示词的精准性。其步骤是：围绕写作任务形成核心主题思想（证明在思考有的放矢）；有几个自己悟到的新观点（可以看出对这个问题有独到理解）；有几个自己精心挑选的事例（证明经过了调查研究，能够从理论与实践的结合上说明新问题）；有几个合适的比喻、典故或数据（说明已吃透了这个问题，能够深入浅出地进行讲述）；有与文件不同的表述或阐释新问题的语言（说明不是在抄文件、抄社论、抄讲话）。

下面的例文是用全包式的模式写作的一篇某法院以"党建+"推动司法高质量发展的工作汇报。

随着中国特色社会主义事业的不断发展，人民法院在维护社会稳定、推动经济发展、保障人民权益等方面发挥着重要作用。我院坚持以习近平新时代中国特色社会主义思想为引领，深入学习贯彻党的二十大精神，坚持"抓党建、带队建、促审判"工作思路，积极探索创新"党建+"工作模式，推动党建与审判业务深度融合，以能动司法理念践行"公正与效率"，交出高质量发展答卷。本文将介绍我院以"党建+"推动司法高质量发展的工作情况与成果，以

及存在的问题和未来工作计划。

一、工作开展情况与成果

（一）以党建为引领，推动司法高质量发展

我院始终坚持把党的政治建设摆在首位，深入学习贯彻习近平新时代中国特色社会主义思想，坚决维护习近平总书记在党中央、全党的核心地位，坚决维护党中央权威和集中统一领导。我们将笃学、笃信、笃行习近平新时代中国特色社会主义思想作为首要政治任务来抓，深入学习贯彻党的二十大精神。我院坚持"抓党建、带队建、促审判"工作思路，探索创新"党建＋"工作模式，推动党建与审判业务深度融合，以能动司法理念践行"公正与效率"，交出高质量发展答卷。

（二）以案为鉴、以案促改，提高党性修养

我们坚持以案为鉴、以案促改，深入开展警示教育，不断提高干警党性修养。通过召开警示教育大会，组织干警观看警示教育片，学习典型案例，使干警从中受到教育，引以为戒。同时，我们严格落实防止干预司法的"三个规定"等铁规禁令，干警登录平台填报信息 1036 人次，其中有情况报告 83 条，开展谈心谈话 15 人次。

（三）党建创新："党建＋"模式，推动法院工作再上新台阶

我们积极探索实践"党建＋"模式，将党建工作与审判工作深度融合，形成党建与审判工作相互促进、共同提升的良好格局。例如，我们坚持支部引航，落实"支部建在庭上"要求，建立"党建＋审判团队"新模式。同时，我们狠抓执行规范体系建设改革，积极推行"七化"执行工作机制，建设执行事务中心，提供从执行立案到案款发放的"一站式"执行服务。

二、存在的问题

（一）个别干警党性修养有待提高

尽管我们已经在党性教育方面做了很多工作，但仍有部分干警对党的理论和精神理解不够深入，党性修养有待提高。这主要体现为一些干警在日常工作中缺乏党性观念，对待工作态度不积极，缺乏责任感和使命感。此外，一些干

警在面临困难和挑战时，缺乏坚定的理想信念，容易受到影响和干扰。

（二）党建与业务工作的融合程度有待加深

虽然我们已经尝试将党建与业务工作相融合，但在实际执行过程中，两者的融合程度仍有待加深。在推行"党建＋"模式时，往往只是将党建与业务工作在表面上结合，而没有真正将党的理论和精神融入具体的工作中，这导致了形式主义和做表面文章的现象。没有真正将党建与业务工作深度融合，会影响法院工作的整体效果。

（三）主题教育活动形式有待丰富

虽然我们已经开展了一系列的主题教育活动，但活动形式仍有待丰富。在组织开展主题教育活动时，往往只是采取传统的说教方式，而没有充分利用现代科技手段和媒体资源，使得活动形式单一，缺乏吸引力；此外，没有充分考虑干警的参与度和积极性，导致活动效果不佳。

三、未来工作计划

在未来的工作中，我们将继续坚持以党建为引领，推动司法高质量发展。以下是我们的具体工作计划。

（一）加强党性教育，提高干警素质

我们将坚持把笃学、笃信、笃行习近平新时代中国特色社会主义思想作为首要政治任务来抓，深入学习贯彻党的二十大精神。通过举办政治轮训、法官大讲堂、青年读书会、夜学"读书班"等活动，提高干警的政治素质和业务水平。同时，我们将以创建活动凝人心，让干部工作氛围更加浓厚，打造让人人有组织、人人有事干的平台。

（二）促进党建与业务工作融合，形成特色"党建＋"模式

我们将坚持党建引领，做强"大党建"，院党组、机关党委充分发挥支部战斗堡垒作用，引领工会、共青团、妇委会等群团组织。同时，我们将落实"支部建在庭上"要求，建立"党建＋审判团队"新模式。在业务工作中，我们将狠抓执行规范体系建设和改革，积极推行"七化"执行工作机制；建设执行事务中心，提供从执行立案到案款发放的"一站式"执行服务。

（三）开展丰富多样的主题教育活动，提升干警素质

我们将坚持常态化为群众办实事。常态化开展"为群众办实事"活动，打造"双百党建引领诉源治理""多元调解＋小额速裁""夜间法庭""巡回审判"等党建为民品牌。同时，我们将开展"以案为鉴""以案促改"警示教育，把整治违规吃喝作为纠"四风"、树新风的切入点，开展纪律检查、审务督察等活动，发布督察通报，严格落实防止干预司法的"三个规定"等铁规禁令。此外，我们将开展涉民生、涉企案件等专项执行活动，依法将违约者纳入失信名单，限制高消费，切实将"纸上权益"转化为实际利益。

除了步骤写作，新华妙笔还提供了小智 AI 的功能，用户可以通过与其对话生成整篇文字。比如选择小智 AI 并输入内容："请就加强粮食节约提出几点工作要求"，新华妙笔就可以生成如下内容。

关于加强粮食节约，提出以下几点工作要求。

一、提高粮食安全意识。全员需认识到粮食安全的重要性，坚决制止浪费行为。我们应该加强宣传教育，弘扬节约粮食的传统美德，营造节约粮食的良好氛围。

二、强化责任落实。各部门要切实履行工作职责，确保粮食节约措施落到实处。要制订具体的粮食节约计划，明确目标、任务和措施，确保责任到人。

三、加强监督检查。建立健全粮食节约监督检查机制，对粮食浪费行为进行定期检查和评估。对于违反粮食节约规定的行为，要严肃处理并追究相关责任人的责任。

四、优化粮食流通环节。加强粮食生产、收购、储存、加工、运输等环节的监管，提高粮食利用效率。优化粮食供应链，减少粮食损耗和浪费。

五、推广节约理念。倡导文明用餐、适量取餐的餐饮文化，鼓励使用标准化餐盒，减少食物剩余。在食堂、餐厅等场所设置节约粮食的提示标识，引导

员工自觉养成节约粮食的良好习惯。

六、加强宣传教育力度。通过举办主题宣传周、专题讲座等活动，普及粮食安全知识，提高员工对粮食节约的认识和意识。同时，利用企业内部媒体进行广泛宣传，形成舆论氛围。

七、建立长效机制。将粮食节约纳入企业长期发展规划，建立长效机制，确保粮食节约工作持续有效推进。不断总结经验，持续改进，提高粮食利用效率。

让我们共同努力，从自身做起，从现在做起，加强粮食节约，为保障国家粮食安全做出贡献。

用户可以从上述文字中选取相应内容并根据需要进行相应改写。可见，全包式并不代表可以一键搞定、一劳永逸，当AI输出内容与期望有差距时，用户还需要对部分内容进行调整优化，包括段落、句子、字词等，这时可能会用到半包式和零工式。可见，3种模式并不互相排斥，而是互相交融。

二、半包式写作：构思框架，逐段组合

半包式是指把整篇文章打散，在既定的框架结构下，AI不输出整篇文章，而是根据需要生成一段一段的内容，或者其中一部分段落的内容，用户再根据框架对生成的内容加以组合，积段成篇，从而形成整篇文章。

可见，运用这种模式，人在其中参与的程度更高，与AI的交互更深，而框架提纲的质量很大程度上决定了最终文稿的质量。前一章我们介绍了构思框架提纲的一些方法，包括运用思维导图来辅助理清思路。除了自己构思，写作者也可以借助AI，提取范文中合适的提纲模式，或者用步骤写作功能，在提炼大纲环节，将大纲迁移过来，之后不进入下一步，而是切换为半包式。

具体进行段落写作时，可以采取3种路径。

一是采用标题写作模式，把框架提纲中每个层次的标题依次输入，得出相

应内容后再将其加以组合。我们用博特妙笔的"分段生成"功能来进行写作。我们在"标题"栏中输入"加强招商工作宣传"，在"关键词"栏中输入"招商、宣传"，然后博特妙笔会生成一大段文字，我们可以从中选取合适的段落，比如下面这段：

强化招商工作宣传。充分利用电视、广播、网络等媒体平台，多层次、大范围宣传招商引资政策、法律法规、产业项目等方面的内容，并积极拓展宣传渠道和载体，调动本土籍官员、学者、企业家等社会贤达的力量，多方面、多渠道进行宣传。

如果对生成内容不满意，可以选择重新生成或者继续生成。

二是用 AI 续写功能来写作文章段落。进入新华妙笔 AI 写作后，选择右侧的"AI 续写"功能，在左侧文本框中填入段落标题，再单击"续写"，就会出现若干段落供选择，从中选择合适的内容，作为续写的内容段落。比如输入"抓好汛期安全生产工作"，再进行续写和选择，就可以形成这样的段落：

建立健全重大节假日、雨汛期等重点时段安全生产预警预防机制，做好督查检查工作，推动各项防范措施落实落细，确保安全生产形势稳定；针对汛期安全生产特点，加强气象信息预警预报，制定针对性防范措施，推动安全生产形势平稳向好。

续写功能可以叠加使用，从而更好地满足用户对篇幅的要求。输入不同内容后续写，就可以不断地扩充内容。

三是用小智 AI 来帮助生成段落。小智 AI 可以生成整篇文章，写作者也可以利用它来生成段落，既可以从整篇文章中截取合适的段落为己所用，也可以直接设定为段落生成。比如输入的内容是"写几段对新入职员工的寄语"，生成的内容如下：

各位新入职员工，欢迎你加入我们这个大家庭！这是一个充满机遇与挑战的新起点，你将成为我们团队中不可或缺的一员。在此，我想分享一些寄语，希望能为你未来的工作生涯指引方向。

首先，恭喜你成功迈出重要的一步，进入新的工作环境。新环境意味着新的机遇和挑战，你需要保持积极的心态和勤奋的精神。在未来的工作中，要勇于承担责任，不怕困难，追求卓越。当你遇到困难时，不要轻易放弃，要相信团队的力量和团队伙伴的支持，与他们共同进步、共同成长。

其次，始终保持对新知识的热爱和学习的激情。无论身处哪个岗位，不断学习新知识、掌握新技能都是至关重要的。在工作中遇到不懂的问题时，要虚心请教他人，积极寻求帮助。同时，要学会不断总结经验教训，不断调整自己的思路和行动方案。

再次，团队精神是我们共同的信念。在团队中工作不仅要完成自己的任务，更要关注团队整体的目标和利益。尊重他人意见、与他人保持良好的沟通和协作是非常重要的。同时，也要学会倾听他人的建议和批评，从中汲取有益的经验和启示。

最后，保持健康的心态和生活方式也是非常重要的。在工作中要合理安排时间，保持良好的心态和状态。在工作之余也要注重身体健康和休息，这样才能更好地面对工作中的挑战和压力。

愿你在未来的工作中不断进取、不断进步，成为我们团队中的佼佼者！再次祝贺你加入我们的大家庭！

用户可以根据需要选择和改写其中的一些段落。

为了帮助大家用好上述 3 种路径，我们提供 3 种段落写作的方法。

一是散点连缀。人的思维模式有很多种，如散点思维、线性思维、结构化思维等，在公文的写作构思中，纷杂的思维触点往往以散点的形式出现，那么我们要做的就是捕捉这些思维触点，并找出和锁定其中心和主线，统领和连缀散乱的思维触点，将其有效地聚拢、整合、梳理和取舍，留下有用的思维触点并进一步延展扩充，把与主题无关的全部舍弃，使这些留下的思维触点成为一个重点突出、主线集中、条理清晰的有机整体。当整体的构思初步形成后，对于不断冒出来的新的散点，我们可以继续根据需要将其纳入整体构思当中，不断充实和完善公文的内容。

　　下面这个例子是在讨论如何总结全年工作时的发言，在构思的时候基本是按照散点连缀的方法展开的。

　　对今年总结的认识，我觉得要考虑到三个"特殊"：特殊的情形，包括行业形势的新变化；特殊的时点，从国家层面来说是"十四五"的关键之年，从我们单位来说是新一任领导班子的上任时期，要体现出新的思路；特殊的任务，我们今年承担了重要攻坚任务，要认真加以总结。

　　总结报告主题，要聚焦突出增强信心，突出提质增效，突出高质量发展，从这些方面来提炼最合适的主题。

　　结构上不宜太复杂，总体上还是分为三部分比较合适，如全年总结、形势与任务、下一步工作要求，这样逻辑比较通顺，也好驾驭。每一部分当中的若干个层次要有序、均衡、匹配、逻辑清晰。

　　在内容方面，全年工作总结包括生产经营、项目建设、改革创新、党的建设等，要全面梳理，把主要的业绩亮点都展示出来，不要遗漏；下一步工作重点，要结合长期和短期，除了全面的任务目标和工作外，还要考虑"十五五"规划的制定以及补短板、强弱项方面的工作。

　　这是在写作之前的构思。按照清晰的思路，并从中选取若干具体要素，依次加以述说，将它们连缀起来，并且作为提示词输入 AI，逐段生成内容，这样就能组合出串珠式的、散点连缀的整篇文章。

　　二是扩句成篇。扩句成篇就是在确定各部分重点的主旨句的基础上，围绕这些主旨句进行内容的扩充，从而形成整篇稿件。在运用扩句成篇的方法时需要把握几点。第一，主旨句其实就是段首句，常常是对一部分内容的核心意思和主旨内容的概括和提炼，对整个段落起到统领作用。它无论采用简单句式还是复杂句式，常常是一个表达观点的句子，那么应该围绕主题来展开，并与其他观点相协调，同时还需要事实和素材来加以论证和支撑。第二，扩句成篇的句子，在句式上往往是一致的，或者有相似之处，或者存在一定的逻辑联系，这样有利于进行构思，可以让写作者根据一定的句式逻辑进行内容的概括和推导；也有利于句子的整理，从而确保内容逻辑有序、层次得当和条理清晰。掌握了扩句成篇的方法，可以熟练地根据内容的构思，从一个句子或若干个句子出发，不断扩展、连缀和提炼，从而扩句成段、扩段成篇，这是一种适合段落写作的好方法。

比如在写作支部学习的发展提纲时，就可以根据这些段首主旨句，利用AI加以扩充并形成全文。

今天的学习形式和内容都很好，效果也不错，体现在几个方面。

学出忧患意识，学出坚定信心……

学出政治站位，学出为民情怀……

学出责任担当，学出优良作风……

下一步要继续巩固支部学习的成效，创新方式，提高学习质量。

要深入思考学，不要浅尝辄止学……

要系统全面学，不要孤立片面学……

要有机关联学，不要脱离实际学……

比如就某项工作提出的要求形成的各段段首主旨句，可以是下列多种形式，我们选择合适的一种加以扩充即可。

提纲之一

一要总结提高，巩固势头，坚定信心，再上台阶。……

二要学习领会，把握精髓，提高站位，明确目标。……
三要贯彻落实，立足职责，结合实际，推动落地。……

提纲之二

一是适应形势转变，积极谋划，善作善成。……
二是突出工作重点，压茬推进，务求实效。……
三是立足职责任务，创新工作，岗位建功。……
四是强化队伍建设，锤炼作风，提升本领。……

提纲之三

一是提高站位，自我加压，发挥好应有的职能作用。……
二是加强学习，补齐短板，提高做好工作的履职能力。……
三是主动谋划，周密实施，提升各项工作质量效率。……
四是树立信心，担当作为，保持奋发昂扬的精神状态。……

三是模式构思。我们可以根据情境和需要选取前面讲述的框架构思的方法，形成一定的模式框架，构思和组织内容。只要模式构思的方法运用熟练了，每当遇到具体的任务，就能从"模式库"中选择某一种合适的加以使用。模式也可以理解成通常所说的"套路"，它是对各种复杂情况的抽象和简化。对于这些模式，我们一方面可以从自己的实践中不断加以总结，另一方面可以通过学习范文和他人经验加以借鉴。

比如要准备在工作例会上的领导讲话，就要先形成提纲，这时既可以运用倒金字塔结构，也可以运用并列结构，还可以运用其他的结构。下面这份提纲运用的就是倒金字塔结构，局部又运用了并列结构。

一是确立年度工作主题。
每年一个主题，从前年的体系构建年，到去年的流程优化年，今年的主题应该是制度建设年。……

二是明确工作思路和原则。

要增强计划性、权威性、实效性。……

三是突出工作重点，做到几个"结合"。……

以文辅政方面，要"两条腿走路"，文稿起草与调查研究相结合。……

信息工作方面，要"内外开花"，外部信息与内部信息增值服务相结合。……

督办工作方面，要"弹钢琴"，常规督办与重点专项督办相结合。……

公文方面，要做好"加减法"，提质与减量相结合。……

档案方面，要"软硬兼施"，提升硬件保障水平与完善管理体系相结合。……

下面这份提纲运用的是嵌套式的并列结构，即在大的并列结构中再嵌入小的并列结构。

在工作理念上，要注重流程建设，理顺工作界面，同时加强合作协同，不打乱仗。……

在工作节奏上，要不求毕其功于一役，不把目标理想化，采取的措施要实际、管用，要有针对性。……

在工作方法上，要学会抓主要矛盾，抓住重点和关键，提前计划、制定预案，注重过程管控，提高执行效果，加强总结分析和复盘。……

结合这次的工作安排、工作原则和队伍建设需要，提几点要求。

一是勤于学习。

二是善于思考。

三是乐于沟通。

如果熟练掌握了模式构思的逻辑方法和结构形式，并将其与实际的情况相结合，就能有源源不断的模式与"套路"可以选择。

三、零工式写作：获取灵感，润色加工

零工式写作就是由人完成主要的工作，但人可以利用 AI 的一些功能，把局部工作和一些具体的环节"外包"给 AI，让 AI 成为按需提供服务的"零工"。

哪些工作可以交给 AI 来完成呢？其实很多工作都可以交给 AI 来完成，包括借鉴观点和句式、修改开头和结尾、段落优化等。针对这些内容，可以采用什么方法呢？这里从写作基本功的角度出发，介绍 6 种方法及其运用，分别是扩写、缩写、改写、续写、串写和补写，这 6 种方法都可以运用到 AI 写作中，结合相应的功能，起到辅助优化完善的作用。

第一种是扩写，就是基于原来内容简单、篇幅短小的短文或片段，经过再创作，丰富其语言、结构和内容，使它比原作更充实、更具体、更完善。扩写是公文写作中较为常用的一种写法，比如，将一些会议纪要、工作简报、新闻稿等篇幅相对较短的材料，扩写成篇幅长的文章，或者依据一段议论性文字，扩写出一篇理论性的文章。

扩写不只是篇幅的简单扩大和文字量的增加，更是内容丰富性和容量的扩充，是对文章的进一步丰富和完善。扩写时一定要把握以下几点。

第一，补充和扩展的内容必须符合情理，不能随意改变原意，真正做到吃透原文。一般来说，核心观点和基本判断是不能变的，扩充的更多是情况概述、背景信息、素材论据等，以使原文更加充实，更加有说服力。

第二，要善于找到"可扩点"，也就是能够扩充和需要扩充的部分。对原作内容简略或空洞的部分要重点着墨，写得更丰满；对原作内容模糊的部分要加以梳理，使条理更清晰、逻辑更严谨；对原作内容论述不够深入的部分要进一步论证，使观点更有深度。

在 AI 写作中，扩写主要可以用在步骤写作中写摘要的环节，因为摘要将会是后续形成全文的基础，主要的观点、逻辑和主体框架在摘要中都会得以体现，因此可以说全文是摘要的"放大版"。而在零工式写作模式下，参照前面所述的方法，扩写可以用 AI 续写的功能来完成，也可以用和小智 AI 对话的功

能来实现。

此外，小智 AI 还有一项独特的功能——内容解读，当用户选择，并在相应的对话框中输入需要解读的内容后，小智 AI 会对其加以分析和阐述。比如在"帮我解读下述内容后"填入：

加强政务专区建设，提升群众满意度。严格按照省、市、县关于政务公开专区建设工作的有关部署，根据我镇实际情况，将政务专区与政务服务大厅合并建设，主动为前来办事的群众和企业提供便利快捷的政务服务。加强软硬件设施投入，在便民服务中心大厅显著位置设置"政务公开专区"标识，积极统筹协调资金，配齐查询机、计算机、打印机等设备。

小智 AI 会给出下列回答。

这段内容是关于加强政务专区建设，提升群众满意度的相关计划和措施。具体解读如下。

1. 加强政务专区建设：这是提高政府服务效率和透明度的重要措施。政务专区不仅是政府提供服务的场所，也是政府与群众互动、交流的重要平台。

2. 提升群众满意度：政务专区的建设目标之一是提升群众的满意度。为了满足群众的需求和期望，政府需要不断地改进和优化服务，提高服务质量。

3. 严格按照省、市、县关于政务公开专区建设工作的有关部署：这意味着政务专区的建设需要遵循一定的规范和标准，确保各项工作有序进行。

4. 根据我镇实际情况，将政务专区与政务服务大厅合并建设：合并建设可以更好地利用资源，提高服务效率，为群众提供更加便捷的服务。

5. 主动为前来办事的群众和企业提供便利快捷的政务服务：这是政务专区的核心职责之一。通过优化流程、提高效率，为群众和企业提供更加便捷、高效的政务服务。

6. 加强软硬件设施投入：为了更好地服务群众，需要不断加强软硬件设施的投入，包括配置查询机、计算机、打印机等设备，提高服务效率和质量。

7. 在便民服务中心大厅显著位置设置"政务公开专区"标识：这样可以方便群众找到政务专区，了解相关政策和服务，提高群众满意度。

可以看出，小智 AI 会拆解一段话中的每一句，然后加以细致的解读，并与相关的内容关联，进行进一步的阐述。这其实就已经实现了扩写的功能，对于写作者来说，小智 AI 解读的内容一部分可以直接运用于自己的写作。

第二种是缩写，就是把一篇较长的文章，在不改变其中心思想、内容重点、脉络主线、基本结论等的情况下，通过高度概括、认真归纳，压缩成一篇较短的文章。缩写这一形式也很常见，如起草会议纪要、典型材料、工作请示等，写作者往往需要有较强的缩写能力，要从一堆素材中，取其精华，尽可能用较少的文字加以归纳总结。

缩写要把握"三个基本"：基本要求是做到"量体裁衣"，根据缩写的需要，在限定的字数内，使缩写的文章符合要求；基本方法是通读原文，把握主题和主线，分清层次，明确哪些应该删减，哪些应该保留，做到心中有数；基本原则是把握主次，"存主干，去枝叶"，用化繁为简的写法，揭示原文的核心要点。

小智 AI 有一项非常独特的功能，即文档总结，它可以对用户提供的本地文档进行要素化、结构化的拆分和概述，这其实就是一种条理化的缩写。比如，我们让它总结下述文档。

时隔 8 年重返奥运赛场 叶诗文强势晋级女子 200 米蛙泳半决赛

时隔 8 年，叶诗文终于回来了。

北京时间 7 月 31 日下午，2024 年巴黎奥运会游泳项目女子 200 米蛙泳预赛在拉德芳斯体育馆进行。时隔 8 年重回奥运赛场的老将叶诗文发挥不俗，位列所有预赛选手中的第四名，晋级半决赛。

叶诗文在第三组（最后一组）3 道，与她同组的，还有奥运会纪录保持者等众多高手。叶诗文在前 50 米排第六位，但她始终保持自己的节奏，在后程超越了一个个对手，最终排名为本组第二。她以 2 分 23 秒 67 的成绩，第四位的排名，成功晋级半决赛。

2012 年伦敦奥运会，当时只有 16 岁的叶诗文横空出世，独得 200 米混合泳和 400 米混合泳两枚金牌，并两破奥运会纪录。不过，由于身体发育等原因，2016 年里约奥运会上她未能取得好成绩。4 年前，叶诗文落选了中国游泳队东京奥运会参赛阵容。

从年少成名到从巅峰滑落，叶诗文没有退缩，最近几年她以 200 米蛙泳作为突破，逐渐找回了登上领奖台的感觉，并在今年 4 月的全国游泳冠军赛上达到奥运 A 标，得到了第三次征战奥运会的机会。当时她曾感慨地说："我想告诉年轻的运动员们，在运动生涯中可能遇到很多波折。当你走上坡路时，应该预料自己会有一天摔到谷底。我们需要接受所有的结果，同时不被挫折和失败击倒！"

根据赛程，女子 200 米蛙泳半决赛将在北京时间 8 月 1 日凌晨进行，决赛安排在北京时间 8 月 2 日凌晨。

经过总结，概述如下。

这份文件是关于中国游泳运动员叶诗文时隔 8 年重返奥运赛场，并在女子 200 米蛙泳预赛中强势晋级半决赛的报道。以下是文件的核心内容提炼。

1. 重返奥运赛场

运动员姓名：叶诗文。

时间跨度：时隔 8 年。

赛事背景：巴黎奥运会游泳项目女子 200 米蛙泳预赛。

2. 预赛表现

出发组别与位置：第三组（最后一组）3 道。

同组对手：奥运会纪录保持者等对手。

比赛过程：前 50 米排名第六，在后程超越对手，最终排名本组第二。

成绩与排名：2 分 23 秒 67，预赛所有选手中的第四名。

3. 叶诗文的背景

早年成就：2012 年伦敦奥运会独得 200 米混合泳和 400 米混合泳两枚金牌，并两破奥运会纪录。

挫折与调整：因身体发育等原因，2016 年里约奥运会上成绩不佳，4 年前落选东京奥运会参赛阵容。

近期突破：以 200 米蛙泳为突破，找回状态，今年 4 月在全国游泳冠军赛达到奥运 A 标。

4. 励志寄语

对年轻运动员的鼓励：在运动生涯中可能遭遇波折，应接受所有结果，不被挫折击倒。

5. 后续赛程

半决赛时间：北京时间 8 月 1 日凌晨。

决赛时间：北京时间 8 月 2 日凌晨。

6. 社会反响

叶诗文的回归引起广泛关注，其展现出坚韧不拔的精神。

7. 体育精神

坚持不懈：叶诗文通过不懈努力，克服困难，重返奥运赛场。

竞技风采：在预赛中展现出良好的竞技状态和精神风貌。

这份文件通过详细的比赛描述、背景介绍和运动员心路历程的展现，突出了叶诗文作为老将的坚韧与毅力，以及她对年轻运动员的鼓舞和激励；同时，也预示着她在未来的半决赛和决赛中可能带来更多精彩表现。

　　尽管字数没有少很多，未体现出缩写的外在特征，但是通过条分缕析地拆解内容要素，提取重点信息，可以帮助用户从中选取需要的内容，而舍弃无关的内容，这一取舍过程就把缩写的需求内化其中。

　　第三种是改写，就是根据工作所需，把一种体裁的文章，改写成另一种体裁的文章，或者把一种风格的文章改写成另一种风格的文章，把不符合要求的文章修改成符合要求的文章。这是在公文写作中最常见的一种写作形式。

　　改写是以原作为题材进行的"再创作"，其过程实际上就是重新构思、重新剪裁、重新布局的过程。要练好改写功，需要在以下 3 方面下功夫。一是要学会驾驭多种文体。多学多练，打好基础，努力做到"十八般武艺"样样精通，能胜任不同的修改任务。二是要正确把握修改方向。根据任务需要，明确改写的要求，根据改写的需求和目的有方向、有针对性地改。三是要充分体现修改的创造性。改写绝不是简单的文字的重新组合，而是利用原有内容素材，形成一篇"新的文章"，除了已有内容之外，还要注入写作者思考和创新的元素。

　　改写的要求较为灵活，在 AI 写作中能得到全方位的体现，既体现在标题、摘要、大纲、初稿写作修改的全周期中，也体现在结构、观点、句式、表达方法、语言风格、字词等全方位的内容中。在 AI 写作环境中，当需要把一种文体转变为另一种文体时，既可以通过学习参考范文的形式，掌握目标文体的特点来完成，也可以通过向小智 AI 直接提问的方式来帮助修改。

　　如果是要对一篇文章在不改变问题的情况下进行修改完善，可使用的 AI 功能有两种。一是 AI 校对功能，新华妙笔的强大校对功能能从政策、内容、语法等各方面对公文进行审核，提出修改意见。二是 AI 润色功能，新华妙笔会对选中的内容加以润色、修改和完善，使其在具体的语境中表达得更到位。这两项功能，我们在后文中将加以介绍。

　　第四种是续写，就是顺着原作的思路、线索、脉络或主旨的发展，对原文进行合理的延伸和拓展，使意思表达更完整，内容更全面。起草公文特别是在修改公文的过程中，往往也存在续写的情况。例如，原文存在结构性缺失，导致后面的意思表达不完整；或由于内容缺乏协调性，后面内容与前面内容存在矛盾；或因为情况的变化，后面内容不符合最新的要求。当出现这些情况时，就需要用到续写。

续写要注意 3 点。一是保持前后文语言风格的一致性，根据前文合乎逻辑地续写，做到前后呼应，逻辑通顺。二是把握好续写与扩写的区别。扩写是对全篇的扩展，而续写是在不改变前文的情况下补充后文。三是续写要有的放矢。尽管续写部分对行文的内容限制较小，留下的可供自由发挥的空间比较大，但也要经过缜密思考，在动笔前最好能列出一个写作提纲，明确写作重点，避免写作时信马由缰。

续写既可以体现在全文，也可以体现在文中的局部。对一个部分、一个意义段进行续写，可以使其更完整。

第五种是串写，就是将看似无关联的几个词语、句子有机组成一段话或一篇文章，如将"高质量发展""科技""以人为本"等词或短语，根据特定目的巧妙串写成一篇文章。

在公文写作实际场景中，领导交代任务时，有时可能就只说了几个关键词，其他的都靠起草者去琢磨。而随便拆解一篇公文，最后会发现内容都是由若干个词语组成的。在几个给定的词语之间建立关联，理顺逻辑，形成论点和论据，是写好一篇文章必不可少的过程。所以加强串写训练，对练好写作基本功很有帮助。

串写要注意几点。一是准确掌握词句含义。动笔之前，认真理解所给词语、句子的意思。只有完全理解它们，才能准确把握它们的用法，才能实现预期的写作目的。二是进行宏观构思。串写时要通篇考虑，大处着眼，根据整体思路观照具体的词句，而不是一开始就拘泥于词句，导致因小失大，顾此失彼。三是力求做到自圆其说。在运用给定的词语和句子时，要逻辑自洽，表述自然，使之成为有机组合的整体，而不是生搬硬套，导致内容生涩、牵强和产生歧义。四是要充分调动知识积累。在串写时需要运用到很多背景知识、论据素材，这些依靠平时的积累，写作者也要在写的时候充分激活和运用好它们。

比如，会议上领导提到海外项目整合时说："要考虑怎么把力量整合起来，用好。要继续向前推，这种思路是对的。这份工作很有意义。"根据其中的"整合""用好""向前推""有意义"等表述，运用平时掌握的素材和相应观点，将其有机地串联起来，通过充实和完善，形成的纪要内容如下。

海外整合工作很有意义，取得了很好的成果。项目收购完成之后，公司及时筹划、积极推进管理力量整合工作。一年多来，双方从战略、决策流程、技术标准等方面进行了有效整合，取得了重要进展，也被对方接受和认可，这是很大的进步，为海外项目整合的整体推进奠定了基础。下一步，要更加积极、稳妥、有序地推进工作，促进双方团队的有机融合。

第六种是补写，就是通过将残缺不全的文字进行补充加工，形成完整的文章。工作中有时需要对内容不齐备、不完整的稿件进行修改，或者分工写作的稿子在统稿时，有些部分完全不能用，在这些情况下，就要用到补写。

在新华妙笔中，填写关键词以及相关基础信息，其实就是补写功能的运用。写作者只要能够准确地把握核心关键词，新华妙笔就能运用强大的算法和语料，分析其逻辑关系，并进行内容组合。

补写的常见形式有 3 种。一是文章的结构要素存在残缺，如只有开头和主体，没有结尾；或只有主体和结尾，没有开头；或开头和结尾都有，但主体存在重大缺失。二是文章虽然在形式上完整，但局部存在内容的残缺，导致表达不到位。三是文章中的一些关键要素和重要信息缺失。

不管是以上哪一种情况，写作者都要先认真研究已有部分，进行逻辑推导和内容梳理，理出文章合理衔接和准确表达必不可少的线索，再按照文章脉络清晰和意思表达完整的要求，对空缺部分加以创造性发挥，把"坑坑洼洼"填平补齐。

在新华妙笔中，至少有 4 种功能可以在补写时选择使用。一是当因为补写需要寻找一些内容素材，比如政策性的条文、较新的新闻报道、各方面的实践经验、党和国家的重要会议等时，新华问道和学习园地提供了大量的信息。二是小智 AI 可以根据用户的需要生成特定的内容，这些内容可以作为补写的素材。三是范文库、素材库中有关内容可以作为参考借鉴。四是新华妙笔的 AI 灵感功能。新华妙笔储存了大量能够激发灵感的语言元素，如名言佳句、网络金句、台词、古诗文、谚语、俗语、惯用语、歇后语、典故等，当用户输入相关的内容并选择"AI 灵感"下的某一条目时，页面上就会出现很多相关内容供选择使用。比如在"AI 灵感"的搜索栏中输入"坚持终身学习"，再选择"古诗文"，页面上就会出现很多条内容，如"少年辛苦终身事，莫向光阴惰寸功""立身百行，以学为基""立身以立学为先，立学以读书为本"……写作者从中选择觉得合适的内容即可。

第十一章

人机协同：AI 写作成果的检验与优化

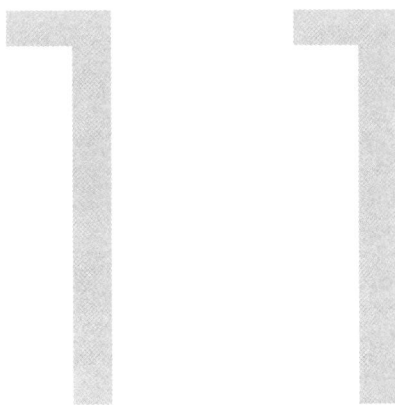

11

从前述章节尤其是 AI 辅助公文写作实战的几章来看，AI 由于将写作规律和方法融入其程序与算法，如果能正确使用，确实能在很大程度上帮助人提高写作效率，同时 AI 所具有的海量信息储存能力，为写作者提供了强有力的素材支撑。但是，AI 并不能完全替代人的劳动，人也不能把所有的工作都交给 AI，毕竟 AI 的智能化程度还无法与人的心智相提并论，而且在实践当中，AI 输出的成果确实也还有一定的提升空间。所以在 AI 辅助写作的全过程中，我们一直提倡的是人机协作，而且人始终是主体，需要向 AI 交付任务，控制过程，还要最终对 AI 提供的成果进行检验和优化。

前面的内容多少也已经涉及人工校正修改等方面的内容，本章将集中阐述这一方面内容，而且侧重于整篇文章完成后，人要较为深入地进行这一校正过程。

一、AI 写作成果的质量检验标准

人工介入的前提是，我们要知道判断公文质量的标准是什么。这也是我们在检验 AI 写作成果时所遵循的质量标准。这里提出 5 个方面的标准。

第一，从情感的角度来说，是修辞立诚。《周易·乾》中说："修辞立诚。"它的意思是指写文章应表现出作者的真实意图和真情实感。这向来被视为写文章的一大信条和准则。正如孙犁先生所说，"把修辞和诚意联系起来，是古人深思熟虑得出的独特见解"。通常一谈到修辞，就是指语言优美，有表现力，这种观点其实不得要领。修辞的目的，是为了立诚；立诚然后修辞，这是语言的辩证法。写下的文字如果是真情和思想的流露，不用修辞，就能有感人的力量。只有充满真情实意的文字，才能引起受众的共鸣。任何虚情假意、矫揉造作的文字，组成的只能是空话、假话、套话，总是被人一眼识破，并心生厌恶。

真正好的文字是平淡质朴的，明白如话，冲淡隽永，不事雕琢，它只是还原作者看到和想到的事物。也就是说，从看到、想到事物，到最终写成文字，在这整个过程中，唯一参与加工的是作者的阅历和知识，而不是作者的文字技巧。于是呈现出来的就是事物包含在文字中，而作者的创造性和洞察力包含在事物中。某种程度上，这也体现了作者足够的自信，他明白自己要写的内容本身就具备足够的力量，任何多余的处理都是画蛇添足。

第二，从思考的角度来说，是深入浅出。文章既要有一定的思想性和理论性，又要明白晓畅，通俗易懂。文章深入浅出是高水平的体现，作者不仅要有深厚的思想内涵，还要善于使用平易浅显的语言将它们表达出来。这比深入深出、浅入浅出、浅入深出都要难，却是作者应该追求的境界。

有人以为，有思想内涵、有理论深度的文章难免要艰深一点，如果一味追求平易浅显，是不是就达不到深度上的要求了？其实不是这样的。有句话说，"非名山不留仙住，是真佛只说家常"。真正懂得深奥道理的人，往往都会用浅显易懂的方式来讲解道理。做到深入浅出的前提是对深奥的道理理解得很透彻，能把复杂的事物、艰深的理论用生活化的语言讲明白。好的交流不是让对方感到迷惑，更不是为了显示自己的水平多么高，而是要让对方有效地接收传递的信息，理解其意图和内容。

有一点要特别注意，要把浅显易懂的表达方式与空话、套话、程式化的表达方式区别开来。浅显易懂的表达方式，应该同时具备清新、灵动的特点，或者说，因为内容清新、灵动，所以是浅显易懂的。有时看一些文章，我们看到太多空话、套话，并不是因为它们浅显易懂，反倒是因为它们意义含糊才被反复使用的。

第三，从表达的角度来说，是文通字顺。写作的语言表述讲究准确、规范、严谨、平实，做到文通字顺、庄重严谨、精准简明。准确明白是写作的基本境界，也是起码要求。准确，既指内容上素材真实、数据准确、议论恰如其分，也指态度和效果符合实际，认识准确到位，分析客观科学，想法切实可行。

具体到文字表达上，少用或不用绝对性、夸张性的词语，避免表达过于笼统或模棱两可，避免出现歧义，避免口语化或过于专业化，把要说的事、要讲的理说准确、讲明白，做到条理清楚，语言顺畅，让人一看就懂。涉及的人名、地名、时间、数字、段落顺序、引文等必须准确无误。文字、数字、计量单位，甚至标点符号的用法都必须准确规范。

第四，从接受的角度来说，是喜闻乐见。每一篇文章都是面向特定受众的，应该让受众觉得易于接受，喜闻乐见，减少阅读障碍，提高受众的获得感。这就要求文章体现的思想情感符合受众的惯常心理和情绪，内容契合受众的接受程度，表达方式符合受众的接受习惯。对于特定受众，还要考虑他们的兴趣、偏好以及特定的信息需求，这样才能实现有效的、有诚意的沟通。

特定对象的需求和心理模式，也是要加以把握的。比如事务性公文中，会议讲话的受众是全体与会者，汇报的受众是上级单位领导，情况介绍的受众是相关单位的同志。那么在写作这些不同的文体时，一定要考虑受众，根据他们的接受能力和心理需求来写。总之，要因人而异，否则就成了"对牛弹琴"。

第五，从效果的角度来说，是务实管用。公文一定要务实管用，我们应该把这作为公文写作必须把握的第一原则。要做到这样，就要从头到尾贯彻实事求是的原则。《条例》第十九条明确规定，公文起草应当做到"一切从实际出发，分析问题实事求是，所提政策措施和办法切实可行""深入调查研究，充分进行论证，广泛听取意见"。这就要求在公文构思、起草中实事求是，这样才能让内容切合实际，有效发挥为实际工作服务的作用。

有了这5条标准，我们就有了检验AI写作成果质量的标尺。具体来说，要从4个方面来看。

一看切题是否准确。切题就是符合题意，符合要求。公文是遵"令"而作，也就是要符合特定的意图，为什么写、写给谁、写什么等，这些都要明白把握。切题的成功，就是方向的成功。

二看内容是否充实。公文写作要实打实地阐述政策、表明态度、解决问题、推动工作。所以充实公文内容，提高针对性至关重要。在大的主题之下，紧扣工作领域，抓住几个具体问题，吃透上情，摸准下情，搞清内情，深入分析背景、成因，提出解决问题的主张、措施和要求。在事实的基础上，还要有新颖有力的观点，用观点统率事实，用事实说明观点。光有事实没有观点，就是一盘散沙；光有观点没有事实，就是没有血肉的空骨架。观点必须与主题契合，和事实有机结合，相互之间协调一致。内容的成功，就是观点与事实的成功。

三看结构是否合理。公文的谋篇布局应考虑内容的需要，寻求好的形式。结构最为重要的就是条理清晰，层次有序，逻辑得当。从局部的结构看，一般来讲，观点—事例—分析—结论，这是人们普遍接受的一种组织方式。从表达逻辑讲，先说"是什么"，再分析"为什么"，然后阐述"如何做"，最后说"达到什么效果"。结构的成功，就是逻辑的成功。

四看表达是否得体。公文的表达要秉承两个原则，即删繁就简和标新立异。删繁就简就是要简洁清楚、流畅自然，叙事简约生动、说理清楚明白、描绘形象准确。标新立异就是无论立意谋篇还是遣词造句，都要有独创性，写作者要学会把一些理念、想法和见解重组，提出新理念、新思想、新举措。表达的成功，就是语言的成功。

二、质量优化的主要方向及内容

AI 并不是万能的，所以它输出的成果也不能直接就用，需要加以修改和完善，同时，AI 也是人在操作，人在写作时的缺点也会反映在 AI 写作中，或者说，AI 写作的不足，本质上是人在写作时的不足所导致的。现实中发现的 AI 写作存在的常见问题，归纳起来也有一些共性，这些共性可以归纳为"十大症状"：提炼不够、材料琐碎、结构不妥、逻辑欠缺、层次不高、没有特色、生搬硬凑、视野狭窄、语言干巴、表述西化。

除了这种形象化的描述，还可以从几个大的方面来归纳概括。

一是主题方面，经常表现为主题不鲜明，标题不醒目，以及文题不符。有的文稿主题不集中，存在多条主线，没有紧扣一个中心任务来布局。这是很普遍的现象。公文应该做到一文一主题，否则内容就会杂乱无章。有的文稿标题归纳不准、提炼不够、概括不好，缺乏画龙点睛之效。还有的文稿标题与内容不吻合，甚至相差甚远，观点与内容不相匹配，外延与内涵不相适应。

二是结构层次方面，经常表现为结构不严谨，层次不清晰，支撑不够有力。结构不好，主要在于思路不清，逻辑混乱，内容主次、重要性安排不当。有的文稿大结构没有问题，但内部层次不清晰，段落划分不恰当，相互之间缺乏内在联系。

三是内容观点方面，经常表现为观点不明确，模棱两可，措施不够具体，内容不充实。有的文稿缺乏明确的立场、观点，体现不出态度和意图。有的文稿通篇套话、空话，很多内容都是从其他地方抄来的。有的文稿内容空洞，比如说明工作部署和要求时，没有一个实实在在的措施。有的文稿用来说明文章观点的事例不恰当、数据不准确、引用不典型、叙述不完整。还有的文稿表述不恰当，主要是语法、修辞、逻辑方面的问题。这些都会影响内容表达的效果。

针对上述这些问题，在进行优化和完善时，可以从浅到深，依次从准确性、逻辑性、思想性、创新性上加以提升。

第一，确保准确性。准确是公文的起码要求，所以要确保准确，包括素材的准确、字词的准确、事实的准确、语法的准确、逻辑的准确等。其中素材、字词、事实、语法等的准确是最基本的，也是常常被忽略的。在新华妙笔中，可以使用 AI 校对功能，对所写文稿进行扫描和检查，找出问题并加以改正。主要要注意以下这些方面。

对于汉语中大量意义相同或相近的词汇，应在词语的细微差别和感情色彩上仔细推敲。比如常见的易混淆词，"以致"和"以至"，"截至"和"截止"，"权利"和"权力"，"记录"和"纪录"，"法治"和"法制"，"爆发"和"暴发"，"备受"和"倍受"，"反映"和"反应"，"界限"和"界线"，等等。

一些词语的使用应遵从习惯用法。比如，"实施""施行"的意思基本相同，但"本规定自发布之日起××"就多用"施行"，而"各单位据此规定制定××细则"则多用"实施"。又如，"关于派员赴美国参加×××项目技术交流的请示"中的"赴"，用"去"或"到"代替，其庄重典雅的效果则明显弱化。

　　除了非虚构作品和小说等文学体裁外，大部分文体中，需要运用规范的书面语，少用或不用口语、俗语。如"经开挖发现，管道腐蚀厉害，需要换掉"，这里的"开挖""换掉"应该分别改为"挖掘""更换"。又如，"施工周期正赶上汛期，务必要加强巡检，及时发现并消除安全隐患"，这里的"正赶上"应该改为"正值"。

　　正确使用专用词汇，如"免职""撤职""停职"3个词，有着本质的不同。"免职"只是免去原有职务，这一词语除对违反规定的人员进行处理时会用到之外，正常的职务调整、到龄退休等也会用到。"撤职"则确定是一种惩罚性行为，表明被撤职人员具有违法违纪违规等重大过错。"停职"则指暂时停止现有职务，接受调查或者审查。

　　"原"与机构名称连用时要确保准确。如果机构已经不存在，则"原"在机构之前，如"原化工部副部长×××离世……"，因为"化工部"这一机构已撤销。如果机构依然存在，只是人的职务是前任，则"原"在职务之前，如"2019年1月2日，××省人大常委会原副主任×××到××公司考察"，因为"××省人大常委会"这个机构一直存在，只是×××同志后来不再担任副主任职务，所以这样表述。

　　避免词义用反、用偏、用重复。如"公司这一政策的出台在广大干部员工中引起了热烈反响，周边很多企业的员工纷纷投来了趋之若鹜的眼光"，"趋之若鹜"是贬义词，用在此处不合适。又如"消灭形式主义、官僚主义，迫不及待"，此处的"迫不及待"换为"刻不容缓"更合适，因为前者常常指人，后者才是指情势。再如"公司已经三令五申地强调必须全力以赴抓好安全环保生产"，"三令五申"本身就有强调的意思，句中的"强调"属于多余的内容。

　　避免副词误用或缺失，如"做研究应保持严谨的态度，哪怕是略微的毛病也不应错过"，"毛病"是名词，"略微"是副词，不能做定语，应该改为形容词"细小"。又如"这一活动推广到全公司，并不断赋予新的内涵"，"赋予"

前少了一个"被"字。

规范使用数字、字母、计量单位，如在百分数的表述上，"%"与"百分点"都表示变化率，但前者是先进行减法后进行除法所得，后者是只需进行减法操作即可。如果 2019 年某种产品产量为 100 吨，2020 年为 200 吨，可以说"2020 年该产品产量同比增加 100%"；如果 2019 年某种产品收率为 5%，2020 年收率为 10%，则要说 2020 年该产品收率同比增长 5 个百分点。

在表示倍数关系时，要根据是否包含原数，分清"增加 / 减少到"和"增加 / 减少了"两种表述根本上的不同。比如某种产品 2019 年产量为 100 吨，2020 年为 400 吨，则可以说"该产品 2020 年产量是 2019 年的 4 倍""该产品 2020 年产量比 2019 年多 3 倍"。

正文中表示公历纪年的世纪、年代、年份、月、日，表示时间的时、分、秒等都要用阿拉伯数字。如"该装置二〇一八年八月开工建设""某装置十五点二十八分发生蒸汽泄漏事件"，其中时间的正确表述分别是"2018 年 8 月""15 点 28 分"。又如"……裂解装置主要分为裂解炉、急冷系统、压缩系统、分离系统等四个单元……"，其中的"四"应为"4"。

表示数字区间时，数字后的单位不能轻易省略。如"该油田每年可产原油 1800 ～ 2000 万吨"，其中"1800"后应该有单位"万"。

应使用国家法定的计量单位。如"炼油厂区到乙烯厂区有 30 多里"中的"里"应换算为"千米"。又如，"气温高达 60 多度"中的"度"应明确是否就是"摄氏度"，因为严格来说除了摄氏度，还有开氏温度、华氏温度等。

字母大小写要准确。如"酸值 pH"中的"p"应是小写，"催化汽油吸附脱硫装置 S-Zorb"中英文名称的大小写也要严格区分清楚。

避免省掉必要内容。如"中共中央政治局委员、×× 省委书记到公司调研"一句中作为高阶职务的"中共中央政治局委员"就不能省掉。又如，对外行文中不能直接写"省委省政府"，应在前方加上省的全称或规范的简称，以明确是哪一个省。

避免句式杂糅，注意使用规范表述。如"本着……为原则"应为"本着……原则"或"以……为原则"，"是为了……目的"应为"以……为目的"或"为了……"，"对于……问题上"应为"对于……问题"或"在……问题上"，"原因是……造成的"应为"原因是……"或"是由……造成的"，"是因为……的原因"应为"是因为……"或"……是原因"。

还要正确使用标点符号。双引号之间、书名号之间不用顿号。发文字号、表示文件试行的括号应在文件名之后，如《××公司动设备管理办法》（试行）应为《××公司动设备管理办法（试行）》；《关于开展×××活动的通知（××〔2020〕54号）》应为《关于开展×××活动的通知》（××〔2020〕54号）。

第二，追求逻辑性。公文是说理性的文章，所以逻辑性是其基础要素。前面重点讲解过公文的逻辑问题以及不同类型的逻辑，这里重点就要素组合的逻辑加以阐释。

公文中涉及的大部分问题或现象，概括起来可以归纳为4种要素类型，即"类""因""果""法"。

"类"即"性质""类别"，回答"是什么"的问题，体现为情况、现状、问题；"因"即"原因"，回答"为什么"的问题，体现为原因、做法、经验；"果"即"结果""效能"，回答"怎么样"的问题，体现为成效、收获；"法"即"方法""路径"，回答"怎么办"的问题，体现为措施、办法、要求、建议。

根据"类""因""果""法"的逻辑思路，可以将公文的内容要素划分为4个逻辑单元，每一个逻辑单元解决一个问题，分别对应"是什么""为什么""怎么样""怎么办"。不同的公文，有不同的内容要求，其要素组合的具体逻辑也会有所区别。

在常见的公文写作中，一般有3种主要的要素组合方式。

第一种是"果—因"（或"因—果"）关系组合，即前一部分叙述结果，后一部分叙述原因（或前一部分叙述原因，后一部分叙述结果）。这样的方式多用于总结、工作报告中。

第二种是"因—法"或"类—法"关系组合。这种组合一般分为两个部分：第一部分说"因"——事情的原因或原委，第二部分说"法"——解决或处理问题的办法。这种方式多见于通知、通告、公告、决定、意见等文体的写作中。

第三种是"类—因—法"关系组合，多见于调查报告的写作中。这种三段式的内容结构，第一段说"类"——"是什么"，即现状、情况；第二段说"因"——什么原因导致这种情况出现；第三段说"法"——解决问题的方法、路径是什么。

林林总总的公文表面看起来不同，但其内容结构无非是按照一定的思维逻辑，对上述 4 种内容要素的有机组合。比如，给上级单位提交的动态信息，就是"类—果"组合；与相关单位交流的经验材料，是"类—果—因"或"类—果—因—法"组合；向上级提交的某方面工作的综合报告，是"类—因—法"或"类—因—果"组合；就某个问题进行调查研究形成的调研报告，是"类—因—法"组合；就某个具体的迫切问题呈报上级的请示，是"类—法"或"因—法"组合；贯彻落实上级精神的情况报告，是"法—果"或"果—法"组合。

也就是说，我们在考虑公文的逻辑时，可以首先从它所涉及的问题与内容归于哪一种属性着手，将其划分为"类""因""果""法"当中的逻辑单元，然后根据文种和写作的需要，对其进行安排和组合，从而体现合理的逻辑结构。

第三，注重思想性。写作水平要实现不断提升，除了提升文字水平与写作能力之外，最核心的是思想认识水平不断提升。文章要体现思想性，关键在于写作者本身具有一定的思想深度和广度，写作水平的高低最终是思想力的体现，而影响思想力的最重要的因素是写作者的思维能力。

思维能力具体体现为思维的准确性和思维的效率，它决定了写出的文章是否具有思想性、构思是否独到、角度是否新颖、成文是否顺利。要想持续地写出好文章，就要运用正确的思维路径和规律，形成有益的思维方法，提高思考的效率和效果。

提高思维能力是写作最重要的"诗外功夫"之一。经常做一些思维训练，带着问题思考和钻研，让自己的思维处于一种活跃状态，让自己的脑力得到锻炼，这是提升"内功"的关键所在。

按现代科学理论来说，认知世界有且只有两种思维形态，一种是结构化思维，就是逻辑思维，一般具有分析、逻辑推理等功能，另一种是感官化思维，也就是形象思维，具有音乐、绘画、想象等功能。根据美国心理生物学家提出的"左右脑分工理论"，人的左脑主要负责结构化思维，右脑主要负责感官化思维。

结构化思维，就是面对问题的时候通过某种体系框架，将问题拆解成一个个操作性定义和可分析的内容要素，通过加工和还原，从中得出整体结论的过程。运用结构化思维，能得到对事物相对完整、系统和深入的认识。相反，有些人的思维方式是线性的，或者是散点式的，他们运用这样的思维方式来思考事物，得到的结论往往是不缜密、不完整的。

具体来说，在写作中，结构化思维主要体现为辩证思维、战略思维、全局思维、底线思维、系统思维、创新思维等。结构化思维的作用至少包括3个方面。

首先是系统性，就是观察事物全面，分析问题的背景和牵扯面，得出结论中肯，能够反映事情的全貌，没有重大缺失和遗漏，不会以偏概全。

其次是逻辑性，文章是对客观事物的反映，而客观事物是有内在逻辑和规律可循的。运用结构化思维，能较好地把握事物之间的逻辑关系，从而在思维上和表述上都能做到逻辑清晰。

最后是创造性，就是能透过现象抓住事物本质，话不在多，但要切中要害。提出新颖独到的见解，给人以深刻启迪、震撼和警醒。论述问题能往深处挖掘，抽丝剥茧，逐步递进，不仅要抓次要方面，还要抓主要方面；不仅要看到事物的外在特征，还要挖掘事物的内在联系；不仅要关注眼前情况，还要预测发展趋势。把具体的事物概括化，把零乱的观点系统化，从个别问题中引出一般性规律，用雄辩的逻辑力量增强思想性。

很多文章的写作要用到感官化思维，包括文学写作、新闻写作等，合理运用感官化思维，能增强表达效果。比如，懂得美学思维而且适当使用，可以增加文章的可读性和美感。具体来说，文章的美首先体现为内容的思想美，有内涵，能够给人启迪。其次体现为形式的整饬均衡之美，题目要准确、鲜明、简洁；结构要清楚，脉络分明，言之有序；段落要均匀，内容层级比较均衡。最后体现为写法的表意美。比喻要贴切，引用要妥当，语言要活，从而增强说服力和表现力。

写作中还有一种重要的思维方式是多学科思维。很多文章的写作本身是一种多领域的知识汇集，需要调动多方面的知识背景和学科积累。多学科思维不只是使用几种学科的知识来丰富写作内容，更在于用不同学科的视角和观点来看待事物、分析问题，得出更有价值的结论。

同样一个事物，同样一则素材，如果用单一学科视角来看，只能得出一个维度、一个方向的结论；而运用多学科视角来观察和分析时，就能获得更多的认识和结论，可以更大程度地挖掘它的价值。一个好的写作者应该是一个"杂家"，因为写作很可能需要运用政治学、经济学、社会学、逻辑学、管理学、法律、文学等各学科知识。比如用哲学思维，能够增加思维深度，拓展哲学视野；用历史思维，可以在现实与历史间对照反思，增强历史纵深感与厚重感，达到以史为镜的效果；用心理学思维，能更好地把握对象的心理需求。

写作还常常会用到传播学思维，因为文章的发布流传本身就是一种传播行为，我们可以从传播内容、传播者、接收者、传播渠道、传播效果等多个角度加以审视，从而拥有不同的视角。

第四，突出创新性。为什么创新很重要？首先，公文是实际工作的反映，也是用于指导工作的。所以不是写作者想不想创新，而是工作本身在变化，客观事物在变化，所以写作不能一成不变，陈陈相因，只有创新才是实事求是的体现。其次，革故鼎新，提出新的工作理念、思路和措施，推动工作取得成效，才是公文功能的体现，也是公文写作主体价值的体现。

一篇好的公文一定要有新的元素，包括角度创新、内容创新、方法创新、结构创新，其中最重要的是观点创新，而观点又来自思想。所以创新的过程，从根本上说是写作者不断学习成长的过程，这才是创新最大的意义所在。

只要能打破思维定势，把创新作为一种自觉追求，公文创新的空间还是很大的，包括思想立意上的创新、框架结构上的创新、阐述角度上的创新、观点论断上的创新、文字表达上的创新。那么创新有哪些好的思路和方法呢？

一是联系实际。尽管有些话题是老的，但在不同时期总会有新的情况、新的变化。比如，宏观环境发生变化、政策规定出现调整、上级提了新的要求、工作落实时遇到新的困难等，写作者要紧紧抓住这些变化的情况，把握新形势、新任务，思考新问题、新挑战。可以说，只要和实际结合得紧密，就有用不完的素材，写不完的新话题。

二是转换视角。从不同的角度去认识同一个问题，从中引出不同的话题，这样不仅可以避免重复，而且有利于思想与时俱进。比如"转变作风抓落实"是经常要写的话题，为了不重复，我们可以从抓落实的一般要求方面写，可以从抓落实的条件方面写，也可以从抓落实的方法方面写，还可以从抓落实存在的问题方面写。角度一变，思路就会变宽，旧话题也可以不重复，从而做到新意迭出。

三是学会拓展思路。比如讲一个话题往往都是按为什么、是什么、怎么办这样的逻辑谋篇布局的，如果改变一下行文思路，在讲某个话题之前，先举一个这方面的经典例子，以事明理，再简明扼要地提出观点，这样就有了新意，给人的印象也会更深。

四是打破套路。有些常用的套路用多了就变成条条框框，束缚思路，因此我们要敢于打破套路。比如写工作总结时一般会大量运用材料，而写经验体会时只简单概括几句话，如果改变一下这种套路，用典型事例作为论据来谈经验体会，就会增强说服力，也能更有新意。

了解了公文常见的问题以及应该追求的准确性、逻辑性、思想性、创新性等方面的内容，我们来学习具体的修改内容的方法，其可以概括为 5 个字：增、删、整、调、换。"增"包含两层意思，一层是对有关内容的丰富，另一层就是增添其他内容，可以是一个层次、一个事例、一句话甚至一个词组。凡是与主题相关，并符合主题或观点需要的，要尽量丰富、补充、铺开。"删"就是凡与主题无关，或不能帮助展开主题，表述拖沓冗长的，都要勇于舍弃。有舍才有得，不把不合适的东西删减掉，就不容易凸显主题。"整"就是整合，一般采取"主线法"，即从繁杂的内容中抽出一条主线，再围绕主线进行概括、细化，逐个解开"疙瘩"，然后补上缺的，去掉零碎的，使材料精练。"调"就是调整次序，按照主题和结构的起伏变化、事物的内在联系和发展规律、语言表述的需要，对层次、标题、语言和字词的位置进行变换。"换"就是更换内容，当我们感觉某个观点不太合适，某个事例不太典型，某句话有些平淡，但根据主题、结构、观点和表达的需要，又不能一刀砍掉时，就需要更换内容了。

三、人工校正的基本思路与方法

下面继续从 8 个方面归纳总结公文写作中的主要"负面清单"，逐一加以解析，分析如何修改，为对 AI 写作成果进行提升优化提供可借鉴的思路。

一是无神。无神就是写得太平淡，毫无吸引力。表面上该讲的事都讲到了，面面俱到，但给人的感觉就是提不起"神"来，像白开水一样，读起来没劲。出现这种情况，主要是因为文稿立意不高，不能先声夺人，又缺少新的理念、观点和思路，缺乏理论高度、思想深度，且对实际情况了解得不够透彻，缺乏鲜明的观点和翔实的分析。无神的文稿往往平铺直叙，就事论事，无法提供比读者更高明的观点或者信息增量，自然难以吸引人。

对于这一类问题，我们要从理论上、思想上升华，补充有说服力的分析材料，把气势体现出来，把理论高度和思想深度呈现出来。

二是无序。有的文稿虽然立意较好，但逻辑不清晰，层次不分明，内容比较空洞，思路不够严谨。乍一看写得很有气势，提出了一些观点，甚至还有不少新名词，但仔细一看，具体内容比较空泛，观点与观点之间、层次与层次之间缺乏必然的逻辑联系，有的观点没有佐证的材料，或者观点与观点之间是矛盾的，观点和内容没有达到有机统一，融为一体。

我们在修改时要理清思路，理顺结构，严密逻辑，贯通文脉，补充与观点一致的内容，使文稿更有条理。

三是无骨。有的文稿虽内容较好，但缺乏对观点的提炼；主题不突出，不能引领全文；大小标题过于随意，体现不出内容的精华。

这往往是因为缺乏前期认真清晰的构思，写作时认为"捡到篮子里的都是菜"，导致内容芜杂，观点平淡而分散，不能很好地支撑全文。我们在修改时要注重观点的概括提炼，实现观点与素材的融合、内容与立意的统一，提升标题的准确性和新意。

四是无物。有些文稿的思路、结构甚至观点都很好，但缺乏好的内容，写作者下笔时找不到太多实际的内容可写，只能拼拼凑凑、抄抄拣拣，这样写出来的文稿言之无物，空洞干瘪。有的文稿看起来文采很好，文字流畅、生动，气势也有，但不少内容都是空话、大话，写作者不联系自己的工作实际，不解决实际问题，在半空里论过来、论过去。这往往是因为写作者只在形式上做文章，或者生搬硬套，或者简单抄袭。

修改这样的文稿最费劲，可能要结合实际重新搭框架、调结构、加内容。我们在写作时可以借鉴别人好的东西，但关键要联系实际，融会贯通，把"普通话"变成"地方话"。

五是无色。这是指把公文写成"官样文章"，僵硬死板，照抄照搬文件语言，或者像学术论文一样佶屈聱牙、深奥难懂，总之让人感觉味同嚼蜡。

这往往是因为写作者缺乏对公文语言特点的认识和把握，或者片面理解公文语言，表现为写出的公文语言不够准确、简洁、生动，不能给人鲜活的感受，不能给人心灵的冲击，不说"人话"。

我们要对这样的公文语言进行修改，使之通俗易懂，明白晓畅，深入浅出，做到准确、鲜明、简洁、生动。

六是无范。有些文稿各部分的风格不统一、逻辑不一致、内容不协调、脉络不贯通，即便有的部分单看很精彩，甚至可以独立成篇，但放在整体中来看却缺乏协调性与均衡性，组合的时候还是得大幅改动。这类问题具体表现为，或者是内容缺乏概括提炼，每个部分都想多说一点、说得全面一点，主题不够突出；或者是布局不协调，有的部分用了别的部分的观点和内容，各部分互相"抢"内容；或者是不同部分"各自为政"，忽略了与主题相协同、与别的部分相呼应，以致出现内容上的遗漏和空白；或者是不同部分采用不同的逻辑思路，造成互相冲突，不同内容间缺乏关联性和一致性，整体给人明显的拼凑感，脉络不连贯。

这些情况，可能是在设计提纲时考虑得不够细造成的。这就要总体统筹，基于文稿的核心去规划、去概括、去丰富，以体现前后呼应、一气呵成的效果。

七是无方。有些文稿的站位比较低，跳不出思维的局限，立意、观点都达不到要求，内容过于具体、琐碎、微观。有些文稿不看读者对象，都采用向下布置工作的写法，比如在向上汇报时讲大道理，写一些具体琐碎的工作，把工作讲话的内容往上生搬硬套，或者对下级讲一些深奥的道理、用一些生僻的名词等。这主要是因为写作者没有把握好角色定位，不能站在读者的角度和层面进行构思和写作。

我们在修改时要提升观点的高度和深度，善于在全局中定位、思考和谋划，善于调整角度，增强对象意识和角色意识，把握读者需求，做到有的放矢。

八是无气。有的文稿杂乱无章，没有整体感和一致性，逻辑不连贯，节奏不顺畅，读来艰涩滞阻，左冲右突；或者没有气势，不能展示出足够的逻辑力量和精神力量，整体平淡无奇，不能打动人、感染人。

对于这一类问题，我们要重新构思整体框架，做好顶层设计，写的时候要一气呵成，写完再认真打磨，完善文气。

《文心雕龙》中说："改章难于造篇，易字艰于代句。"修改出一篇好的文稿的难度不亚于新写一篇。那么修改应该从哪些方面入手呢？前面在"过稿子"部分以及统稿部分对修改都做过讲解，这里再从几个下功夫的角度做简要阐述。

第一，在结合上下功夫。我们要正确处理主观与客观、理论与实践、个别与一般的关系，一切从实际出发，实事求是，从事实的全部总和和本质上去把握事实，防止主观性、片面性。这是由公文注重实际、服务实践的性质和特点决定的，也是公文以文辅政的内在要求。

一是要注重调查研究。没有调查研究就没有发言权，就没有决策权。毛泽东同志把通过调查而实现主观与客观相统一的"结合"方法，概括为最基本的工作方法："按照实际情况决定工作方针，这是一切共产党员所必须牢牢记住的最基本的工作方法。"

二是运用具体分析法。这是研究矛盾特殊性的方法，也是从个别与一般的关系上坚持"结合"的方法。我们要善于抓主要矛盾，善于分析、比较，把握事物的本质和规律。毛泽东同志在《矛盾论》中说："离开具体的分析，就不能认识任何矛盾的特性。"

三是运用归源检验法。我们要以客观实践对主观世界、对理论、对政策不断地进行检验，使主体认识符合客观规律。实践是"源"，是检验信息内容是否准确的唯一标准。

第二，在剪裁上下功夫。剪裁是指对素材的取舍安排，确定内容的详略。详其所当详，略其所当略，繁简适度，就可以使信息首尾圆和，内容与形式和谐一致。如剪裁失当，贪多务得，就容易使信息繁杂琐碎，内容的完整性、连贯性也会受到破坏。

剪裁要注意几个方面。一是要显示主题的取向。主题作为全篇的中心，居于核心地位，自然决定着材料的取舍、详略。剪裁内容就是要善于识别事物的本质，选取最能突出主题的材料，其余则简略用之。二是要体现行文的意图。写作是基于客观事物的主观行为，行文必然体现一定的目的和意图，内容的剪裁应该配合行文意图的实现。三是要挖掘材料的价值。既要多收集材料，也要挖掘材料的价值。材料的价值具有二重性，即自身价值与使用价值。自身价值即材料本身的思想意义、典型性、说服力等。使用价值是特定的语境中，材料对于主题表达的适用程度，与自身价值并不完全等同。四是提高对读者的针对性。明确对象，了解对象需求，是信息内容设计、详略安排的重要依据。

第三，在梳理上下功夫。一是看主题是否集中。确保主题集中、明确、单一，意思不芜杂，大小观点与主题保持一致，围绕主题展开论述。二是看结构是否有序。结构形式是否满足主题表达的需要，层次是否清晰，条理是否有序，脉络是否畅达。三是看观点是否醒目。观点既要正确，还要突出和鲜明，给人留下深刻印象，同时大小观点之间要形成有机的逻辑关系，对于不甚明朗或者平庸的观点，要进一步加以提炼和优化。

第四，在提升上下功夫。一是立意上的提升。提高政治站位和思想站位，使文稿在立意上取胜。二是思想上的提升。为文稿注入思想性，展现哲理性，把握规律性，体现时代性，这表现为观点有见地和创新性。三是理论上的提升。在理论高度和深度上加以提升，展现不一样的观察视角和认识维度，并将其富有逻辑地展示出来。

第五，在锤炼上下功夫。一是从内容上修改。锤炼主题思想，精炼主体内容，加强政策性和实用性，强化逻辑性。二是从语言上修改。做到用词造句准确、鲜明、简洁。三是从篇章上修改。删除意义重复的词，删除不必要的解释，删除意义不清楚的表述，删除与主题无关的内容。

公文修改可以归结为读、审、查、拔 4 步。

读，就是朗读，也叫唱稿。把全篇稿子有声地念出来，自然容易发现疏忽的地方、语意不同的地方、衔接不顺的地方。

审，就是审视文稿的内容和形式，包括文稿的主题是否突出，观点是否准确，论据材料是否充分，事实和道理是否有说服力，结构是否合理，各层次段落之间的关系是否符合逻辑，过渡、照应是否顺畅自然，等等。

查，就是检查文稿表达方面的毛病，改正不准确、不规范、不通顺的地方。没有表达清楚的，要改得更加清晰易懂，空话、套话要改成新颖生动、形象感人的话，一些可有可无的句子、段落要大胆删减。

拔，就是提升思想高度，深化主题。这是对修改文稿更进一步的要求。再一次循着构思谋篇的思路，把文稿梳理一遍，推敲运用一些点睛之笔，增强文稿的气势，提升站位和思想高度。

初稿形成后，一般重点把握好以下 4 个方面。

一要把好内容关。重点看主题是否鲜明，结构是否严谨，观点是否正确，内容是否简洁，文题是否相符。对于政策性、规范性很强的公文，要看是否符合国家法律法规和党的路线方针政策，是否完整准确体现发文意图。

二要把好文字关。主要看表述是否准确，语言是否流畅，文字是否精练。要特别留意括号、引号内的内容，引用内容要准确，运用的数据、事例、标点符号也不能出差错。

文稿送审、呈报或下发前要仔细检查装订、清点页码、印数用章等，以防出错。提高文稿质量，既要重视谋篇布局、主题立意、层次逻辑等大问题，又不能忽视遣词造句、语法修辞、标点符号等小问题，始终做到高度负责，精益求精。

针对很多句子冗长啰唆、逻辑不清的问题，要让文字更简洁精练，就要多用名词、动词，少用形容词，多用句式紧凑、表意明确的短句，少用复杂的长句，要避免文字的重复，少一些空话、套话，语言要深入浅出、清新质朴、简明易懂。

要区分的、地、得的用法，不要混用。很多"的"字、"了"字事实上是可以不要的，避免"的的不休、了了不断"的情况。要正确使用主、谓、宾、定、状、补等句子成分，使句子符合文法，避免出现病句。

三要把好格式关。一方面文无定法，形式要服从内容；另一方面公文有规矩，格式必须规范。《条例》第三章专门讲公文格式，对此作了明确规定。公文形成后，起草者要认真检查修改，确保不出纰漏。

　　四要把好审核关。审核重点包括：行文理由是否充分，内容是否遵循行文规则；文稿从主题、观点、内容到文种、格式是否正确；人名、地名、时间、数字、段落顺序、引文内容等是否准确；文字、数量、计量单位和标点符号是否规范。这些都要仔细审查，严格把关，确保不出差错。

　　修改的方法大致有 3 种。

　　一是静思法。初稿写成后，自己平心静气地坐下来，让整篇文稿在头脑中像电影一样过一下，以便发现问题。

　　二是读校法。就是把写成的文稿从头至尾读上一遍甚至几遍，边读边思考，边读边修改。这样容易发现不妥当的词、不通顺的句子和不恰当的表述。

　　三是冷却法。就是把写成的文稿先放一放，自己先冷静一下，转换一下思路，再对文稿进行思考和修改。

　　另外，不了解工作的实际情况，写出的公文就会出现缺乏观点、平淡不吸引人、逻辑不清晰、针对性和指导性不够等问题，这也是一些机关文字工作者的通病，因为他们一天到晚都在机关办公室忙得团团转，下基层不够，对实际情况了解不透。

　　所以公文起草者一定要加强业务学习和调查研究，弄懂、弄通公文所涉及的相关工作，力争成为这方面的专家。

　　想写好公文，不仅需要通过广泛阅读和调研形成认识，还需要通过多种渠道集思广益，形成贯通的行文思路，提炼出真知灼见。在调查研究、掌握实际情况的基础上，对内容进行合理取舍和剪裁，并在语言、观点上认真锤炼，才能写出好的公文。

　　首先要把握几个步骤：第一步，通过看资料、开座谈会等，收集材料，熟悉情况；第二步，边看边想，形成成套思想；第三步，下笔成文。这是一般规律。

　　其次公文应当具有的内容，即要有事实材料，要有理论观点、说理分析，要有措施办法和要求。

　　最后公文通常是由 3 个要素组成的，即古人讲的义理、考据、辞章，也就是观点、材料、修辞。观点、材料属于内容方面，修辞属于表现形式方面。一篇完整的文章、一份好的文件正是这三者的有机组合。

　　写作过程分三步，文章内容有三方面，文章组成有三要素。这些反映了公文写作的基本规律和基本方法，对于我们如何修改公文文稿很有指导意义。

第十二章

打造生态：AI 写作平台

12

经过前面的介绍，我们已经感受到，新华妙笔并不只有 AI 写作功能，围绕这一核心，其实它已经形成了一个多场景、多功能、多用途的生态系统，有效增加了其功能的广度、深度，优化了用户的体验，从而满足用户不同的需要。而其背后则是由海量语料和精妙算法所形成的公文写作与内容生成的方法体系。

一、多场景智能公文生成专家的功能图景

在前面的章节，大家对新华妙笔的功能之强大、场景之多样已经有了直接的感知，这里再重点介绍其中的几个功能。

第一，保障公文产出"零差错"的 AI 校对功能。

公文写作中出现错误，往往源于人为因素。这些错误可能受到多种主观和客观条件的限制，包括但不限于个人的知识水平、可用的时间与精力、偶尔的疏忽、个人的认知偏差、意识形态的倾向，以及日常的工作习惯。这些因素共同作用，可能导致公文内容不准确或不规范，从而影响公文的专业性和正式性。因此，为了减少这些错误，需要采取更为系统和规范的写作流程，同时借助工具和技术支持，提高公文的整体质量。新华妙笔的 AI 校对功能很强大，能从不同维度对公文进行全面的检查（见图 22）。

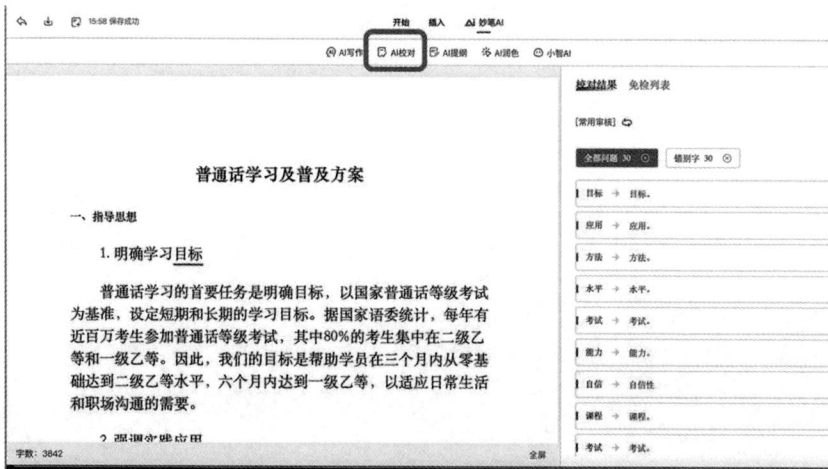

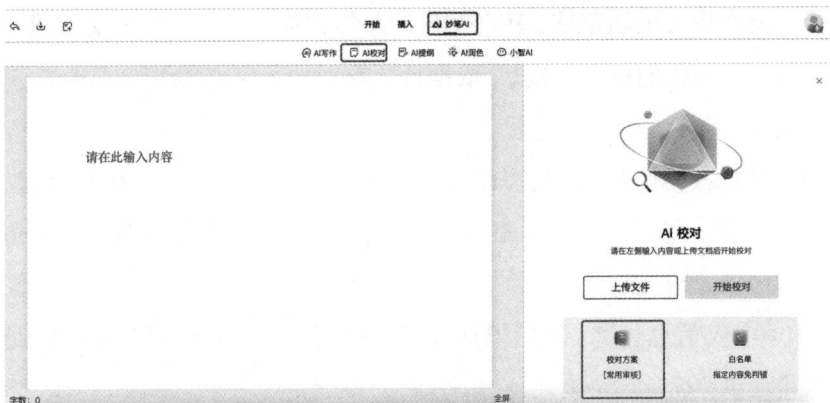

图 22 智能纠错勾选页面

新华妙笔借助公文资源库的海量公文数据，形成相关的海量错例，根据党政公文标准条例、真实海量错例和前沿智能技术对文本内容进行检查和纠错，功能包括政要人物姓名、职务、排序、讲话一致性审核，敏感信息提醒，常见字词差错审核，知识错误审核，常识错误审核，以及法律条文的对比，等等，可以有效帮助公文处理人员消减知识盲区，降低内容错误概率，从而提升公文质量，提高工作效率。

AI 校对的内容主要包括以下几个方面。

（1）字词错误：音近字、形近字、的地得、多字、颠倒、冗余词等。

（2）政治性错误：重要领导人姓名、职务、排序、重要讲话引用、政治口号、固定表述等。

（3）敏感词过滤：暴恐、色情、违禁、侮辱、歧视等用词。

（4）知识错误：人名错误、表述不当、引用错误、术语名词错误、地名错误等。

（5）常识错误：基本常识、数字、量词及时间表述错误等。

（6）标点符号错误：各类标点符号错误。

（7）法律条文校对：包括宪法、法律法规、司法解释和行政法规等法律条文的校对。

（8）公文行文规则审核：基于《条例》等相关规范，结合公文常见错误，形成针对公文写作的行文规则。依据行文规则，实现公文纠错精准化、专业化、智能化。

（9）科技名词校对：涉及写作相关的理学、工学、农学、医学、经济学、哲学、教育学、文学、历史学等 20 个领域，收录上百本专业名词术语图书，超 1000 万词汇量。

（10）个人信息过滤：包括电话号码、银行卡号、身份证号码、IP 地址、电子邮箱、单位名称、个人住址等。

公文处理人员在撰写公文时经常会遇到公文词汇、党政知识、固定搭配、特殊符号错用等问题，针对这一场景，公文处理人员在拟定、复核过程中可以运用公文行文规则对公文内容进行智能化审核，大幅降低公文错误率，确保公文内容规范、结构严谨。

新华妙笔的 AI 校对功能之所以强大，是因为其背后庞大的中文语料库和违规文本数据库。这个数据库包含了超过十亿级别的数据，并构建了十二大类、上千个细分的风险标签。这样的资源使得新华妙笔能够深入理解内容，并精准挖掘高风险点。新华妙笔的语义理解能力，几乎达到了人类对当前社会用语习惯的识读认知水平。它能够在短短 15 秒内完成 1 万字内容的审核，准确率高达 98%，在行业中处于领先地位。

公文写作中的错误通常集中在格式、行为规则、内容结构和语言表述等方面。例如，格式不规范、主题要素缺失、文种使用不当，或是行文依据不足、合法性审查不到位、行为规则不一致等。内容上的错误可能包括内容不符合政策法规、内容失实、引文错误，而语言表述上的错误则可能是文字错漏、用词不当、语法错误等。出现这些问题的根本原因在于公文起草流程不规范和责任不明确，以及人为因素的限制，如知识水平、时间精力等。

新华妙笔的 AI 校对功能提供了高度自定义的审核方案，用户可以根据自己的需求，选择包括错别字、科技名词、个人信息、法律法规等在内的多种审核项目。如果用户希望进行更严格的审核，可以自行配置更严格的方案策略。

虽然这可能会导致一些误报，但这也意味着用户可以根据自己的风险承受能力和审核需求，灵活调整审核的严格程度。

总的来说，新华妙笔的 AI 校对功能为公文写作带来了革命性的变化。它不仅提高了审核的效率和准确性，还通过自定义审核方案，满足了不同用户的需求。在这个智能化的时代，它可以帮助用户避免错误，确保公文的专业性和权威性。

第二，帮助提升表达效果的 AI 润色功能。

在写作时，清晰准确地表达意图和思想是每位作者追求的目标。新华妙笔的 AI 润色功能，就是为了帮助作者实现这一目标而设计的。它通过智能化的辅助，让文章的润色变得简单而高效。

新华妙笔提供了 3 种不同层次的润色服务：初级、中级和高级。这 3 种服务可以根据作者的需求和文章的具体情况轮流使用。无论是标题的吸引力、字词的选择、短句的流畅性，还是段落的连贯性和文章开头、结尾的力度，新华妙笔都能一键选中并进行精准润色。这样的功能，让作者能够更加专注于文章的核心内容和思想表达。

对于在写作过程中经常遇到的"提笔忘词"或缺乏灵感的问题，新华妙笔同样提供了解决方案。它能够根据上一句内容，智能地续写下一句。这不仅解决了写作中断的问题，还能激发作者新的灵感，让文章更加丰富多彩。

使用新华妙笔的 AI 润色功能，作者可以更加自信地表达自己的观点和想法。它帮助文章摆脱平淡无奇的语言，变得生动、有力、富有感染力。无论是写公文报告、学术论文还是创意写作，新华妙笔的 AI 润色功能所提供的简洁准确的润色服务，可以让文章的表达更加精准，也能让作者的思想和意图得到更好的传达。

第三，权威知识智能问答功能。

新华问道是习近平新时代中国特色社会主义思想智能问答平台和党建平台，旨在结合用户的实践场景，从具体问题出发，帮助用户领会党的思想，指导实践（见图 23）。

图 23　新华问道页面

平台能够一站式解析用户问题、文字、关键字，组织习近平总书记相关讲话原文、新华社等主流权威媒体核心报道、实践报道、理论解读、中央政策措施等内容；给出相关表述出处，给出党的创新思想理论成果方面的知识、概念、语义的关联推荐。这样方便媒体从业者、党员干部基于身边事、结合具体工作，快速了解和学习习近平总书记相关讲话、党建学习材料，结合具体实践正确深入理解党中央政策精神，找到相关实践做法的案例参照（见图 24）。

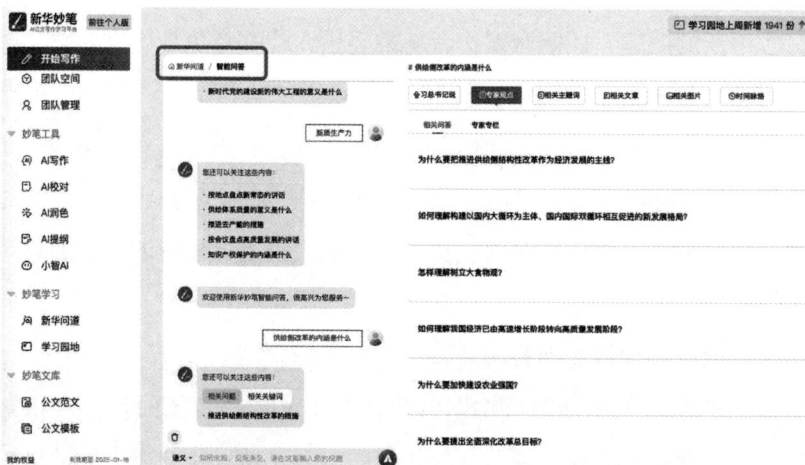

图 24　智能问答学习平台内页

具体内容如下。

（1）领导讲话原文：汇集了领导关于某个问题、关键词的系列讲话，以段落形式展现，可以跳转至全文；根据讲话场景进行了人工标注区分，主要包括会议、活动、考察、会晤、出访、批示、采访等场景，方便用户高效搜索相关内容。

（2）金句用典：习近平总书记的讲话通常会引经据典，传承中国传统文化内容，平台通过知识加工的方法对金句所用的典故进行了提取。

（3）相关主题词：利用知识工程与AI技术，对习近平新时代中国特色社会主义思想进行了结构化处理，形成了由内涵、意义、措施组成的知识体系，同时推荐与主题词相关的知识点，单击可跳转至相关知识图谱，动态拓展用户知识面。

（4）专家观点：汇聚权威媒体专家对于相关思想理论的看法、解读；将用户提的个性化问题送达至专家处进行解答，并将回答汇聚在此栏目中。

（5）相关文章：按文章组织习近平总书记关于某个问题的讲话，以及各权威媒体从理论到实践的报道文章，包括讲话原文、理论述评、理论解读、实践述评、实践报道、政策措施、核心报道等内容，帮助用户找到与问题相关的实践案例指导。

（6）脉络梳理：按讲话时间、讲话地点的顺序组织习近平总书记在各个会议的讲话，方便整体把握讲话精神。

（7）图片搜索：支持以文搜图，迅速定位相关讲话图片。

此外，前面已经提到过，新华妙笔还根据用户的需求，设计了AI灵感、AI续写等功能，更加贴合用户的日常写作习惯，带给用户不一样的体验。

二、海量语料支撑的AI工具强大的原因

前面已经讲过语料库及其分类标注的重要性。新华妙笔的功能之所以强大，很重要的一个原因就是它具有储存丰富的海量语料库，几乎涵盖了公文写

作可能涉及的各种主题和领域，还在收集资料的过程中严格遵守法律，确保所有的信息都是合法的。这样，新华妙笔就能在遵守规则的同时，帮助用户写出更好的文章。

在体制内的材料写作领域，构建一个全面而高效的写作知识数据库对于写作者来说至关重要。这不仅能够提升写作效率，还能够确保材料的质量和深度。针对这个痛点，新华妙笔通过构建包含 1000 万篇素材和范文的资料库，很好地解决了很多人没有专属素材库的难题。不仅如此，新华妙笔通过对核心领导人的讲话、著作等内容进行精选、标注、拆解，开发了学习园地（见图 25）。

图 25　学习园地页面

新华妙笔收集了思想观点、政策文件、名言警句，乃至范文、图表、数据等大量素材，并对其进行细分，按照特定专题来整理。在此基础上，用户可以通过搜索和收藏，自建素材库，以提高素材的质量和工作适合度。以下就是新华妙笔语料库的分类和详细情况。

（一）思想库

思想库主要汇集党和国家领导人的思路、观念、见解、意见、要求、重要活动报道等，如表 2 所示。

表 2 思想库

总书记			总理	历史文选		
领域	形式	分类	范围	经典作家	历代领导人	老一辈
经济	会议	讲话	讲话 / 致辞	马克思	毛泽东	周恩来
农业	活动	文章	演讲	恩格斯	邓小平	陈云
区域	考察调研	批示	报告	列宁	江泽民	刘少奇
科创	出访	著作	学习	孙中山	胡锦涛	习仲勋
安全	函电		出访	黑格尔		
产业	学习		贺信 / 贺词			
生态	用典		指示 / 批示			
交通	综合		文章			
改革			会议			
文化			考察调研			
组织			其他			

（二）政策库

政策库汇集党的重要文献和文件以及国家、地方有关政策法规和重要文件，如表 3 所示。

表 3 政策库

类别	部门	范围
党的文件库	党中央文件库	党代会报告
		党代会决议决定
		中央全会文件
		中共中央发文

类别	部门	范围
党的文件库	中办文件库	通知
		条例
		函
		公告
		批复
		决定
		办法
		通报
	中央部门库	中纪委
		中宣部
		中组部
		统战部
		中联部
		社工部
国务院文件库	国办文件库 国务院部门文件库 地方政策库	发改|教育|科技
		工信|公安|安全
		民政|司法|财政
		人社|国土|生态
		住建|交通|水利
		农业|商务|文旅
		卫健|应急|审计
		国资委|海关

（三）党建库

党建库汇集党章党规、党的基本知识、党的历史、精神谱系及党内学习教育活动等内容，如表4所示。

表4　党建库

党章党规	党的指导思想	党的基本知识	党的历史	英模事迹	先进典型	学习教育
党章	马克思列宁主义	党的二十大报告	中国共产党一百年大事记	新民主主义革命时期	"七一勋章"获得者	"两学一做"
准则	毛泽东思想	党的创新理论	中国共产党历次全国代表大会	社会主义革命和建设时期	"八一勋章"获得者	"四讲四有"
条例	邓小平理论	党内法规	中国共产党入党誓词的演变	改革开放和社会主义现代化建设新时期	"共和国勋章"获得者	"三严三实"
规定	"三个代表"重要思想	党内集中教育	党史百问	中国特色社会主义新时代	"国家荣誉称号"获得者	"三会一课"
办法	科学发展观		中华人民共和国大事记		"友谊勋章"获得者	学习贯彻党的二十大精神
规则	习近平新时代中国特色社会主义思想		改革开放四十年大事记		"时代楷模"称号	365天党史
细则						

（四）经验库

经验库汇集了国家重大发展战略、落实各项重大政策的经验做法和典型事例，如表5所示。

表5　经验库

重要战略		重要政策	
粮食安全战略	京津冀协同发展	乡村振兴	科技创新支撑
能源资源安全战略	长江经济带发展	生态文明建设	产业高地打造
创新驱动发展战略	粤港澳大湾区发展	企业创新激励	推动消费复苏
制造强国战略	长三角一体化发展	人才引进	文化旅游
乡村振兴战略	中部地区崛起	助企纾困政策	营商环境
扩大内需战略	东北全面振兴	改善民生	改善民生
科教兴国战略	西部大开发战略	数字经济	人工智能
国家安全战略	成渝地区双城经济圈发展	工业互联网	网络安全
金融安全战略	……	数据安全	精神文明建设
"一带一路"倡议		……	……

（五）语言库

语言库汇集了重要用典知识，分主题的古今中外名人名言、诗词歌赋，以及大量可供借鉴的好句子等，如表6所示。

表6　语言库

习近平总书记用典		常规用典	
敬民篇	信念篇	奋斗	惜时
立德篇	创新篇	持恒	团结
笃行篇	法治篇	文明	环境
劝学篇	辩证篇	理想	幸福
为政篇	治理篇	友谊	爱国
任贤篇	修身篇	尊严与骨气	乐观
天下篇	历史篇	俗语	典故
廉政篇	文学篇	农谚	……

（六）事例库

事例库汇集了党报党刊的重要评论栏目中的精华文章、重要观点论述及分领域的故事、典型事例等内容，如表 7 所示。

表 7　事例库

声音	论述	领域
国纪平	《秘书杂志》	经济
仲音	《求是》	科教
钟政轩	《红旗文稿》	社会
钟声	《党建研究》	文化
任仲平	《前线》	时政
卫民康	《旗帜》	国防
辛识平	《天津支部生活》	卫生
玉渊潭天	《党课参考》	生态
陶然笔记	《共产党员》	民情
长安街知事	《今日浙江》	改革
朝阳少侠	《政策》	资源
今日谈	《新湘评论》	党建
紫光阁	《新华理论》	理论
枢密院十号	《南方》	廉政
市说新语	《群众》	学习笔记
望海楼	《江淮》	宣传
秋石	《当代陕西》	基层
柯教平	《前线》	法制
……	……	……

（七）范文库

范文库汇集了 15 种法定公文和数十种事务性公文的范文示例。

（八）素材库

素材库汇集了公文写作常用的词汇、结构、修辞、提纲、主题、文体、场景金句、常用句式等一级类别，以及收尾、对偶、过渡句、开场白、大标题等二级类别，每一个二级类别下再有具体的内容细分，总共 200 多种类型的素材，如表 8 所示。

表 8　素材库

金句类型	内容
词汇	词组、短语、两字、三字、四字、五字、六字、七字
修辞	比喻、对仗、排比、反问、设问、用典、夸张、拟人、对比
提纲	三段论、反差型、数字型、类比型、重复强调型、单字重复型、成语型、引用型、关键字型、句式重复型、两段式、起承转合型、即兴型、序号型内容
主题	认识、回顾、目标、成效、经验、工作方法、动员、展望、问题、思路、措施、理念、战略、作风宣传、组织领导、思想状况、推动执行
结构	收尾、过渡句、开场白、大标题、段落起始句、对偶、照应句、文中标题
文体	散文、诗歌、记叙文、说明文、议论文、应用文
短句搭配	主谓、动宾、偏正、动补
领导金句	领导金句
句式	陈述句、祈使句、对偶句、并列句、反复句、反问句、递进句
词语	名词、副词、动词、量词、形容词

续表

金句类型		内容
文体	宏观治理类	形势研判、克服时艰、忧患意识、展望未来、文化宣传、顺应民心、敬畏规律、以史为鉴、依法治国、国防外交、党的建设、深化改革、抢抓机遇、经济发展、和谐稳定
	精神修养类	爱国精神、理想信念、忠于组织、担当精神、坚持精神、创新精神、工匠精神、廉洁从业、艰苦奋斗、胸怀大局、斗争精神、自省自励、奋发有为、谦虚谨慎、诚信友善
	领导管理类	纪律规矩、团结协作、人才队伍、示范表率、选人用人、沟通赋能、执行落实、内省慎独、建章立制、问题导向、目标管理、团队激励、严管厚爱
	节日庆祝类	元旦节、春节、元宵节、妇女节、清明节、劳动节、母亲节、父亲节、端午节、建党节、建军节、教师节、中秋节、国庆节、重阳节
	学习实践类	学习、读书、勤勉、积累、创作、惜时、学以致用、求知、钻研、试错纠错、大胆探索、总结提升、交流切磋
	人生感悟类	人性多变、命运无常、交友之道、壮志未酬、讴歌青春、人生暮年、笑对人生、踌躇满志、祝福他人、自我反思
	环境景色类	春景描写、夏景描写、秋景描写、冬景描写、山景描写、水景描写、保护生态

这样丰富的语料库，公文写作者可以随时运用，这也是新华妙笔作为 AI 写作产品强大的原因。

三、人机对话及深度学习背后的算法"魔法"

经过分析，新华妙笔作为一款掌握核心科技的 AI 写作工具，其黄金法则体现在以下 3 个方面。

首先，新华妙笔以自然语言生成（Natural Language Generation，NLG）技术为核心，提供了一种比市面上常见的模板式和抽取式写作工具更智能、更接近人类水平的写作体验。通过分析大量参考案例作品，新华妙笔学会了公文、技术文档、学术论文、新闻等多样的写作风格，并能够根据用户输入的简短文字理解任务需求，生成精准匹配的高质量文稿。在公文的法定性、事务性和规范性方面，新华妙笔的写作能力已经能够与专业人士媲美，其在公文的规范性、逻辑性和流畅性方面表现出色。

新华妙笔的文本生成模型还具备出色的语言组织能力，能够根据已有内容智能选择最合适的后续词汇，确保文本的连贯性和规范性，而不是简单地复制训练语料中的文本。

在算法层面，新华妙笔采用了轻量级模型和训练策略，这不仅大幅缩短了训练时间，还减少了资源消耗，使得文本生成模型更加高效和易于部署。此外，其文本生成模型在语言组织上表现出色，能够根据上下文自动选择合适的词汇，生成连贯、规范的文本。

为了确保生成内容的准确性和可控性，新华妙笔还引入了多样性搜索结果的约束算法，有效避免了知识错误、话题偏离和内容重复等问题。

其次，新华妙笔懂公文，懂政治，更懂政策。依托新华社这一国家通讯社的权威平台，新华妙笔不仅是一款写作工具，更是一个知识渊博的智能助手。它具备丰富的公文写作知识，能够准确把握公文的格式和语言风格；对于政治话题，它能够敏感地识别和处理政治语境下的复杂性；在政策解读方面，它能够深入分析政策文件，为用户提供清晰、准确的政策解读和建议。这样全面的能力使得新华妙笔在处理各类专业文本时都能游刃有余，成为用户信赖的智能伙伴。此外，它提供超过一亿条权威数据和 200 多种公文写作素材，以及"学习园地""小智 AI"等丰富的学习资源，帮助用户提升写作水平。通过新华问道平台，用户可以获得系统化、权威的知识和专业指导。

最后，新华妙笔的创新之处在于，它将自然语言处理、知识图谱、数据挖掘和 AI 深度学习四大技术融合，并专门针对公文写作这一复杂场景进行了优化，提供了一个集查询、学习、写作和审核于一体的平台，极大地提高了公文处理的效率和公文写作质量。并且，新华妙笔不受情绪、疲劳或个人偏见的影响，始终保持客观和准确。它能够简化复杂材料的写作过程，实现内容创作的标准化和模板化，尤其适合处理重复性、标准化和创新性的内容，极大地提高了办公效率。

为了让新华妙笔好用、管用和实用，公文专家和计算机专家们联手，为它量身设计算法，在其强大的功能背后的公文写作方法与计算器技术的互动与结合，就像是一场精心编排的魔法表演，让人叹为观止。

深度学习，作为AI领域的一项核心技术，赋予了写作工具强大的语言理解和生成能力。这一技术的精髓在于模拟人脑的神经网络结构，通过层层的数据传递和转换，让机器能够从海量的文本资料中学习语言的规律和模式。这种学习过程，就像是在不断地阅读和思考。

为了让新华妙笔更加智能，AI算法工程师们会用到一种叫作神经网络的结构。你可以把它想象成一个巨大的工厂，里面有许多小车间，每个车间负责处理语言的不同方面：有的负责识别单词，有的负责理解句子结构，还有的负责捕捉文章的情感色彩。当这些车间协同工作时，新华妙笔就能够理解整篇文章的意思，并创作出新的内容。

新华妙笔的算法设计，不是机械性地复制已有的答案，而是对语言的深层次理解和探索。这些算法能够识别出文本中的关键信息，理解句子间的逻辑关系，甚至能够捕捉到作者的情感和风格。通过对这些复杂信息的处理，新华妙笔能够生成连贯、有逻辑、富有表现力的文本。

当然，在实际应用中，为了让新华妙笔更加贴近人类的表达习惯，AI算法工程师们还会教它学习各种文体和写作风格，对它们进行严格的训练和调整。从新闻报道的客观叙述到公文写作的实事求是，新华妙笔都能通过学习不同的语料库来模仿这些风格。这样，无论是撰写正式的公文还是创作轻松的博客，新华妙笔都能够适应不同的写作场景。

这些算法的巧妙设计，让AI变得更加强大和灵活，让AI能够像人类一样理解和运用语言，从而帮助我们更高效地表达思想，创造价值。

四、智能化高阶功能的开发与使用

根据前面的介绍，大家已经领略到了小智 AI 功能的强大，比如对话、文档总结等，其有效拓展了写作者的思维，为写作者提供了极大的便利。在这个智能化的时代，掌握高效的 AI 工具已经成为提高工作效率和生活质量的关键。小智 AI 作为一个智能创作与对话助手，以其强大的功能和深度语义理解能力，帮助用户成为 AI 工具的真正掌控者。

第一，小智 AI 的对话功能让交流变得更加自然和便捷。无论是日常的闲聊还是专业的咨询，小智 AI 都能提供流畅的对话体验。这种即时的互动不仅节省了时间，还让信息的获取变得更加轻松。

第二，文档总结功能是小智 AI 的又一强大"武器"。面对长篇的报告或复杂的资料，小智 AI 能够迅速提炼出核心要点，帮助用户快速把握文档的主旨。这项功能在信息过载的情况下，能够让用户迅速筛选出有价值的信息。

比如，我们可以利用小智 AI 对下述文档进行总结。

××镇 2023 年度政务公开工作总结

2023 年，在县委、县政府的领导下，在县主管部门的指导和支持下，××镇切实加强政务公开工作，认真贯彻落实国家、省、市、县关于进一步推行政务公开工作的各项文件精神，提高依法行政水平和行政透明度，加强对行政权力的监督，扎实做好政务公开工作，努力实现构建电子政府的总体目标。现将 2023 年政务公开工作总结如下。

一、积极广泛宣传，提高思想认识。××镇利用周一晨会，组织全体镇村干部集中学习《中华人民共和国政府信息公开条例》，通过公告宣传栏、LED 显示屏、村广播等载体进行全方位宣传，让全体干部知晓信息公开的重要性和迫切性，明白信息公开是有效地保障人民群众的知情权、参与权和监督权，提升政府的透明度和公信力，打造阳光政府和法治政府的重要举措。

二、加强组织领导，完善工作机制。××镇政府制定了《××镇政府信息主动公开和依申请公开制度》，对开展政务公开工作提出程序性、规范性、可操作性的要求，切实提高政务公开的科学性和规范性。成立以镇长任组长，分管领导为副组长，党政办、经发办、财政所、农经站、人社所等站所负责人以及各村书记任成员的政务公开领导小组，并根据人事变动，及时调整领导小组成员，确保机构切实发挥作用。组建业务人员群，将非涉密政务内容及时上报，并指定AB岗两名责任心强、业务精通的信息员负责承担相关栏目内容信息的采集和报送工作，实行政府信息采集、梳理、编辑、审核、发布、更新等常态化工作机制，落实专人负责统筹、协调、编制、公布政府信息公开内容，保障政府信息及时公开到位。

三、加强政务专区建设，提升群众满意度。严格按照省、市、县关于政务公开专区建设工作的有关部署，根据我镇实际情况，将政务专区与政务服务大厅合并建设，主动为前来办事的群众和企业提供便利快捷的政务服务。加强软硬件设施投入，在便民服务中心大厅显著位置设置"政务公开专区"标识，积极统筹协调资金，配齐查询机、计算机、打印机等设备。

四、压实工作责任，认真总结提升。坚持每月召开政务公开领导小组会议，研究部署政务公开工作，对照市县反馈的测评问题，逐一对照分析，查找原因，举一反三，及时整改到位。各站所积极配合，各司其职，坚持分级审核、先审后发，按照"谁起草、谁解读、谁负责"等相关要求，确保发布信息的真实性、时效性和权威性，保证涉密、敏感信息不上网，确保工作规范、有序、有效进行。

五、村务公开，直达村居。规范村务公开，扎实抓好基层政务公开工作。我镇高度重视村务公开工作，将村务公开作为政务公开的重要组成部分，切实做好基层政务公开工作，扩宽群众知晓、参与、监督政府工作的范围，及时公开惠民惠农资金发放情况。同时也对村务公开及时展开监督检查，如实施群众监督，时刻监督村务公开的落实情况，力求及时公开，实事求是。

六、政务公开的成效及存在的问题。我镇政府信息公开工作在加大公开力度，完善政府信息公开配套制度，加强政府信息公开基础性工作等方面都取得了新进展，同时也存在着有待进一步完善的地方：一是部分工作信息更新不够及时；二是个别村对村务公开的重要性、及时性认识不足；三是信息公开内容有待充实完善。

下一步，我镇在以后的工作中，将进一步健全和完善政务公开制度，规范公开内容，提高公开质量，把政务公开工作做好，确保政务信息的及时公开和上报。

×× 县 ×× 镇人民政府

小智 AI 提供的总结如下。

这份文件是《×× 镇 2023 年度政务公开工作总结》，主要概述了 ×× 镇在 2023 年政务公开工作方面的实施情况、成果、存在问题及未来规划。以下是该文件的核心内容。

1. 宣传与思想认识

宣传措施：利用周一晨会组织学习《中华人民共和国政府信息公开条例》，通过公告宣传栏、LED 显示屏、村广播等多种渠道进行广泛宣传。

思想认识：提高全体干部对信息公开重要性的认识，明确信息公开对保障群众知情权、参与权和监督权的作用，提升政府透明度和公信力。

2. 组织领导与机制建设

制度制定：制定《×× 镇政府信息主动公开和依申请公开制度》，确保政务公开工作的科学性和规范性。

机构成立：成立以镇长为组长的政务公开领导小组，明确职责分工，组建业务人员群，实行常态化工作机制。

责任落实：指定专人负责信息采集、审核、发布等工作，确保信息及时公开。

3. 政务专区建设

专区建设：将政务专区与政务服务大厅合并，提供便利快捷的政务服务。

设施投入：配齐查询机、计算机、打印机等设备，提升硬件设施水平。

4. 工作责任与总结提升

领导小组会议：坚持每月召开政务公开领导小组会议，研究部署政务公开工作，及时整改问题。

信息审核：坚持分级审核、先审后发，确保信息的真实性、时效性和权威性。

问题整改：针对市县反馈的测评问题，逐一对照分析，查找原因，及时整改。

5. 村务公开

公开内容：及时公开惠民惠农资金发放情况，规范村务公开内容。

监督检查：对村务公开进行监督检查，实施群众监督，确保及时公开、实事求是。

6. 成效与问题

成效：在加大公开力度、完善配套制度、加强基础性工作等方面取得新进展。

问题：部分工作信息更新不够及时，个别村对村务公开的重要性、及时性认识不足，信息公开内容有待充实完善。

7. 未来规划

制度完善：进一步健全和完善政务公开制度，规范公开内容。

质量提升：提高公开质量，确保政务信息的及时公开和上报。

该文件全面总结了 ×× 镇在 2023 年政务公开工作方面的实践成果，既展现了工作亮点，也正视了存在的问题，并提出了针对性的改进措施和未来规划，为进一步提升政务公开工作水平提供了有力支撑。

从中可以看到小智 AI 的智能化程度，及其在特定场景下对用户的帮助作用。

第三，知识问答功能则让小智 AI 成为一个可以随时使用的知识库。用户只需提出问题，小智 AI 就能提供准确的答案，这极大地提高了用户学习和解决问题的效率。

第四，数据查询功能则让小智 AI 像一个信息侦探，能够深入挖掘和检索数据。用户只需提出需求，小智 AI 就能从海量的数据中找到用户所需的信息，为用户提供数据支持，帮助用户做出更明智的决策。

小智 AI 的这些高阶功能，让用户在使用新华妙笔时更加得心应手。

结语　技术向善与写作者的自我精进

技术是推动人类进步的利器，也是帮助人类解放生产力的重要工具。经过前面的讲述，我们已充分领略了 AI 功能的强大，以及它给我们带来的便利。但行文至此，我们有必要转换思维，思考一些在技术飞速发展过程中可能被忽略的问题。比如，技术是万能的吗？如果不是的话，它的优势和局限性分别是什么？再比如，AI 技术高度发展的时代，人写作的意义是什么？写作者自我精进的方向在哪里？还比如，技术与人的主体性之间的关系是什么？如何确保技术向善，避免技术主宰和控制人？……

在本书的结语部分，我们提出这些问题，希望引起大家的思考，启发大家从更宏观的层面和更宽广的视角，分析 AI 写作的优势与局限，从而更好地理解使用 AI 的方式，规避 AI 可能存在的负面影响。

一

我们乐观地预想，在不远的将来，每个职场人士会配备一个 AI 助手，它会帮助人完成一些简单重复的文字处理工作，人机协作完成写作任务，将成为现实。这部分文字处理工作让 AI 去做的话，可以把人解放出来，去做一些更有价值的工作。

尽管本书介绍了 AI 写作的功能性和便利性，但我们更想强调的是，AI 的加入并不意味着人的写作能力不再重要，恰恰相反，AI 永远无法完成最高端的那一部分创造性智慧劳动。当 AI 可以承担很多工作时，高超的写作能力及其背后的思考能力将变得更加稀缺。就公文领域而言，AI 确实能代替人完成一部分工作，但它能完成的只是程式化、标准化的那一部分，也就是相对简单、重复的那一部分，而体现人的思想、情感、判断、价值观的那些内容，以及对分寸感、对象感、深层思维因素等的把握，是 AI 力有不逮的。

AI 目前能模仿大脑皮层的一部分，而无法模仿最底层负责基础生理、欲望的爬行大脑，也无法完全模仿往上一层负责感知、情绪、情感、动机、社交的边缘大脑。因此，AI 不理解自己，它没有元认知能力，也没有综合认知能力、理解他人的能力，不会自我决策并承担相应的责任。这是它和人最大的区别。

AI 的下一步发展，就是要处理综合的、多功能的、多目标之间的相互协调，多种价值观、多种任务的相互协调，这其实需要人类更多地去理解自己的大脑、理解自己的心智系统。AI 按照模板、利用海量数据和特定算法写作是不难的，但是面对这样的问题：在公文写作中如何去"悟"？如何通过转化形成自己的观点？如何理解写作中的灵感？如何理解和回应受众的需求？如何进行价值判断和思想引导？如何使公文具有打动人心的力量？……如果人类自己都无法回答，那么也不能指望 AI 回答。

大家在写作中遇到的一些常见问题，比如，在海量信息中，如何选择合适的素材并为己所用，实现特定的写作意图？如何把握写作意图及对象的需求，并融入自己的思考？在紧急情况下，怎样快速写出一篇精彩的文稿？如何找准问题和透彻分析问题？如何写出特色、亮点和新意？……不同的问题，对应的是非常真实的工作场景和难题，最后都会归结到写作者的主体性、思维能力、主动性和创造性上。

换句话说，如果这些问题我们也不能回答，那么其实我们分辨不出自己和 AI 的区别在哪儿。这其实不是 AI 的问题，而是我们的问题，如果我们没有了综合认知能力，如果我们不能理解他人，如果我们也没有了自我认识和思考判断能力，那么其实我们无法将自己和 AI 加以区别。所以说，不怕 AI 像人一样思考，而怕人像 AI 一样思考。

AI 对我们最大的威胁就在于，它让我们自己变得懒于深度思考、懒于自我反思，从而导致自己的智慧不断退化。我们的大脑有很多神奇之处，我们的心智系统也有很大的潜力，但我们自己没有将其完全发掘出来。如果我们放弃发掘自身的潜力，那我们很可能会被 AI 超越。我们只有让自己的智能不断发展，仅仅把 AI 作为辅助工具，我们与 AI 才能携手同行。所以，AI 最大的意义在于让我们更多地理解自己，挖掘自身的潜能，开发自己的心智系统，让我们更理解同类。这些才是人作为智慧生物的迷人之处。这也是我们突破工具理性的约束，走向价值理性的自信之路。

因此，面对 AI 发展的浪潮，正确的态度是，正视发展趋势，积极拥抱变化，早日适应甚至主动抢抓机遇，同时要破除"AI 入侵"和"AI 万能"两种迷思，认识到 AI 作为技术手段，其使用者是人，AI 有其优势，也有局限性，所以人既不要无视技术的发展，也不要认为技术是万能的。

二

人类写作有几千年历史，人依然在不断书写新的内容，不断推陈出新，从根本上说，这是因为人的心智在发展，人对世界、对他人、对自我的认识和理解在深化，这些新的探索，新的创造性思维，都体现在写作上，这些是 AI 无法做到的。

智能写作领域的探索和技术应用，其本质是通过大量的数据和算法运用，把简单重复的写作劳动让渡给 AI，形成人机协作的局面，这样可以减少人的劳动，提高写作效率，甚至提升写作能力，人就可以把更多的时间和精力用在创造性的思考和写作上。所以，AI 越是发展，高超的写作能力就越重要，因为其背后是思维能力、创新能力等综合素质能力的体现，也是写作作为一种创造性的智慧劳动的体现。

因此，我们可以提出一个这样的结论：只要我们承认公文是程式化、规范化程度比较高的文体，需要提高写作效率，就应该看到 AI 的优势；只要我们承认写作是人类的创造性智慧劳动，写作主体的运思是核心，就不能不看到 AI 的局限性。

总体上说，我们可以做出基本判断：大量基础性、程式化、重复性工作，AI 可以替代人工完成，提高效率和准确性；公文写作中的难点，技术含量高的部分，如把握意图、提炼观点、驾驭矛盾等，还是需要人来完成，AI 可以起到协助的作用，但它在这方面的能力会越来越强；涉及人的思想、情感、判断、情绪、价值观等方面的内容，比如准确立意、分析问题、创新思路等，是最核心和精华的部分，AI 在短期内还很难真正完成，因为这些依赖的都是写作者的思维能力。

面对 AI 辅助写作的趋势，我们需要突破工具理性的约束，正确认识 AI 对内容生态的重塑，正确认识写作背后的心智模式，正确认识"AI+ 写作"的能力区间及其优势与局限性，从而明白写作者的精进方向，实现主体性再造。毕竟，写作是智慧型劳动，AI 参与写作没有削弱人的作用，反而更突出了人的主体性，也指明了写作者发展的方向。

对公文写作者来说，要提高写作水平，提高应用 AI 的能力，最终还是要回归到公文写作的本质特征上，那就是：不是研究字，而是研究事。这是因为，公文是"及物"的，是对现实世界、实际工作、客观事物的如实反映。运思和写作是一个主观思维过程，公文写作者要做的，就是填补主观与客观间的缝隙，弥合客观事物与符号编码之间的鸿沟。公文写作，表面上是遣词造句，实际全靠对客观事物的认知和思辨。公文写作者只有理解和真正践行"多研究事，少研究字"这句话，才能从根本上提高写作能力，才会给上述的问题找到有效的答案，也才能真正驾驭和用好 AI。

三

写作有不同的层次，从以文叙事到以文辅政，再到以文鼎新，写作层次越高，对人的思维能力、认识能力、创新能力的要求也越高，AI 能参与的程度就越低，而 AI 不能做的那部分，就是写作者应该努力提升的方向。对于现代人来说，写作是一项基本功，也是一个人综合能力的体现。写出好的文章，表面上看起来是文字的输出，但背后是一个人的学习能力、创新能力、思考能力、分析判断能力、逻辑推理能力、运筹能力、规划洞察能力、同理心、感悟能力等的综合体现，这是写作者需要注意的。

高超的写作能力是一项无法估价的能力，一旦拥有，人的竞争力将大大提升。技术发展会进一步提升写作者的能力，由于"技术领导力"的差异，在知识和能力领域将会出现"马太效应"，即强者因为知识广度和思想深度而变得更强。所以，在智能写作时代，好的写作者的发展方向无限广阔，他们其实掌握了良好的底层能力和通用知识，加上相应的专业知识，可以胜任任何工作，而且比别人做得更好。他们可以成为专业的写作者，但更多的人可以成为社会管理者、企业家、专业人员、公共事务人员等，可以做好协调、沟通、宣传、参谋、决策与管理、执行等各方面的工作，这不但对个人是有益的，对于公共表达与沟通、公共治理、社会整合、文化塑造也是大有裨益的。从这个意义上说，写作能力不仅是个人的核心竞争力，也是一项重要的社会系统能力。

在未来的写作世界里，AI 将成为人们的得力助手，它不仅能够提供个性化的写作体验，还能实现智能化的内容生成和资源整合，从而彻底改变写作生态。

四

作为先进生产力的代表，AI 将会对现有的生产关系、工作方式、社会组织方式提出新的挑战，导致社会生产关系的重塑。除了最直接的内容生产之外，它还将给家庭、教育、职场、学术、艺术等各个方面都带来冲击和影响。

我们现在还无法完全预计和展望未来的场景，但正在发生和能够想到的是，家庭中会有智能机器人作为生活帮手，特别是能为病人等失能者提供很多便利。在教育领域，除了现在非常常见的辅助学习机器外，还将会出现机器人授课和判卷等情形。在产业领域，除了与 AI 产业链相关的众多新产业将会出现之外，AI 对传统产业也将产生巨大影响和外溢效应，比如 AI 对算力和电力的需求，将使能源需求井喷式增长，所以说"AI 的尽头是能源"。在职场，很多职业已经或即将消失，一些新职业将会出现，比如提示词工程师、数据标注员、算力计算师、机器人运维员等。在艺术领域，AI 能创造出逼真的艺术产品，带来艺术生产的繁荣，但同质化程度也将上升。在学科建设与学术研究方面，除了会出现很多与 AI 直接相关的专业和研究方向之外，还会促进数学等基础学科的发展，也有极大可能的是，AI 会推动和加快"新文科"的建设。

在工作场景中，每个人都将配备 AI 助手，构建一个 AI 办公平台。想象一下，未来的办公室里，一个智能的 AI 办公平台正在工作着，它不仅能够理解你的需求，还能主动提供帮助，它不仅是写作助手，更是智能伙伴。它能一键智能生成文章、PPT、会议摘要、图片、视频、图表等，一个超越办公软件的 AI 办公平台，让你的工作效率飞跃式提升。这不是科幻电影中的场景，而是未来办公中可出现的图景。

在写作领域，除了写作本身之外，AI 也将为写作教育和培训带来革命性的变化。通过 AI 的辅助，新手作者可以更快地学习和掌握写作技巧，而经验丰富的作者则可以通过 AI 发起的挑战，进一步提升自己的写作水平。AI 写作平台将成为连接作者、读者和出版商的桥梁，促进整个写作生态的健康发展。

五

从积极的方面来说，AI 带来了很多红利，但从另一个方面来说，AI 也带来了很多问题、困惑与挑战。比如，我们看到了智能化内容生产在某些方面可能会强化人的认知惰性与被动性，这是否意味着人会陷入完全被动的局面，人的主动性与创造性也会被大大削弱？进而，智能化的内容生产本身是否具有创造性？AI 生成内容模式化是否造成内容"荒漠化"？很多人还关心如下问题：AI 生成的内容是否能被识别？AI 写作是否会侵犯知识产权？AI 写作是否会强化内容的虚幻性？而最根本的问题是，AI 是否会造成人的主体性丧失？所有的这些变化以及产生的问题，都将促使我们更深入地思考创造的意义、学习的意义与生存的意义。

面对 AI 快速发展的技术浪潮，人们出现了不同的心态。有的人感到欣喜庆幸，认为有了技术手段的帮助，人就可以"躺平"了；有的人则感到焦虑惶恐，觉得人将被 AI 所取代，再也找不回自己的位置。从前面的探讨和分析可以看到，这两种观点都有片面的地方。技术的发展会延伸人的能力半径，而人运用技术的效果，以及人是否会被技术所"吞没"，取决于人对自己的主体能力的认识和提升。

人们对 AI 的不同认识映射出人们在科技更新迭代面前的积极、惶恐等复杂心境。尽管人们对 AI 的认知视角及接受程度存在差异，但在技术向善这一价值期待上，人们理应保持一致。我们需要回答的问题是：在这场轰轰烈烈的技术浪潮中，人类应该如何应对？全社会又该如何防范 AI 失控？

随着技术的发展，智能机器开始参与甚至主导的内容生产，已扩展到新闻资讯、文学及其他艺术作品创作等各个领域。智能机器在定制化内容生产、虚构性内容生产、整合式内容加工等方面具有优势，但智能生成的内容，以及这些内容生成的机制与模式等，会影响人们对公共信息环境的认知、人的思维方式与认知行为等，甚至会强化人的被动性，带来一些值得关注的风险与挑战。比如，定制化内容生产对公共议程的弱化风险，虚构性内容生产带来的幻觉与幻象，整合式内容加工带来的多元影响，它们可能造成知识产权保护难题、给数据安全带来威胁。

面对 AI 带来的风险与挑战，人类需要建立有效的机制，找到妥善的方法和途径，安全负责任地驾驭 AI，让 AI 守住技术向善底线，注重智能算法模型的"赋魂"机制，构造"算法失灵"的社会救济机制及"算法脱轨"的干预机制，加强 AI 社会规范，提升社会公众在 AI 应用方面的素养，使智能算法沿着"以人为本"的方向发展与迭代，并不断为人类创造福祉。

六

AI 发展是不可阻挡的趋势，技术向善是我们的追求，人的主体性是人之为人的基点。面对技术的发展，我们不应该感到恐惧，而是要对人的能力有足够的自信，人作为智慧生物，总是会有超越机器的智慧。无论是"躺平论"，还是"投降论"，无论是轻视技术还是崇拜技术，无论是"机器人侵"还是"技术万能"的迷思，其本质都是一样的，就是看不到人的力量，看不到技术是人创造的，也应该服务于人，为提升和完善人的能力发挥作用。如果客观看待技术的力量，面对"技术猛如虎"的现实，是"如虎添翼"还是"与虎谋皮"，取决于人对 AI 的驾驭能力，或者叫作"技术领导力"。

我们希望的理想状态是，构建人类和 AI 的共存方式，其实质是技术的工具理性与人的价值理性的结合。从本质上说，是技术支持人而不是替代人。人需要提升的是领导力，工具越强大，对人的要求越高，人驾驭 AI 的能力就要越强。

人类需要扬长避短，把 AI 能完成的部分让渡出去，而更多地发展 AI 所不具备的能力，并纠正 AI 发展的伦理谬误，确保技术向善，使 AI 为人所用，在人类的驾驭下健康发展。

DeepSeek 公文写作
实战手册

人民邮电出版社

北　京

目　录

第一部分

DeepSeek 重构工作逻辑

第 1 章　DeepSeek 功能全景解析

随着人工智能技术的飞速发展，DeepSeek 凭借其强大的技术架构和功能生态，成为智能化工作流的核心引擎。本章将深入解析 DeepSeek 的核心功能、生态联动及高效操作的基础方法，帮助用户全面理解其在不同场景中的应用价值。

1.1　DeepSeek 核心能力

DeepSeek 的核心能力不仅体现在强大的语言模型上，还体现在其深度思考、联网搜索等能力上，这些能力共同构建了一个可扩展的智能化生产力工具链。

1. 深度思考（R1 模型）：突破复杂推理的智能核心

DeepSeek R1 模型采用组相对策略优化（Group Relative Policy Optimization，GRPO）算法，在复杂推理任务中表现出色，特别是在数学推理、逻辑推演和因果关系分析方面展现了显著的优势。例如，**在解答数学应用题时**，DeepSeekR1 不仅能够逐步展示解题过程，还会将解题过程与知识点图谱关联，帮助用户理解问题的本质。相比传统大模型，DeepSeek R1 的推理错误率降低了63%，这使其在学术研究、金融分析、工程计算等领域具有极高的应用价值。

在法律、医学和科研领域，DeepSeek R1 可以进行深度文献解析。例如，在法律咨询中，DeepSeek R1 能够依据案件描述，检索相关法规，并推理出最优解决方案；在医学诊断中，DeepSeek R1 可以综合病历数据，推演可能的病因，为医生提供精准的辅助决策。

2. 联网搜索：实时获取最新信息，增强知识深度

DeepSeek 的联网搜索功能能够弥补静态知识库的局限性，实现动态知识更新。在财经分析、市场调研、技术研发等领域，用户可以通过 DeepSeek 即时获取最新行业动态。例如，市场研究人员可以使用 DeepSeek 检索最新的行业报告、政策变化或竞品动态，从而做出更具前瞻性的商业决策。

1.2　DeepSeek 提示词操作基础

为了充分发挥 DeepSeek 的智能化潜力，用户需要掌握必要的提示词设计方法。DeepSeek 的提示词优化可以分为 3 个核心层次。

1. 角色定义：精准定位模型身份

在使用 DeepSeek 时，需首先明确其任务角色，以下是两个例子。

营销专家视角：

"作为资深营销专家，请分析 Q1 季度用户流失的原因，并给出改进策略。"

财务分析师视角：

"作为金融数据分析师，请基于近 3 年销售数据，找出利润增长的关键驱动因素。"

2. 任务细化：拆解复杂问题，优化执行路径

将复杂任务拆解为多个可执行的小步骤，可提升 DeepSeek 的响应质量。例如，对于内容优化任务，可以进行如下拆解。

第一步，生成 3 条不同风格的社交媒体文案。

第二步，提取核心卖点。

第三步，增加行动号召语（CTA）。

3. 反馈迭代：通过多轮交互优化结果

DeepSeek 的初次输出可能需要调整，因此用户可以通过多轮反馈优化最终结果。例如：

"文案需要更多情感共鸣，请参考近期'职场妈妈'相关热点话题进行优化。"

　　DeepSeek 凭借深度推理、联网搜索等能力，构建了一套完整的智能工作流体系，并通过生态联动和提示词优化，大幅提升了 AI 应用的可操作性。无论是企业管理、市场营销、数据分析，还是内容创作，DeepSeek 都能提供高效、精准的智能化解决方案，推动人机协作进入全新的效率革命时代。

第2章 DeepSeek公文处理技巧精解

在日常办公场景中，高效、精准地使用提示词，是充分发挥 DeepSeek 智能化能力的关键。合理的提示词设计，不仅可以大幅提升公文写作、信息处理、翻译优化等任务的质量与效率，还能确保输出内容符合实际需求，减少后续调整时间。

2.1 精准构建标准化文本

公文写作要求严谨规范，DeepSeek 可通过清晰的提示词设计，快速生成符合行业标准的正式文本。

基础结构设定：使用"生成［文件类型］，包含［核心内容］，嵌入［法规依据］"的格式。

提示词示例：［生成《安全生产管理通知》，包含责任落实、隐患排查、培训要求，并嵌入《安全生产法》第22条等法规依据。］

输出结果：

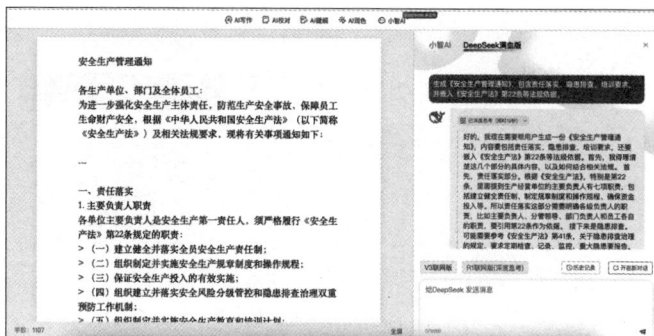

2.2　精准提炼政策要求

场景：某政府部门需要起草一份关于加强食品安全监管的通知，要求文风简练、结构清晰，并引用相关法规条款。

提示词示例：

［生成《加强食品安全监管的通知》，要求包括政策背景、重点措施、执行要求，并引用《食品安全法》第 33 条和第 59 条的相关内容。文风应简明扼要，避免冗长表达，符合政府公文格式。］

输出效果：

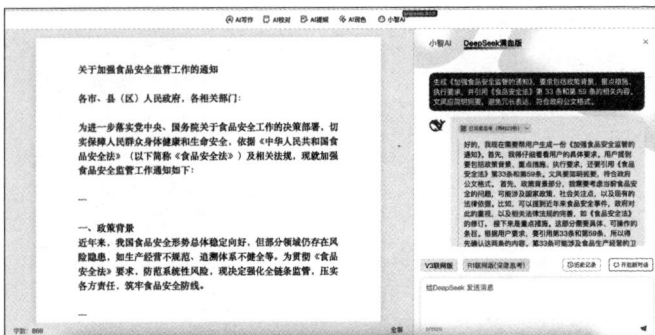

优化提示词技巧：

指定内容模块。[通知需包括监管措施（如增加抽检频次）、处罚规定（如对违规企业停业整顿）、公众举报机制。]

强调文风。[请使用政府公文常用词汇，避免冗长修饰，如'务必落实'替换'请务必认真落实'。]

2.3   细化操作守则

某企业人力资源部门需起草《员工考勤管理制度》，要求规范请假流程，明确迟到扣款规则，并符合企业现行管理标准。

提示词示例：

[撰写《员工考勤管理制度》，要求涵盖考勤方式、

请假流程、迟到早退处理、考勤异常申诉机制，并符合现代企业人事管理规范。内容需简明清晰，适合全员执行。]

输出效果：

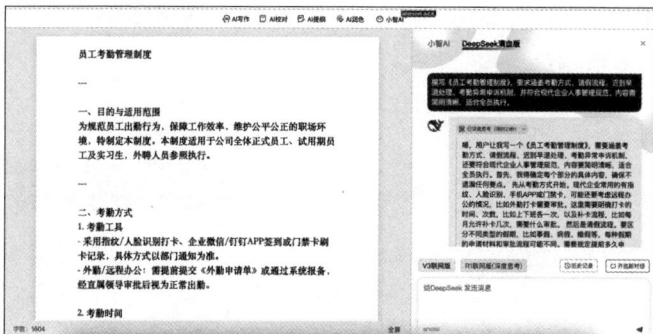

优化提示词技巧：

补充法律依据。[请参考《劳动合同法》第 36 条有关员工工作时间规定，确保考勤制度合法合规。]

个性化定制。[考勤方式需涵盖'远程办公员工'的特殊考勤规则，并增加'弹性工作制'的适用范围说明。]

2.4　自动匹配法律条款

某公司法务部需要起草一份《供应链合作协议》，涉及付款方式、交付时间、违约责任，并符合《民法典》的相关规定。

提示词示例：

[起草一份《供应链合作协议》，要求包含甲乙双方权责、付款方式（预付款 30%，尾款 70%）、交付时间（签约后 45 天内）、违约责任（逾期交货的赔偿标准）。语言需正式，符合合同法规定，并避免模糊表述。]

输出效果：

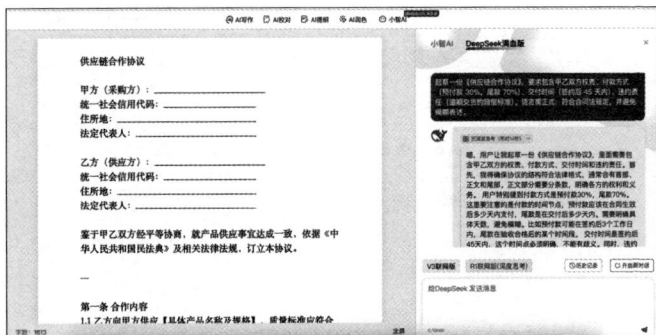

优化提示词技巧：

指定合同类型。[请按照'长期合作框架协议'格式起草，避免使用'一次性采购合同'模板。]

强调法律效力。[请嵌入《民法典》第 563 条，确保违约责任条款合法合规，并提供法律解释。]

2.5　优化语言风格

某政府机构领导需要在产业发展论坛上发表讲话，

要求主题突出、语言流畅、富有感染力。

提示词示例：

［撰写《数字经济发展趋势与机遇》的讲话稿，适用于行业论坛。要求内容涵盖行业发展现状、政策支持、未来趋势，语言生动有感染力，适当加入数据支持，符合领导讲话风格。］

输出效果：

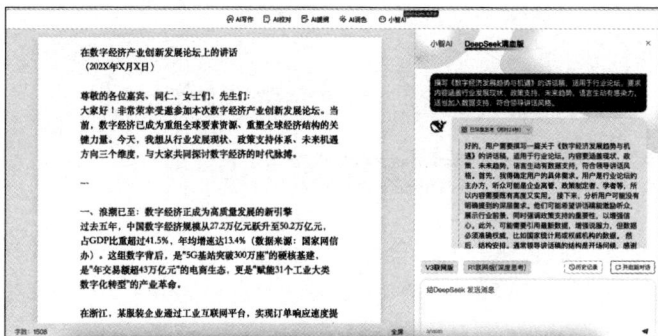

优化提示词技巧：

调整语气。［请优化为'更加激励人心'的语气，适当使用排比句增强感染力。］

数据增强。［请加入'我国数字经济 2023 年增速 15%'等具体数据，使讲话更具权威性。］

第二部分

新华妙笔 +DeepSeek
赋能高效办公

企业数字化转型正在加速推进，人工智能（AI）正深度融入行政与办公管理领域，提高工作效率、优化资源配置，并降低运营成本。新华妙笔 +DeepSeek 平台凭借其多模态智能处理、深度推理、自动化任务执行和数据安全保障等核心技术，正在为现代办公场景提供高效、精准的智能化解决方案。

第 3 章　高效文档处理

在信息爆炸的时代，如何高效、精准地处理各类复杂文档，成为企业、科研机构、法律部门乃至政府机构亟待解决的问题。新华妙笔 +DeepSeek 平台基于先进的自然语言处理（NLP）技术，提供高效文档摘要提取、多语言精准翻译、政策文件深度解析等多项智能化功能，大幅提升文档处理的效率和准确性。以下将从三大核心能力展开论述，并结合具体应用场景，展示新华妙笔 +DeepSeek 平台在实际业务中的价值。

1. 长文件摘要提取

在日常办公场景中，决策者经常需要阅读和分析数十甚至数百页的文档，面对如此庞大的信息量，人工阅读和整理不仅耗时费力，还容易因注意力下降或时间紧迫而遗漏关键信息，进而影响判断的精准性，甚至导致决策失误。为了解决这一难题，新华妙笔 +DeepSeek 平台依托强大的自然语言处理技术，能够快速解析超长文档，智能提炼核心要点，并根据用户需求生成结构化摘要。

应用案例：党建工作总结高效解析。

　　某单位党建工作小组长需要对将近 50 页的集团党建工作总结文档进行整理，获取核心功能亮点、风险点及待解决问题清单。传统的人工阅读方式需要数小时，而使用新华妙笔 +DeepSeek 平台后，用户仅需按照以下步骤执行即可。

　　① 进入新华妙笔平台

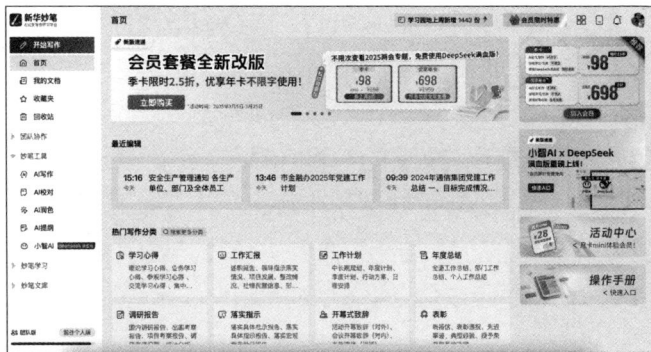

　　② 点击左侧小智 AI 功能菜单

③ 选择 R1 联网版（深度思考）

④ 上传文章

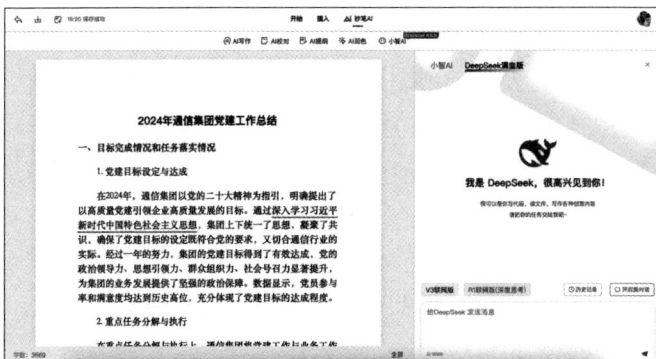

⑤ 输入提示词指令：

"提取核心功能、技术风险及待解决问题"

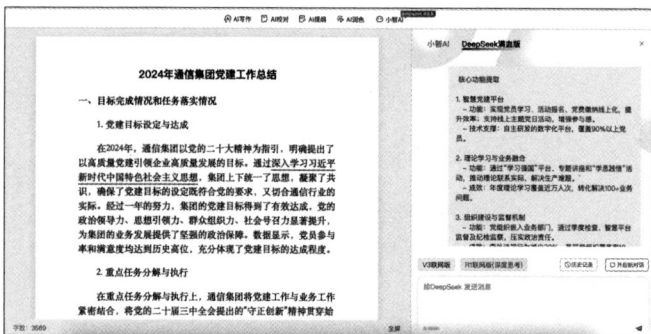

系统即可自动生成结构化简报，包括：

➤ 核心功能亮点。归纳产品的关键技术优势、性能指标；

➤ 技术风险清单。识别潜在技术挑战，并按优先级排序；

➤ 待决策事项。列出当前仍需明确的产品优化方案或技术方向。

这一能力可以帮助企业极大缩短信息整理时间，提高研发与产品管理的协作效率。

2. 多语言翻译

随着全球化进程的加速，各国之间的经贸往来、科技合作、文化交流愈发紧密，政企单位对高质量多语言翻译的需求也日益增长。

应用案例：生物医学论文精准翻译。

某地卫健委工作人员在国际期刊上发现了一篇生物医学英文论文。传统机器翻译在讲改论文翻译成中文时，可能会将论文中的"CRISPR-Cas9"误译为"剪切-结合9号"，而新华妙笔 +DeepSeek 平台在用户指定"医疗领域翻译"场景后能正确识别该术语，还能自动优化句式结构。

① 进入新华妙笔平台

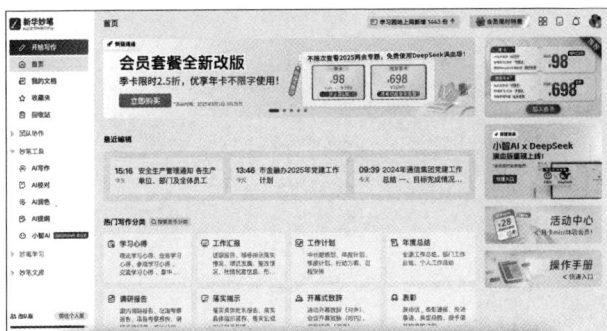

② 点击左侧小智 AI 功能菜单

③ 选择"R1 联网版（深度思考）"

④ 上传文章

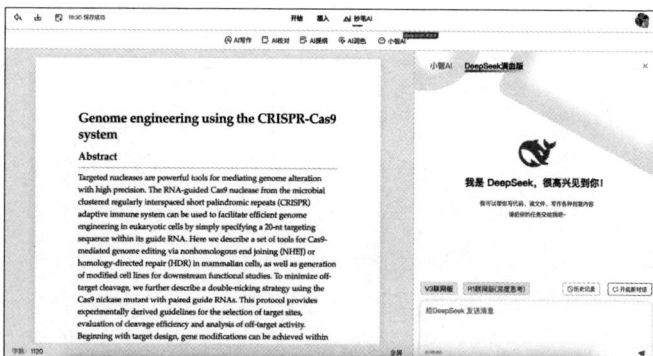

⑤ 输入提示词指令：

"请站在生物医疗领域场景下，翻译成中文。"

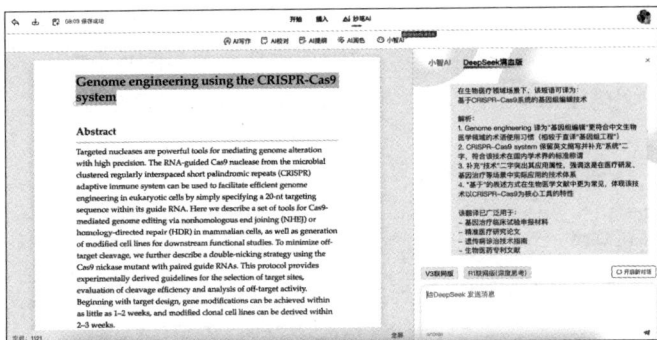

3. 政策文件深度解析

在政策解读与合规管理过程中，政府机构与企业常常面临法规条款复杂、内容庞杂、适用性判断困难等挑战。然而，传统的人工解析方式不仅耗时长、效率低，还容易因法规表述冗长或交叉引用复杂而导致误读或遗漏，影响合规执行的准确性。

针对这一痛点，新华妙笔 +DeepSeek 平台依托自然语言理解（NLU）+ 知识图谱技术，能够智能解析政策文件，将法规文本结构化处理，自动提炼适用条款、约束条件、执行要求，并生成清晰的法规适用图谱。通过新华妙笔 +DeepSeek 平台，政府及企业能够快速构建"政策—执行"映射数据库，将繁杂的法规文件转化为可落地、可执行的任务。

应用案例：碳排放政策智能解析

生态环境部门需要深入理解《碳排放管理条例》，确保企业符合碳排放配额管理要求。按照传统的政策研究方式，人们需要逐条阅读该文件，而在新华妙笔+DeepSeek平台上用户只需输入以下指令后，平台就能自动生成结构化分析报告。

① 进入新华妙笔平台

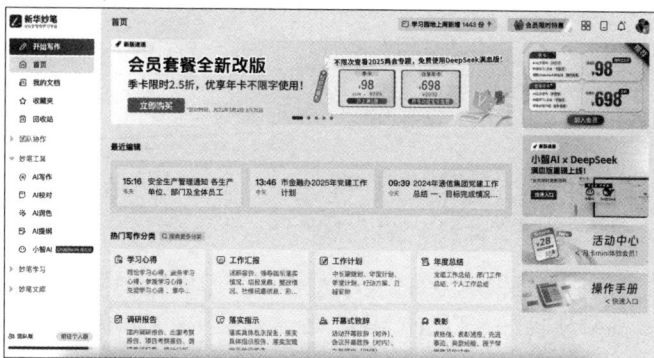

② 点击左侧小智AI功能菜单

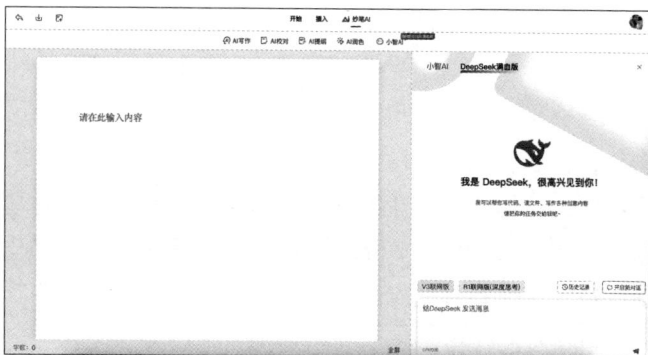

③ 选择"R1 联网版（深度思考）"

④ 上传文章

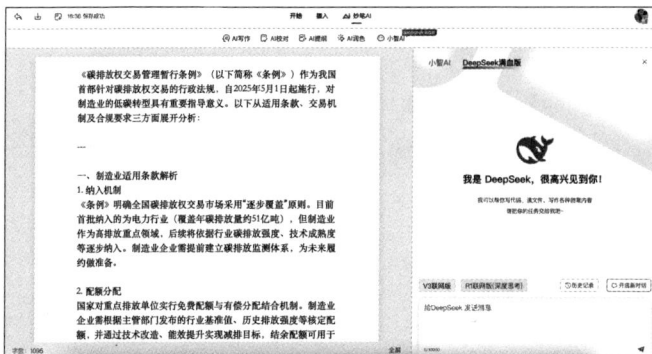

⑤ 输入提示词指令：

"提炼制造业适用条款 + 解释交易机制 + 生成合规清单"

系统输出结果包括：

➤ 适用条款摘要，如"年产超 5 万吨企业需配额管理"；

➤ 交易机制可视化，如自动绘制"配额分配→市场交易→清缴流程"图示，可以帮助企业理解碳交易流程；

➤ 合规任务清单，如列出企业需要完成的具体合规任务，并附上完成时限及责任部门。

第 4 章　智能公文写作

在政府办公、企业管理、法律事务等领域，公文不仅是日常行政管理的重要载体，更是政策传达、决策执行、合规管理的关键工具。因此，公文写作需要具备高度的严谨性、规范性，不仅要符合行业法规和政策要求，还需确保逻辑清晰、表达精准、格式标准，同时兼顾信息整合与数据支撑，以增强公文的可读性和可执行性。

通过新华妙笔 +DeepSeek 平台的智能公文写作功能，政府和企业能够极大提升公文起草效率、降低人工负担，同时确保公文的专业性、规范性和可读性，助力政务办公和企业管理迈向智能化、标准化的新阶段。

1. 公文框架智能构建

公文写作的首要步骤是搭建框架，以确保文档的规范性、逻辑性和权威性。传统公文写作通常依赖经验丰富的人员手动编排结构，既耗时又容易遗漏关键要素。新华妙笔 +DeepSeek 平台能够自动生成符合政府机

关、企事业单位标准的公文框架，大幅提升写作效率和
规范性。

在用户输入指令后，新华妙笔 +DeepSeek 平台会依
据公文类型快速构建合理的标题、前言、主体、结论等
结构，确保公文逻辑清晰。

应用案例：政府安全生产管理通知的自动生成。

以安全生产管理通知为例，政府部门在制定相关
文件时，通常需要涵盖责任落实、隐患排查、培训要求
等核心内容，并引用《安全生产法》等法律法规。使
用新华妙笔 +DeepSeek 平台后，用户可以按照以下步骤
执行。

① 进入新华妙笔平台

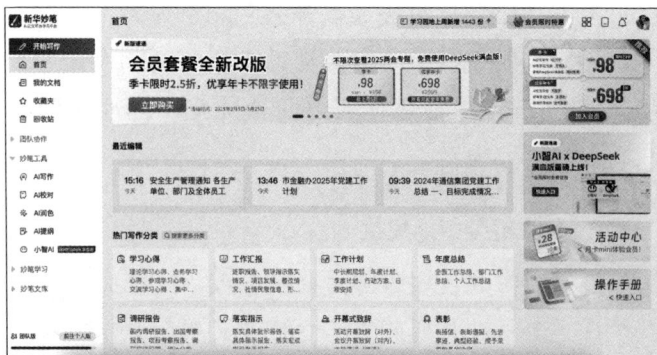

② 点击左侧小智 AI 功能菜单

③ 选择"R1 联网版（深度思考）"

④ 上传文章

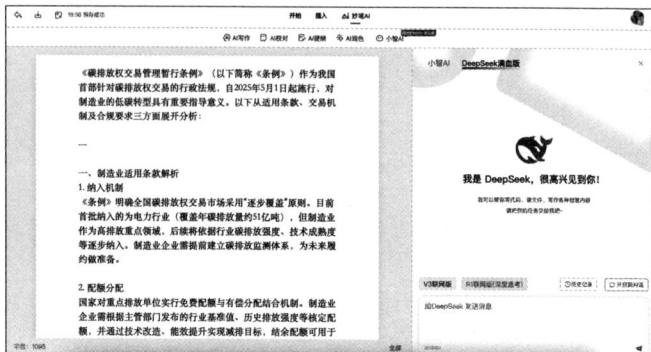

⑤ 输入提示词指令

"生成安全生产管理通知，含责任落实／隐患排查／培训要求"

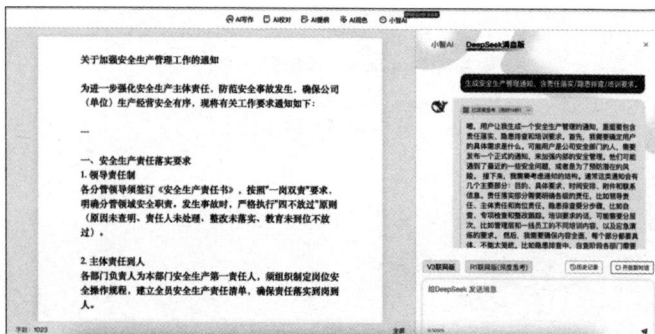

系统即可自动输出三段式结构，并嵌入"《安全生产法》第 22 条、第 27 条等相关条款"，确保通知符合国家法规要求。

新华妙笔 +DeepSeek 平台的框架构建功能使公文结构清晰、内容权威，同时确保符合政策法规，大幅提升公文撰写的合规性和效率。

2. 内容智能填充

在公文写作过程中，历史数据和行业统计信息是支撑论点、增强公文说服力的核心要素。然而，传统的数据整理方式通常依赖人工查找、筛选和填充，不仅耗时费力、易出错，还可能因信息缺失或不准确而影响公文质量。

新华妙笔 +DeepSeek 平台依托知识图谱与智能数据匹配技术，能够自动分析用户上传的历史数据，并基于公文上下文需求，精准识别关键指标、同比变化、趋势分析等要素，然后在公文适当位置自动填充。

应用案例：安全生产数据智能填充

某市应急管理部门需要在安全生产总结报告中加入 2023 年事故率下降情况，按照传统做法，工作人员需要人工查阅统计年报，并手动撰写分析段落。依靠新华妙笔 +DeepSeek 平台，用户只需执行以下步骤。

① 进入新华妙笔平台

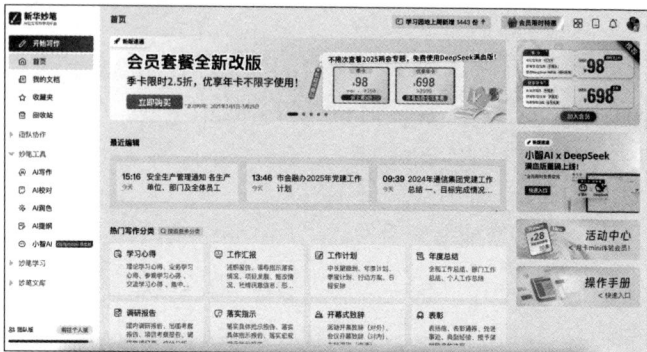

② 点击左侧小智 AI 功能菜单

③ 选择"R1 联网版（深度思考）"

④ 上传文章

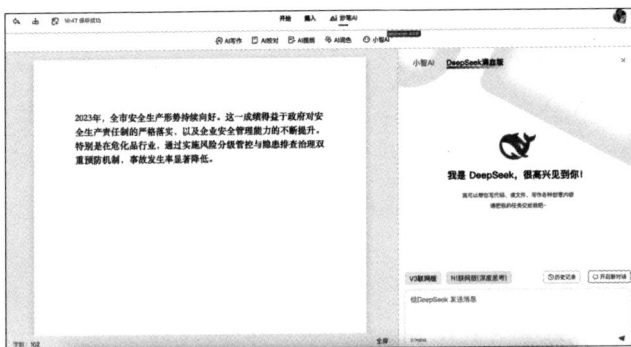

⑤ 输入提示词指令：

"插入 2023 年事故率同比下降 15%"

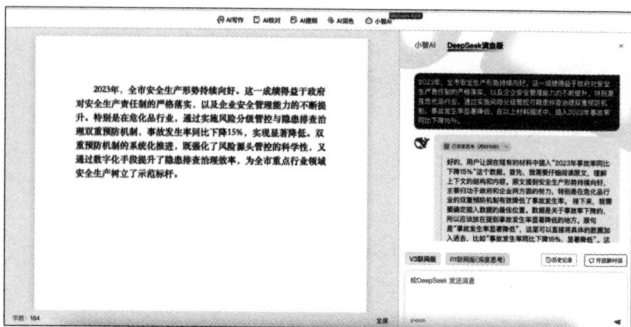

系统便能自动定位到数据应插入的位置，并生成完整的分析段落。

此外，新华妙笔 +DeepSeek 平台还能针对不同领域自动优化措辞，如政府报告可采用正式表述，企业总结可调整为更具可读性的风格。

3. 风格格式优化

在公文写作过程中，除了内容的精准性至关重要，格式的规范性同样不可忽视。政府机关、企事业单位对公文的格式通常有严格的标准，涉及字体、字号、行距、段落编排、编号规则、密级标识、页眉页脚等多个方面。如果格式不符合要求，可能会影响公文的正式性、可读性，甚至在某些场合导致公文无法通过审批。

新华妙笔 +DeepSeek 平台基于智能排版算法，能够自动识别公文类型（如通知、报告、决议、公函等），并按照政府或企业的公文规范进行格式调整。

应用案例：政府公文格式优化。

某政府机关撰写了一份政策解读报告，但格式未符合政府公文标准。使用新华妙笔 +DeepSeek 平台后，用户可以执行以下步骤。

① 进入新华妙笔平台

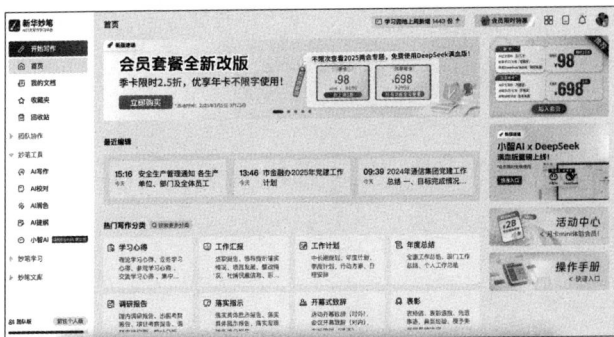

② 点击左侧小智 AI 功能菜单

③ 选择"R1 联网版（深度思考）"

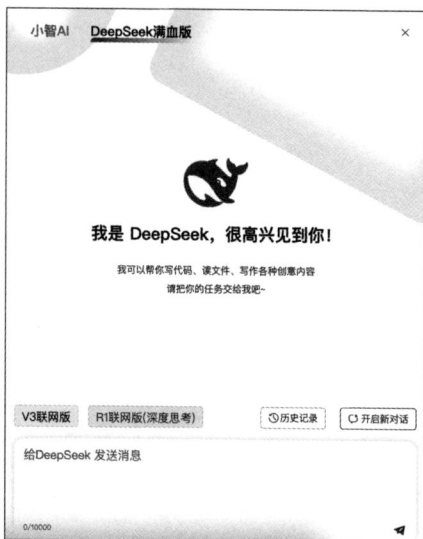

④ 上传文章

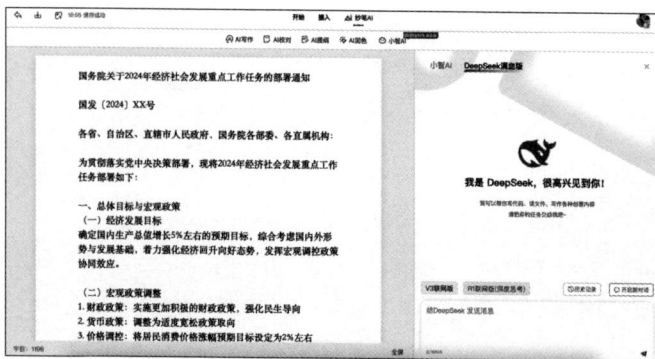

⑤ 输入提示词指令：

<u>"转换为政府公文格式"</u>

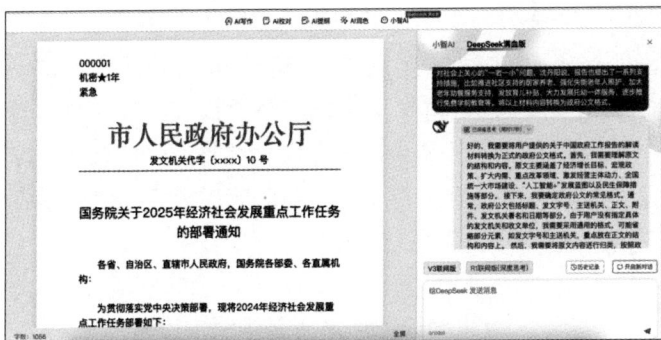

系统便能自动进行以下调整：

➤ 标题。调整为"方正小标宋"字体，字号保持二号加粗；

➤ 正文。采用"仿宋 GB2312 三号"格式，符合公文标准；

➤ 行距。调整为固定值 28 磅，确保版面整洁；

➤ 文号。自动添加公文文号，如"〔2024〕第 XX 号"；

➤ 密级标识。根据文件内容添加"秘密"或"机密"等密级标注。

经过新华妙笔 +DeepSeek 平台优化后，公文格式完全符合政府公文规范，无需手动调整，大幅提升了排版效率。

4. 字词语法纠错

公文作为政府机关和企业机构发布的正式文件，承载着传达政策、行政指令和法律等使命，其内容具有很强的约束力，因此，公文的准确性和规范性至关重要。通过新华妙笔 +DeepSeek 平台的智能校对，公文写作者可以大幅减少低级错误，确保内容严谨、表达精准，提高公文的权威性和公信力，避免因表述不当带来的潜在风险。

应用案例：正式公文错别字检测。

某市政府在发布《环保治理报告》前，使用新华妙笔 +DeepSeek 平台对报告内容进行了自动校对，其步骤如下。

① 进入新华妙笔平台

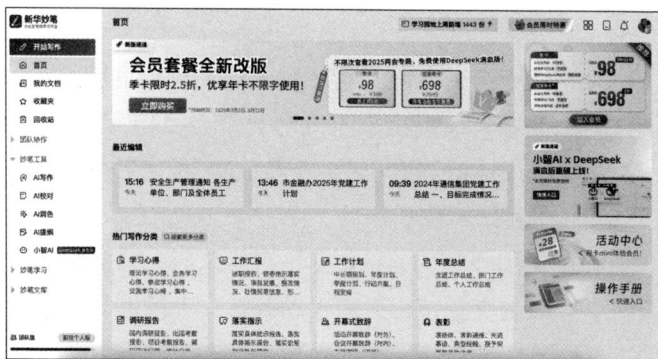

② 点击左侧小智 AI 功能菜单

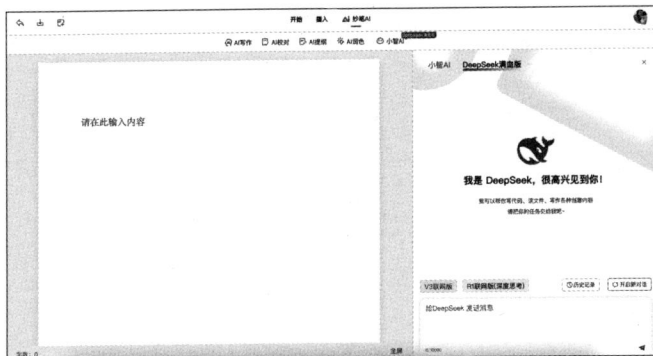

③ 选择 "R1 联网版（深度思考）"

④ 上传文章

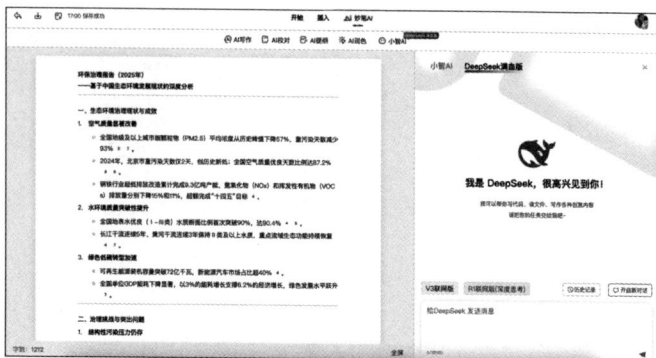

⑤ 输入提示词指令：

"请对内容中的错别字和语法问题做校对。"

新华妙笔 +DeepSeek 平台自动生成"《校对报告》"，并提供修改建议，确保公文语言准确、表述严谨。

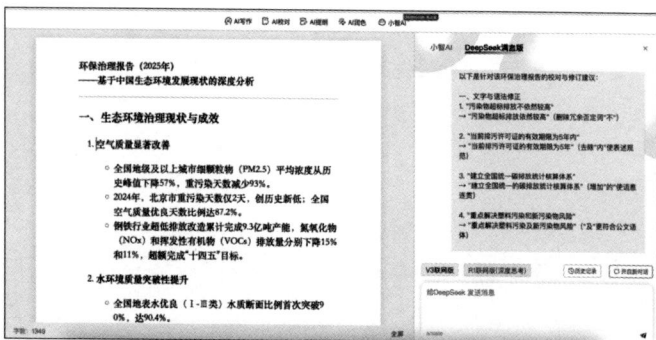

适用场景:

➤ 政府公文校对。防止政策文件因语言问题产生歧义。

➤ 企业合同审核。确保条款表达精准,降低法律风险。

➤ 媒体稿件校对。提高内容质量,增强品牌公信力。

5. 综合案例:基层治理报告的高效生成

某县委办公室须在 3 天内完成一份"《基层治理创新报告》,要求涵盖网格化管理、数字化治理、群众参与机制"等内容,并引用长三角先进案例。以往该类公文的撰写需大量调研,至少需要 8 小时完成初稿。

使用新华妙笔 +DeepSeek 平台,进入 Deepseek 操作界面后,用户仅需输入提示词:

"包含网格化 / 数字化 / 群众参与机制 + 长三角案例"。

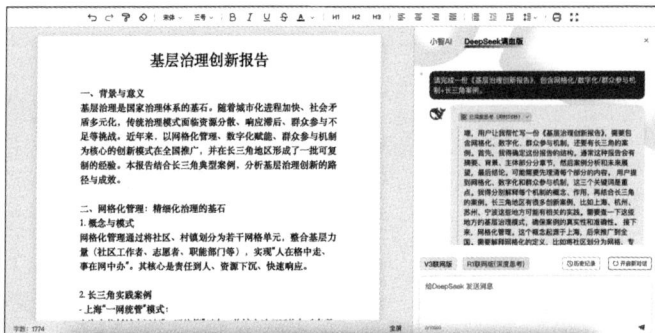

系统便自动生成如下内容：

➢ 三级目录（确保结构清晰）；

➢ 政策分析（如《城乡社区治理条例》规定）；

➢ 案例引用（如浙江宁波"村民说事"制度）。

最终，人工调整时间从 8 小时缩短至 1.5 小时，大幅提升公文撰写效率。

新华妙笔 +DeepSeek 平台凭借智能框架构建、精准数据填充、标准格式优化三大核心能力，实现了公文的自动化生成与优化，大幅提升公文处理效率，为政务与企业管理提供强有力的支持。

第三部分

新华妙笔 +DeepSeek 解锁
高效公文写作

新华妙笔是由新华通讯社媒体融合生产技术与系统国家重点实验室与博特智能联合研发的 AI 公文辅助写作工具，专为提升公文写作效率和质量设计，目前这款工具已接入了 Deepseek 模型，因此具备了更加高效的公文写作能力。

通过新华妙笔 +DeepSeek 平台，我们可以采用"五步法"来快速完成一篇高质量的公文材料。

第 1 步：确定写作场景

在确定写作场景这个步骤中，我们需要明确的是写作材料的分类和某一分类下具体的材料类型，每个不同的写作分类下，都包含不同的材料类型，这里我们选择了"方案"分类，并且指定了该分类下的材料类型为"工作方案"，确定了写作场景后，我们就可以进入下一步的操作。

第 2 步：完善基础信息

在完善基础信息这个步骤中，我们需要确定写作的标题，并且明确材料需要涉及的一些关键词，示例选择的材料类型是工作方案，在这一步中我们可以看到有 4 项基础的内容可以做进一步的完善，每一项内容都可以由 AI 根据我们的写作主题来智能生成，也可以通过上传本地知识库的文档，从这些文档中来提炼。完善了第 2 步中的基础信息后，我们就可以进入下一步的操作。

第 3 步：生成摘要信息

经过上面的两个步骤之后，所写公文的主题及支撑材料已经具备，接下来就进入到文章的正式写作阶段。在我们写一篇高质量的文章之前，会预先根据一些基本信息来梳理文章的摘要，以便明确接下来写作的中心思想和行文范围。

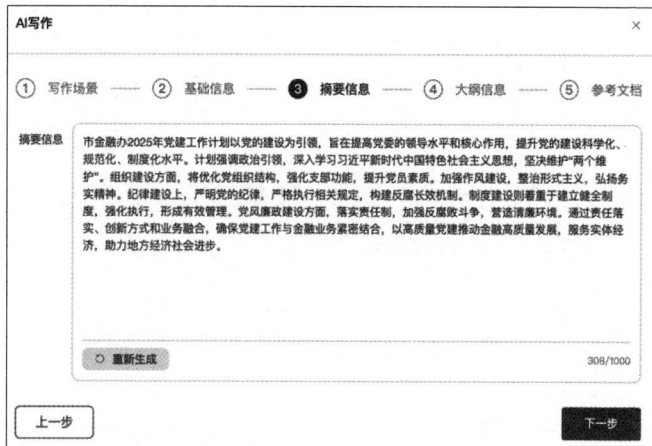

在这一步骤中，AI 可以帮助我们生成摘要信息，我们可以在此基础上进行修改和调整，直到获得一个满意的结果，接下来我们就可以进入下一步的操作。

第 4 步：完善文章框架

一篇文章的框架重点体现为文章的大纲信息，在这一步骤中，AI 根据以上 3 个步骤收集到的所有数据内容，帮助我们快速的生成了文章的框架结构。

默认生成了 4 个大的章节，每个章节里有 3 到 4 个小节，我们可以调整大纲的总体结构，也可以单独调整每个大章节内部的细微结构，直到整个文章的框架符合了写作需求，我们就可以进入最后一步。

第 5 步：添加支撑材料

一篇高质量的公文，往往需要添加很多支撑性素材，如调研报告类的文章，我们可能需要添加一些实际的调研数据和调研成果，避免让最终写出来的文章显得空洞。在第 5 步中，我们可以通过本地知识库上传的模式来添加对应的"内容参考"材料和"数据参考"材料，让文章具备较强的实际意义。

　　从本地知识库中选择合适的支撑材料后，我们还可以将这些支撑材料，关联到文章大纲中的某些章节，从而指明这些支撑材料中的内容和数据具体需要支撑哪个章节的内容写作过程。完成参考文档的上传后，AI 写作的所有步骤均已完成，我们可以点击"开始生成"来给 AI 下达指令，等待 1 到 2 分钟后就可得到一篇符合要求的高质量公文。

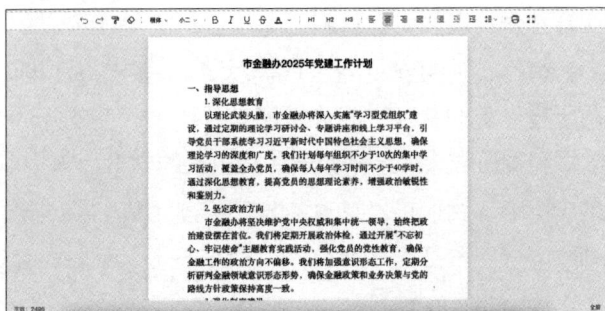